佛法科學總集

廣說三藏經論關於色心諸法之科學論述

上冊

Science and Philosophy
in the Indian Buddhist Classics
Volume 1: The Physical World

達賴喇嘛／監製

總集編著小組／編著

蔣揚仁欽／譯

| 監製 |

第十四世達賴喇嘛丹增嘉措（Tenzin Gyatso）

一九三五年生於西藏東部的安多（Amdo），兩歲時經認證為第十三世
達賴喇嘛的轉世靈童。一九五九年，被迫離開西藏，展開流亡生涯，
並於印度達蘭薩拉（Dharamsala）成立流亡政府，一九八九年獲諾貝爾
和平獎。成為世界公民，他致力提倡慈悲、寬恕、關愛等普世價值，促
進世界主要宗教傳統間的和諧及相互了解；作為佛教徒，他以修持、講
說菩提心及空正見，護持佛陀教法；身為藏人，他為藏人爭取自由與公
義，並努力保存西藏文化。

| 編著 |

總集編著小組

· 成員 ·

　　負責人——

　　南嘉寺住持——色拉傑扎倉充拓仁波切

　　編輯主顧問——

　　博士朗日巴圖登錦巴

　　編輯顧問——

　　色拉昧扎倉仰丁仁波切

　　明慧州扎倉格西圖滇悲桑

　　南嘉寺比丘圖滇揚佩

《總集》編輯者——

甘丹東頂扎倉格西強區桑杰

哲蚌明慧州扎倉格西朗望桑杰

甘丹北頂扎倉格西紀薩重千轉世

哲蚌多門扎倉格西洛桑開卻

| 翻譯 |

蔣揚仁欽（黃春元）

自一九九六年起，擔任尊者達賴喇嘛的漢語口譯至今。一九八九年，前往北印度達蘭薩拉辯經學院（Institute of Buddhist Dialectics）學習長達十四年的五部大論、四大教派的高等教育，最後以〈心與空〉的哲碩論文，獲取甲級成績及「無別大教授師」之學位。二〇一四年取得哈佛文理學院（Harvard GSAS）的博士學位。著有《我的上師達賴喇嘛》、《自己的路，勇敢的走》；譯有《善言初慧擇眼》、《覺燈日光》、《達賴喇嘛尊者開示佛子行三十七頌》等。

目錄 Contents

第十四世達賴喇嘛尊者的導讀　009

一、與科學最初的相遇　010

二、佛教經論的三大課題　015

三、佛教的基法真相或科學　019

四、佛法宗義　033

五、佛法　036

六、三次集結　037

七、經論的藏譯　040

八、「佛法科學與哲學總集」的編輯　047

譯者序　051

編輯說明　059

編輯顧問圖登錦巴的前序：
佛教傳統與現代科學之間的關聯　075

甲一、總說　076

甲二、科學與宗義學　079

甲三、科學與真理　082

甲四、導師薄伽梵的傳統　086

甲五、吉祥那爛陀的體系　088

甲六、佛教與現代科學的交流　095

甲七、佛教教義與現代科學　102

第一品、教義總說 109

甲一、佛教經論中抉擇實況總論的不同詮釋 110

甲二、抉擇基本實況的方法與觀察門 113

乙一、以理觀察的重要性及四依的論述 113

乙二、觀察三種所量 118

乙三、如何以四理觀察 119

乙四、因果緣起 120

乙五、以理遮立 123

甲三、附帶略說攝類理路 125

乙一、總說 125

乙二、如何學習理路 126

第二品、所知──境──的論述 133

甲一、總說基的論述 134

甲二、色法的性質 137

甲三、色等五境 143

乙一、色處 144

乙二、聲處 149

丙一、附帶解說能詮聲之論述 153

乙三、香處 158

乙四、味處 159

乙五、觸處 162

甲四、眼等五根 166

Contents

甲五、法處所攝色 … 170

甲六、大種因 … 176

甲七、不相應行法 … 192

甲八、因與果的論述 … 202

　乙一、因的論述 … 202

　乙二、果的論述 … 207

甲九、無為法 … 209

甲十、與所量相關的其他論述 … 212

　乙一、性相、名相、事例 … 213

　乙二、一與異 … 216

　　丙一、附帶：「倒是倒非」之論述 … 221

　乙三、總與別 … 222

　乙四、質法與返法 … 224

　乙五、相屬與相違 … 225

　　丙一、相違 … 225

　　丙二、相屬 … 230

　乙六、遮遣與成立 … 232

　乙七、三種所量 … 244

第三品、能聚合成色法之微塵的論述 … 251

甲一、總說 … 252

甲二、最小的色法──極微塵 … 252

甲三、如何由極微塵累積成粗色 … 261

甲四、觀察有沒有無方分的微塵　　　　　　　　269

第四品、別說時間的論述　　　　　　　　281

甲一、時間的性質　　　　　　　　　282
甲二、成立時間是觀待及施設而有之法　　　286
甲三、三時　　　　　　　　　290
甲四、最短時間的觀察　　　　　　298
甲五、細微無常　　　　　　　303

第五品、情器世間的生滅次第　　　　　　313

甲一、阿毘達磨等論所說情器世間的生起過程　314
甲二、《時輪續》所說器世間的形成過程　　327
甲三、情器世間的壞滅　　　　　　331
甲四、時輪所說虛空微塵與星曜輪轉　　　336
甲五、曆算天文論——《阿耶波多雅》所說星曜輪轉　341
甲六、標準與數量的論述　　　　　　343
　乙一、總說　　　　　　　343
　乙二、色法之量　　　　　344
　乙三、時間之量　　　　　345
　乙四、數字算法　　　　　352

Contents

**第六品、身體在胚胎的形成過程及
氣、脈、明點的論述**   359

甲一、總說   360

甲二、投生之處   360

甲三、經說身體在胚胎的形成過程   368

甲四、《時輪續》所說   385

甲五、佛教醫典所說胎中成身次第   389

甲六、別說細微氣、脈、明點的論述   394

    乙一、無上密續對於氣脈的論述   395

    乙二、佛教醫典對於氣脈的論述   410

甲七、附帶說明佛教醫典對於腦部的論述   420

    乙一、總說   420

    乙二、腦部在胚胎的形成過程   421

    乙三、腦的分類   423

    乙四、腦部脈的論述   425

    乙五、腦的支分──脊髓等   427

甲八、觀察身心的連結   431

第十四世
達賴喇嘛尊者的
導讀

一、與科學最初的相遇

我從小就喜歡且關注機械，尤其到了印度後，為了能多了解科學、更明白科學與宗教間的差異，於是興起與科學家進行交流的念頭。我之所以有把握與科學家進行討論，主要是因為導師世尊曾親口對弟子說過：「比丘與智者，如煉截磨金，當善觀我語，信受非唯敬。」這意思是，在觀察經典的內容時，要如同以煉、截、磨的方式檢視黃金有沒有污垢般，仔細檢視經典內容；經過觀察產生定解後，才可以相信；未加以觀察，只因為是自己導師說的就相信，這是不對的。佛陀特別教誡說，祂所說的是不是標準，有賴於我們的觀察，透過理由檢視之後而做決定，不應該在未經思惟的情況下，盲從地把經文奉為圭臬。這是個偉大的教授，指出觀察基法真相時，理由才是主要的依憑。

佛教典籍，尤其是吉祥那爛陀寺的學者們，認為觀察內容時，現前覺受（མངོན་སུམ་གྱི་མྱོང་བ།）比理由及經文更重要。這是基本原則。如果觀察真相時，只憑經文，這段經文還需要那段經文證成，那段經文又得靠其他的經文證成，會有無止盡的過失。再者，對於不認同經文的人，我們是沒有辦法用經文反駁他或讓他認同的。又，有一些經文是可如言而取的，有一些經文是不可如言而取的，也就無法確認任何說法。還有一種說法是，

觀察基法眞相時，憑經文是劣慧者的表現，這樣的人不能歸類爲說理者。科學家的作法也是如此，科學家的研究都是以觀察、計量爲依據，不是以其他人說了什麼爲依據。仔細觀察現前明顯的事物後，推理出不甚明顯的事物，例如微塵等，這是佛教與科學家共同的作法。看到這點，更增添我與現代科學家進行交流的信心。

科學家利用顯微鏡、望遠鏡、計量等方式去觀察分子、浩瀚宇宙的各種型態，依新增的根識能力，再加以推論，發現許多新的眞相。再者，確認所推論出的內容，最終還是以親身經驗爲依據。在這點上，佛教論師與科學家的觀察基礎是相同的，都是現前覺受；對於抉擇推論的內容，兩者的作法基本上也是相同的。這點非常清楚。佛教論典中，所謂現前覺受，不單指根識的覺受，也包含廣大修所成慧的內容。如同科學推論，這個由聞思所生的修所成慧，是依現前覺受所生的智慧，是觀察境的方法。

1973年，我第一次去歐洲時，先後遇見了許多二十世紀著名的科學家，如哲學家卡爾‧雷蒙德‧波普（Sir Karl Popper, 1902-1994），西德總統的親戚、量子物理學家維爾納‧海森堡（Werner Heisenberg, 1901-1976），他的助手兼哲學家、物理學家的卡爾‧馮‧魏茨澤克（Carl Friedrich von Weizsäcker, 1912-2007），及物理學家戴維‧玻姆（David Bohm, 1917-1992）

等人。宇宙學、神經學、生物學、物理學、量子力學，主張仔細剖析外在的物質，最終無法尋獲任何事物，這與唯識宗破除外境之理是很接近的，也與中觀論說尋找假義而不可得一致。我們曾經針對上述科學學科，及一般詮釋止觀的印度內外道論述，尤其是佛教論典中的心理學內容，進行過多次討論。

從另一個角度來看，現今世上，科學影響力正無可避免地持續擴大。所以，了解現代科學，不能只停留在想要而已，更要急切地自發學習。其次，在現代科學裡，對心理學的討論也有其必要。我們今生追求的就是安樂，在這樣的前提下，科學的成果如何帶給世人生活安樂是很重要的。多年來，我和各領域的科學家持續對話，希望能透過交流，讓現代科學、心理學對人類的身心安樂帶來貢獻。

因此，與科學家交流時，我抱持兩種目的。第一，現在的知識是非常廣泛的，且逐年都在進步中。最初科學興起時，是以外在物質為主，因此，現代科學的觀察對象也以外在物質為主，對於觀察者自己的性質、憶念如何形成、自己的苦樂等感受，並沒有積極地進行研究。現代科學擅長的研究對象主要是外在物質，以當下人類社會的狀況去看時，就會發現現代科學仍有許多不足之處，無庸置疑。也因此，在這套知識系統中，有必要加入佛教心理學的理論，也就是說，除了既有神經學的說法，如透過腦部產生五根識等，還應擴大對心識的認識，讓

它更完善。所以，讓現代科學具有豐富及清楚的心理學解釋，擴大知識層面，是我的第一個目的。

佛法與現代科學間有許多可互相學習的內容。我們不只有身的苦樂感受，也有心之妄念所生的苦樂感受，因此，我們必須具備關於身心兩方面的學識。從創造人類社會安樂的角度來說，現代科學與心理學配合，可以開展新的知識層面。我的想法是，教育系統中，在科學觀察事物究竟性的基礎上，若能加上這個已發現的內容，將會使教育系統臻於完善。這是我的究竟目的。

再說我的第二個目的。放眼人類所遭遇的各種災難，有人為的災難與天然的災難。正因為人為的災難是人類自己製造出來的，無庸置疑，人類必然也有解決這些災難的能力。現今人類社會並不缺乏知識，然而人為的災難卻不斷發生，顯而易見，我們對人為造成的災難束手無策。這災難來自人們心中的愛我執、貪、瞋、偏執、嫉妒、競爭、比較等心過於強烈；換個角度說，是我們心中缺乏愛他心、慈悲、忍辱、不放逸、智慧等造成的。具有宗義（又稱哲學）的宗教有捨棄貪瞋、修習慈悲的理論，這些理論絕對有助於消除人為災難。科學的目的，或主要意義，是給人類帶來利益。透過科學的努力，我們人類在醫療、環境、經濟、旅遊、生活用品、通訊等各方面都有顯著進展，然而，人類自己製造的災難卻仍然存在啊！

我們親眼可見，某些科學十分先進的國家，仍有許多偷盜、搶劫、殺害、爭鬥的事發生。心所產生的痛苦依舊存在，自己的內心充滿貪、瞋、我慢、嫉妒等，無論外在的條件如何圓滿，仍舊無法帶來快樂。但如果具備知足、慈悲等調伏內心的寂靜善心，即使外在順緣並不圓滿，依然可以擁有快樂的人生。因此，毫無疑慮，人生是否快樂，是以內心作為判斷依據。

到目前為止，對於解除身體痛苦方面，科學一直有著極大貢獻。然而，對於內心的痛苦，只能透過思想的轉變去應對。所以，提升人的慈悲等價值，是人類社會安定不可或缺的根本。我相信如果現代科學家關注心理學，尤其關心對人類社會極有意義的道德觀的話，科學將可更上一層樓，為人類謀取更大的福祉。到現在，科學認不認可的內容，與慈悲等有價值的心，彼此缺乏關聯；可是科學是為了人類的需要而有的，不能與人類社會極有意義的內容脫離關係。古老的印度宗義，尤其是佛教論典所說的心理學，詳細提出止觀等修心法要，對現有的心理學絕對能提供有利的資訊。不僅如此，這套修心方法具有解決人們內心痛苦、帶來內心寂靜的特殊能力，有助於現有教育制度趨向完善。因此，我的第二個目的是讓人類社會裡不缺倫理道德。

現代生活中，不可能不受到科學、機械等物質力量的影響，很明顯地，科學已經在我們生活許多面向中扮演重要角

色。也因此，我們更應去關注科學的意義是什麼、對人類生活帶來何種幫助或衝擊、繼而又帶來哪些影響。二十世紀初期，有人認為科學的發展會動搖宗教信仰，然而在二十一世紀初的現在，人們卻對一般的道德觀，特別是古老具有心理哲學的教義，投以更多注目。

二、佛教經論的三大課題

我們經常可看到社會中有殺人、偷盜、欺誑、傷害他人、欺負弱小、損害公物、忽視公利、酗酒、吸毒、孤單、寂寞、瞋恨、嫉妒、競爭、恐懼等現象。為什麼會如此，我認為這些都是因為我們忽視有價值的行為與內心的緣故，需要去關注並學習提升內心的價值，進而改變行為。社會現實清楚顯示我們的不足，對此，我們必須有一個互相關懷的現代社會。

若要提升有價值的行為與內心，該以什麼作為基礎呢？如果以宗教為基礎來推動倫理道德，以此形成的倫理則無法涵蓋沒有宗教信仰者，如此一來，沒有宗教信仰者，在缺乏宗教信仰的同時，也可能缺乏慈悲等善良行為。如果以慈悲良善為基礎來推動倫理，就可跨越宗教的限制，慈悲的價值對我們何等重要，不妨從日常生活中細細思惟。在我們還沒有宗教信仰之前，從小，我們很自然就會去關心他人、照顧他人、會幫助或原諒別人，與這些想法有關的種種身語行為、善心與善行，都

是與生俱來的，天性使然，就連動物都需要在慈悲關懷下生活，更何況人類，所以，慈悲心不必以宗教為基礎是很明顯的。

依此，我努力推動人類基本善行。人類基本善行與宗教無關，理由是不依賴宗教，我們依然可以過得很好，一旦缺乏人類基本需求例如慈悲等，我們將很難生存，哪怕活著，也不會快樂，孤孤單單一人。如果我們推動的倫理是基於宗教，世界上有著各式各樣的宗教、文化，要在某個社會中，以某個宗教去推動倫理，的確不太恰當。所以，要推動遍佈一切的善行，唯有透過人類的善良本性。善良的本性可由「如果我們輕視他人時，我們如何承擔後果等」的開導而引發。我把與宗教無關的善行，稱為「世俗倫理」（secular ethics），也就是人類與生俱有的善良本性；它也是宗教所闡示的慈悲的基礎。

無論是否有宗教信仰，相互尊重的傳統在印度早就有了。以前印度順世派（Cārvāka）宗義會被其他宗義者極力駁斥；其他宗義者駁斥的同時，卻會以敬語稱呼持順世派宗義見者。二十世紀，印度獨立建國後，延續傳統，印度憲法與宗教分立。與宗教無關的印度憲法，是為了讓所有宗教獲得平等對待，能平等推廣，不是不尊重宗教。這部憲法是在聖雄甘地（1869-1948）——一位嚴謹的修行者——推動下所建立的。我看到這段在歷史上極為重要的公案，以此之故，我個人對於推動與宗教無關的倫理，並不覺得有任何不妥。

　　各國擁有自己的傳統信仰，既有信仰適合自己，如果貿然改變宗教信仰，很可能會對自己造成問題，而且也可能傷害社會的宗教和諧。所以，不應該爲了讓其他宗教信仰者變成佛教徒而推廣佛教。有自己教義的宗教，對這個世界絕對有貢獻；如果能夠實踐這些教義，絕對會給人類帶來利益。

　　以佛教而言，對任何人──無論有沒有宗教信仰──所能貢獻的利益是佛教經論所說的科學或基法眞相，與如何去除內在的痛苦、成辦內在安樂的修心方法。因此，佛教經論裡，對科學、宗義、修持的廣大論述必須區分開來。

　　一般宗教的信仰與修行，是透過對各自宗教歸依對象的信心而生起。佛法也是只和佛教徒有關而已，與其他宗教或沒有宗教信仰者沒有特別的關聯。因此，與宗教有關的論述並不適合所有人。現今世上七十億人口中，約有十億人是沒有宗教信仰的，[1]這是事實啊！

　　例如，從佛法教義中截取的「諸法皆爲緣起」的主張，雖與主張常有俱生的士夫（ཧྱག་པ་རང་བྱུང་གི་སྐྱེས་བུ།）、補特伽羅我的宗義

1　譯者註：美國民調機構皮尤研究中心（Pew Research Center）發表的最新「全球宗教概觀」報告，在全球六十九億人口中，有84%的人（五十八億人）有宗教信仰，其中，基督徒佔32%、伊斯蘭教徒23%、印度教徒15%、佛教徒7%，至於沒有宗教信仰的十億人中，有62%的人住在中國。來源：http://www.pewforum.org/2012/12/18/global-religious-landscape-exec/

不同，卻會使個人的思考更加開闊，無論遇到什麼境，都會以不同角度去看；這樣一來，認為某件事情來自單一的因、單一的緣，這種狹隘的想法就會被消除。因為佛法宗義具有這樣的特點，如果能附帶講說，會帶來好處。之所以特別提佛教經論裡科學、宗義這部分的原因是，一方面，學習佛教基法真相、宗義，不需要成為佛教徒，另一方面，可以了解佛教如何抉擇真相、如何看待真相。

　　觀察薄伽梵最初如何宣說四諦，是依四諦的性質而說基法真相，依四諦的作用而說道次第，依四諦的作用及果而說現證之果，這是非常明顯的。我們可以明白佛教經論的宗義、取捨論述，都是以基法真相為基礎，這個是基本原則。在菩薩藏中，或大乘經藏中，有所謂基二諦、道二資、果二身，指的也是透過基法去成辦佛教的究竟目的——果二身，尤其是具有四身的佛陀。推究其理，我們現有極細微俱生原始光明，這個光明原本就有成辦四身的能力。佛教經論所說的一切論述，都是依著基法真相，這是相當清楚的。諸如吉祥那爛陀寺的佛教學者們解釋佛經也是如此。經藏及其解釋——論藏——有三百二十多冊[2]。所有翻譯成藏文的經論內容，都可以含攝在基法真

2　譯者註：「冊」可分大（五百頁以上）、中（三百頁至五百頁間）、小（三百頁內）。

相、道次第、現證之果三者中。

佛教經論的內容可分爲：一、基法眞相或科學、宗義，二、道次第，三、現證之果，三個修行次第。因此，我覺得經藏、論藏的內容，區分爲科學的論述、宗義的論述、修法的論述三者，在現代會很有利益。

三、佛教的基法眞相或科學

所謂的科學，是任何人以同樣的研究方法經過多次驗證，都能得到相同的結論，這個結果及研究方法本身，兩者都可稱爲科學。但我覺得科學主要是偏向完整的研究方法，例如科學家觀察某事物時，首先會提出假設，然後觀察假設的內容是否符合實際的狀況，再驗證觀察結果；第二個人、第三個人透過這個研究方法獲得相同答案時，這個研究觀察的結果就被稱爲科學知識，而獲得這種知識之前的研究學則被稱爲科學。這與中觀論典說，抉擇有無的三個條件中的第一個條件——名言識共許，及第二個條件——共許的內容不被其他名言量損害，我覺得是相同的。

佛教徒觀察基法眞相時，觀察者必要有四依法。也就是，觀察某個內容時，不應該以講說者的名氣或形象而做決定，應該觀察這個人說的內容。所說的內容是否正確，不僅取決於文句的優美、用詞的通順，觀察的對象應該是意思，而不是語

句。語句的內容也會因爲某種目的而說，所以單憑字義來決定是不對的，應該要以了義眞相爲主——了義的定義則根據不同情況而安立。了義的內容要用現前覺受確認，只是假設或以聽到的爲滿足，也是不對的。上述所說的四個條件，任何觀察都必須用到。就觀察的方法，論說了四理論述（ རིགས་པ་བཞིའི་རྣམ་ གཞག ）。透過四理可知佛教如何解讀世間；仔細觀察的話，解釋佛教的所有學說都離不開四理。

法爾理（ ཆོས་ཉིད་ཀྱི་རིགས་པ ）清楚地說，構成世間的根本因素（ རྫས་གཞི ）是無始無終的。色法若就暫時的變動上說，可以是有始有終的。然而如果構成色法的根本因素有開始，那麼它的第一因就必須是無因而生，或由造物主創造；而且，如果說唯領納性質的識（ མྱོང་ཚོར་གྱི་བདག་ཉིད་ཀྱི་རྣམ་ཤེས ）有開始，識的形成就得從與識無關的色法的演變上去詮釋，這樣一來，很難合理解釋爲什麼最初的識上有兩種相違的感受。[3]論說色等法持有自己的性質

3　譯者註：同時間的兩個相互矛盾的果，怎麼會來自同一個主因呢？今世的最初意識上之所以有著兩種互相排斥的感受，是因為前世意識的狀態延伸至今世而造成。倘若今世意識僅僅來自父精母血，與前世意識毫無關聯，將無法合理解釋這種情況。

並延續自己的續流 4、心識的唯領納性質等，都是法性。所以各事物（དངོས་པོ）延續自己續流就是法性。寂天菩薩（Śāntideva）對法性理做了清楚的區別，在《入菩薩行論》（Bodhisattvacaryāvatāra）中說，事物的演變是自然形成的，當這種過程成為有情苦樂的基礎時，就跨越了法性的範疇；或是說，有情的苦樂是在法性的基礎上，配合著有情當時的業才形成。

觀待理（ལྟོས་པའི་རིགས་པ）是說，像果的變化來自因的差異，果──後續流──的種種差別是與因的種種特性有關。舉個容易理解的例子：碩大的果實、不被蟲咬、依時令成熟……要成為具有這些優點的農作物，光有種子這個因是不夠的，還要依靠緣，與溫度、水分、肥料、人的勞作等暫時、多重的因緣相結合，因此，無法說優良農作物的產生是法性。觀待理分三：一、因果觀待。二、支分與具支者的觀待。也就是，心識現起具支者時，要依賴支分而現起。三、施設識的觀待。任何一法都唯由施設識（འདོགས་བྱེད་ཀྱི་བློ）安立。這是最深奧的。

4　譯者註：續流有二：種類續流（རིགས་རྒྱུན）、質體續流（རྫས་རྒྱུན）。所謂種類續流，是在同種屬性的前提下，同個續流內的事物。如第一剎那的金瓶與第二剎那的金瓶。所謂質體續流，是不同屬性，卻在同個續流內的事物，如造瓶前的黃金與金瓶不是同個屬性，卻在同個續流存在。所以，金瓶的種類續流雖有開始，但金瓶的質體續流卻是無始。

作用理（བྱ་བ་བྱེད་པའི་རིགས་པ།）是，事物的性質各各不同，所以依賴性質的作用也各各不同。雖然主因——種子，緣——水分、肥料等，各自的作用不相同，然而，這些因緣結合起來也會產生果實的不共特徵。一般而言，地使堅固、水使收攝、火使成熟、風使增上等，都是作用理。

證成理（འཐད་པའི་རིགས་པ།）是，依據現在這種狀況，將來會產生那種狀況；因爲有果的各種變化，其因也必須具備各種特性，像以偶爾生起（རེས་འགར་སྐྱེས་པ།）的這個理由，去證明它一定是無常。有關因明，後面會詳細說明。

佛教經論對基法眞相的說法大概可以分爲：一、所知——境（ཤེས་བྱའི་ཡུལ།）——的學說；二、能知——心識——的學說；三、心識如何趨入境；四、安立所知——境——的方法，如同因明學說區分般，《阿毘達磨集論》也是如此架構。

第一、所知——境——的學說。能量識在了解所知時，根據需不需要透過因相（རྟགས།）[5]或語正量分爲三種。一、不需透過因相或教言，由現前識看到的法。二、雖然無法被現前識所了知，卻可以透過正理推斷得知的法。三、透過覺受與正理都無法了知，卻可以由可信的其他人所說的話而了知的法。

第一種所知的層次是可見現前分（མངོན་བ་མངོན་གྱུར།），例如我們

5　譯者註：宗因喻的「因」，與因相、理由同義。

以肉眼看到身體的病況,像黯淡無光、呼吸急促、身體腫脹等。第二種所知的層次,如透過看見身體腫脹等症狀,可以知道這個人有病或有其他病因,這種屬於略隱蔽分（ཅུང་ཟད་སྐོག་གྱུར）。然而,第二種所知的層次又可分爲對我們一般人的共同略隱蔽分,或根據當時的情況及時間而定的略隱蔽分。第三種所知的層次是極隱蔽分（ཤིན་ཏུ་སྐོག་གྱུར）,例如我們自己的生日只有聽父母講才可以知道,除此之外,沒有其他辦法。同樣地,非常細微的因果,如世上眾多不同有情如何形成等,了解極隱蔽分的層次,需要引經據論。引教證時,必須具備幾個條件:不與現量、正理相衝突,經論文本身並無直接或間接的前後矛盾,及講者沒有其他特別的目的。我們習慣跟隨每日生活接收的訊息,接受這種層次的所知,例如因爲新聞報導就接受某個消息,也有因爲歷史的論述就認定過去發生的事件,就連科學家自己也有引用其他研究者發表在學術期刊的論文,卻未經查證。

雖然佛教一開始就由以現識、比度、教量三種方式去觀察三種所知,然而主要建立完整的邏輯論述者是五世紀印度阿闍黎陳那（Dignāga, 480-540）,及七世紀阿闍黎法稱（Dharmakīrti, 西元七世紀）。佛陀在世時,以正理觀察爲主,安立了中觀宗義,約在一世紀的怙主龍樹（Nāgārjuna）時更是如此,然而佛教中有完整邏輯系統的論著,要從阿闍黎陳那及法稱算起。

　　印度量學的發展，早於陳那及法稱前，在外道正理派
（Nyāya རིགས་པ་ཅན།）的論述裡就已經有了。阿闍黎陳那建立了三
相之理（trirūpahetu ཚུལ་གསུམ་གྱི་རིགས་པ།）及排他論（apoha གཞན་སེལ་
གྱི་རྣམ་གཞག）），使量學達到相當高的水平。陳那詳盡地破除了正
理派（Nyāya རིགས་པ་ཅན།）、勝論派（Vaiśeṣika བྱེ་བྲག་པ།）、數論派
（Sāṃkhya གྲངས་ཅན་པ།）等說法；後來，正理派的阿闍黎烏底耶
塔加羅（Uddyotakara, 西元六世紀）、伺察派（Mīmāṃsā དཔྱོད་པ་
པ།）的學者庫馬里拉巴塔（Kumārila Bhaṭṭa གཞོན་ནུ་མ་ལེན།, 西元七
世紀）等人有回駁，而這些主張又被吉祥法稱所反駁，由此可
知，印度量學已有相當高的水平。

　　依所知的體性與特色不同，將所知分為五事（ཤེས་བྱ་གཞི་ལྔ།）：
一、色法（གཟུགས་བ་གཟུགས་ཀྱི་གཞི།），二、心法（གཙོ་བོ་སེམས་ཀྱི་གཞི།），三、
隨心所（འཁོར་སེམས་བྱུང་གི་གཞི།），四、不相應行（ལྡན་པ་མ་ཡིན་པའི་འདུ་བྱེད་ཀྱི་
གཞི།），五、無為法（འདུས་མ་བྱས་པའི་གཞི།）。也有隨目的將所知分為十
八界、十二處等。在佛教論典中，所知隨性質、特色、目的、
類別等不同，有不同區分及歸類的方式。

　　所知五種分類的第一個──色法──的論述。色法的性
質、有礙的色法（ཐོགས་བཅས་ཀྱི་གཟུགས་ཅན།）及無礙色法（ཐོགས་མེད་ཀྱི་
གཟུགས་ཅན།）的十一種，法處所攝色（ཆོས་ཀྱི་སྐྱེ་མཆེད་ཀྱི་གཟུགས།）、大種
（འབྱུང་བ།）與大種所造（འབྱུང་གྱུར།）。

　　器世間形成的方式，構成色法的因素──微塵──的說

法。就以一粒最細微的微塵而言，當兩派去解讀細微微塵如何存在時，看法可能會天差地別。最終因無法組合微塵——構成色法的因素，沒有任何一種色法有外境，色法僅屬內心的顯現；及在細微微塵時，必須有其他大種所依——虛空微塵。講到大種，有第五大種——虛空大種。四大種不一定解讀為和合體，能量也可認知為大種。論說最細微的微塵也是大種所造，這意味構成細微微塵的因素來自大種。所以，我們將可見的地、水、火、風稱為大種，只是非常表面的說法。

佛教論典又說，身可分粗、細、極細三者。氣可分根本氣（ རྩ་བའི་རླུང་། ）、支分氣（ ཡན་ལག་གི་རླུང་། ）；一天中，氣的流動有二萬一千六百次等，詳細地說了身界（ ལུས་ཁམས་ཀྱི་རྣམ་གཞག ）。

內外情器世間形成之理。例如阿闍黎無著以不動緣、無常緣、能力緣解說情器世間皆是唯此緣性所成（ རྐྱེན་ཉིད་འདི་པ་ཙམ་གྱིས་གྲུབ་པ། ），並非先由造物主內心動搖而成。這是佛教的基本立場，與科學家的基本立場極為相同。然而，佛教論典——《阿毘達磨俱舍論》（Abhidharmakośa）——說到地球的形狀、大小、日月輪轉、日月星曜等時，說地球是平的、以須彌山為中心，日月星曜隨地球而轉。很明顯地，這是依古印度吠陀的說法為基礎而說。依此基礎所做的這些解釋，與現代科學驗證的結果直接相違，因此，我早已從自宗的主張排除上述的論述。

又，佛教論典主張世間依序經歷成、住、壞、空；之後，在

空的階段，由天空微塵（བར་སྣང་གི་རྡུལ་ཕྲ་རབ）或空塵（སྟོང་པའི་རྡུལ）再次形成新的世間。因此，是由空而成、住、壞、空⋯⋯如此無止盡地輪轉。空的階段的天空微塵，在時輪中被稱爲空塵，是一切色法的因，僅屬於能量，不是明顯、單一的和合體。在空塵的作用下，使四大種從細的層次漸漸形成粗的層次，再從粗的層次漸漸解散成爲細的層次，最終融入於空塵，這些微塵是世間住、滅續流的根本因。細微的空塵什麼時候才會形成世間的因呢？以時輪的說法而言，任何世間，在未形成之前，都屬於空的狀態；個個世間所有色法的構成因素，也都屬於空塵。空塵之所以能成爲個個世間形成的主因，是受到將來在此世間出生的有情業力影響所致；業力成熟，這些風塵才會開始結合，逐漸形成這個世間。

雖然科學家對外在世間最初如何形成做了解釋，即最初是由大爆炸形成的，然而仍存在許多重大疑點，如大爆炸之前可能有什麼、大爆炸是如何形成的、什麼因素形成大爆炸、爲什麼我們的地球形成後能變成生物的因、地球與居住在地球內正在生長的有情有什麼關聯等。佛教認爲外在器世間的形成與內在的有情眾生是有關聯的。有情眾生的身體——我們現在可以明顯看到的粗分身體，與細微層次是有關聯的，因爲這細微層次最終是由心氣無二的極細微層次形成，藉由我們身蘊的微妙關聯得知浩瀚世間也應如此。

　　西方科學中，達爾文（Charles Darwin, 1809-1882）的演化論（Theory of Evolution）是透過天擇（natural selection）的理論去研究物種的不同及其起源。在解釋生命起源時，認爲是由許多複雜的化學物質從無機物演變成有機物，之後再形成生命並具有遺傳繁殖等五種特徵，被歸類爲生物。細胞學說者則認爲，所有生物皆從細胞所生，那麼細胞的起源又是什麼？透過假設推理而說是經由很長時間慢慢演變而成的。演化論者對生命起源有一種看法，認爲基因突變（genetic mutation）是突現的，以佛法的角度來看這種說法，會認爲這種突然發生或無因而生的論述，是具有爭議的。我曾經提出一個問題：爲什麼現代生物學家不認同有情，特別是人類，本具有價值的心、利他的心，如悲心等，爲什麼他們看不到這是有情生存的主要因素？

　　佛教主張，時間的性質是，唯有在色法和心法下安立，無法與色法、心法分離。過去或已滅不只造成下個動作的產生，也造成下個動作的結束。最短時間的粗分解釋：微塵上下變化的時間，以及一彈指內分爲六十五刹那或三百六十五刹那。怙主龍樹在《經集論》（Sūtrasamuccaya མདོ་ཀུན་ལས་བཏུས་པ།）中引用了《華嚴經》（Avataṃsakasūtra），其中明顯地說一彈指間可分爲無量刹那。一劫與一刹那有很大的差別，可是在《菩薩地持經》地功德品說，就兩位補特伽羅的覺受而言，是不矛

盾的。

　　第二部分，能知——心——的學說，或說心理學，廣泛地說了心的體性、分類，及個別分類的內容等。在詮釋心的分類時，依照是否依靠色根（དབང་པོ་གཟུགས་ཅན་པ།）——增上緣（བདག་རྐྱེན།），及不只接觸到境，能不能了知境的特徵，而分根識與意識。就識對境有否欺誑，[6]分量與非量。就境是否有具有聲符（སྒྲ་བརྡ།），如此是此等，及是否有聲相、義相（སྒྲ་དོན་གྱི་སྣང་བ།），[7]分有分別心（རྟོག་པ།）及離分別心（རྟོག་མེད།）。就主眷（གཙོ་འཁོར།）及趨入境的體性或差異，分心及心所。就所見是否符合實際，分為錯亂識及非錯亂識。就境方面，分自證（རང་རིག）或他證（གཞན་རིག）。就趨入境的方式，分顛倒識（ལོག་ཤེས།）、疑（ཐེ་ཚོམ།）、伺察識（ཡིད་དཔྱོད།）、見而不定（སྣང་ལ་མ་ངེས།）、現識（མངོན་སུམ།）、比度（རྗེས་དཔག）、已決識（བཅད་ཤེས།）等七種（བློ་རིག་བདུན།），廣泛地做了解釋。

　　還說了心所的性質、分類、各個的作用、次分類、生起的次第、互相的關聯等。如何由無明愚癡、顛倒愚癡產生非理作

6　譯者註：「欺誑」一詞於法尊法師翻譯的量學典籍中普遍可見。識之所執境與實際不合時，該所執境即為欺誑，如執雪山為青的眼識。

7　譯者註：聲符是聲音的符號，也就是聲音本身。聲相是耳識或由耳識所生之分別心持取聲音時所產生的行相。聲相與聲總的差別是，前者可被根識及分別心所見，後者只被分別心所見。以此類推，義相與義總的差別也是如此。

意的妄念，由此而生貪瞋；由貪瞋生我慢、嫉妒等，使心無法調伏。由貪所生的掉舉、使心不自主地流散到外境的散亂、心無法緊持在境上的沉沒、使身心無法隨心所欲地被控制，如同進入了黑暗般，所緣不清楚的惛沉等。這些的正相違品，如可辨別境之差別的甚深智慧、慈、愛、忍、自信、與在正知正念攝持下，心於所緣境專注一境，能持續安住，如此之增上三摩地等，介紹了上百種心所。由於有心所互相相違的情況，一方力量增強的話，將會使另一方的力量逐漸消失。總之，對地球上七十億人口而言，佛教心理學是相當重要的學科。

有關粗細心識的說法。醒覺時的心識為粗分，睡夢時的心識比較細微，有比睡夢更為細微的心識，如熟睡時的心識。心也可分為粗分、微細、極微細三者。粗分是根識，微細如六根本煩惱及八十分別心（རང་བཞིན་བརྒྱད་ཅུའི་སེམས།），極微細如四空之心等。

四空之心也可再分粗細，見、增、得（སྣང་མཆེད་ཐོབ།）三者之心比俱生原始之心粗，俱生原始之心是極微細。因為經論說極細的俱生原始之心與它的坐騎之氣（གནོན་པའི་རླུང་།）是體性一、返體異（རོ་བོ་གཅིག་ལ་ལྡོག་པ་ཐ་དད།），所以俱生原始之心，就趨入境的角度說是氣，以了知境的角度說是識。

佛教心理學另一個重點是，暫時的污垢不是內心的本性，心性是光明的；而且唯明唯觀的種類續流無始無終，續流是堅

固的；依賴心而產生的功德，只要串習至任運，不需再次努力，將可增長至無盡。只要不懂這些深奧的內容，就一定會對佛法產生片面的認識。

阿闍黎陳那及吉祥法稱的量論提到根識的性質，根識為什麼是無分別心，分別心如何透過聲、義（སྒྲ་དོན།）趨入自相的境（དོན་རང་མཚན།），介紹了聲、義，共聲與共義識（སྒྲི་སྤྱི་དང་སྤྱི་བློ།）如何共同地趨入不同的明例（གསལ་ལ་བ།），及共相（སྤྱི་མཚན།）是非事物（དངོས་མེད།）的道理等。這些絕對有助於現代心理學的研究。

第三部分，心識如何趨入境。心顯現境時，依顯現方式的不同，有遮遣及成立兩種。就心隨著事物的顯現而趨入境或不趨入境，說成立趨入（སྒྲུབ་འཇུག）與遮遣趨入（སེལ་འཇུག）兩者。

於分別心中顯現某法的義總（དོན་སྤྱི།）時，只有一與異兩種顯現方式，因此，以分別心對境的看法而安立一、異。雖然體性一，卻因為分別心有顯現能知所知（གཟུང་གཟུངགི་བྱེད།）的差別，而安立了返體異。

心識接觸境時，有現與持兩種方式，所以有所現境（སྣང་ཡུལ།）及所持境（འཛིན་ཡུལ།）。識執取某境的作用時，欲知者所趨入的不欺誑境就是所趨境（འཇུག་ཡུལ།）。就心識斷除增益（སྒྲོ་འདོགས།）之處，為所緣境（དམིགས་ཡུལ།）。

根識了解境時，是透過現起與境相似的相而了解。若中間不透過相而了解，對同一個境將不應有不同的看法；若透過

相而了解，該境將不能直接被了解，就沒有理由證明這種看不見的境；基於此，有主張具相（ རྣམ་བཅས། ）的心識與不具相（ རྣམ་མེད། ）的心識的說法。

第四部分，確認所知的因明，是識如何了知宗的方法，及打開隱蔽分的鑰匙，因此相當重要。

因明的基礎是前面已經說過的四正理。因明裡說到，為了能夠立宗需要具備什麼條件，因的所立和能立有何關聯性，透過相屬（ འབྲེལ་བ། ）可推理出相屬者（ འབྲེལ་བ་ཅན། ），卻無法推論相屬者的所有的特徵，例如透過果可推知因、透過自性可推知自性者，卻無法推論因、自性者的所有差別。

在一個論式（ སྒྲུབ་ངག ）裡，就因與所立法的關聯分三正因。

一、果因，隨著敵者欲知（ ཤེས་འདོད། ）的不同，形成不同的因相推論（ རྟགས་སྒྲུབ་འགོད། ），分五種。

二、自性因，就詮自之聲是否引出自己的造作者（ རང་ཉིད་བརྗོད་པའི་སྒྲས་རང་གི་བྱེད་ཚིག་འབེན་མི་འབེན། ），分兩種。

三、不可得因，由看不到相屬方（ འབྲེལ་སྒྲ། ）及看到相違方（ འགལ་སྒྲ། ），而否定其存在。分二種：

（1）不見不可得因（ མི་སྣང་བ་མ་དམིགས་པའི་རྟགས། ）：此法雖然存在，我們無法以這裡看不到它這個理由，推論此法不存在；可是於此處，若有量看到此法不存在，就可以決定此法不存在。

（2） 可見不可得因 （སྣང་རུང་མ་དམིགས་པའི་རྟགས།）：若存在，我們可以看到的某一法，因為此處看不到的緣故，推論它不存在。可見不可得因分二種。

（2-1） 不見相屬方之因：若此法存在，必須依賴它的所依處，因為所依處不存在，而確認能依者也不可能存在。例如，以煙的相屬境——火——不存在，推論煙不存在。所謂不見相屬之因 （འབྲེལ་ཟླ་མ་དམིགས་པ།） 又有三：不見相屬境的因、不見相屬因的能遍 （ཁྱབ་བྱེད།）、不見相屬境的自性，否定此法的存在。

（2-2） 已見相違方之因 （འགལ་ཟླ་དམིགས་པའི་གཏན་ཚིགས།），是由看到彼法相違方的理由，確認此法的係屬 （ཡིན་པ།） 不合理或存在（ཡོད་པ།） 不合理。此又分二種。

（2-2-1） 依於不並存相違之因 （ལྷན་ཅིག་མི་གནས་འགལ་ལ་བརྟེན་པའི་རྟགས།）：看到有力之相違方損害此法的持續存在而破除。此因又分三：已見相違性質、已見相違之果，及已見相違之所遍。此等內部又有，已見能害本身、能害特徵、能害的果等，而遮擋所害、所害特徵、所害果等。有以十二種理由的區分，也有更多的區分方法。

（2-2-2） 看到不可能存在不屬於雙方的第三聚 （གཉིས་ཡིན་གྱི་ཕུང་གསུམ་མི་སྲིད་པ།） 而否定該係屬。佛教成立無我義的緣起之因屬於第二種。

又，突顯對方主張的矛盾及缺陷來破除對方邪分別的應

成，是突顯對方主張的缺陷，雖然主要直接顯示該缺陷，但同時也會間接引出該主張的相反立場；不引出的是只有突顯其缺陷及破除該錯誤的主張。

如是了解所知的方法——因明——顯示各種觀察境的途徑，透過智慧觀察的途徑，可以了解事物的究竟實相。再三觀察，識的能力也會隨之增長，將會成就對諸法究竟實相的圓滿看法。

四、佛法宗義

宗義是觀察基法真相的結論。早期詮譯佛法宗義的主要論典是西元前的《彌蘭王問經》（Millindapañha）、西元一至二世紀左右的阿毘達磨等，及怙主龍樹的理聚論。此外，結合內外宗義而說的論典有五世紀阿闍黎清辨（Bhāviveka, 500-560）的《思擇焰論》、八世紀大住持寂護（Śāntarakṣita, 725-788）的《真如集論》（Tattvasaṃgrahakārikā）等。

說到佛教的主要宗義，眾所皆知是四法印，即諸行無常、有漏皆苦、諸法無我、涅槃寂靜。

所謂諸行無常，是事物的壞滅不依賴後來的因，因為產生自己的因本身就具有壞滅的性質，導致自己形成後，就具有下一剎那無法存在的性質。若要細想，可以從看得到的粗分變化來推斷。

所謂有漏皆苦，是不寂靜的心，及與它有關的一切因果，或它所帶來的一切。

所謂涅槃寂靜，阿闍黎法稱說指的是淨除內心的染污。這是以理推論而確認的內容，不是就信心來詮釋。

無我的論述主要是指出事物的顯現與存在不同。多數佛教論師主張我（或補特伽羅），必須要在蘊體上存在。我的事例是如五蘊，或心，或第八意識——阿賴耶識——為我或補特伽羅；因為六轉識[8]（འཇུག་ཤེས་དྲུག）如水泡般不堅定，所以無法成為我的事例。有一些人認為，若蘊體是我將有違害，有離蘊的我也有違害，因此主張有不可說的我。總之，所有佛教徒共同主張沒有常一自主的我。

佛教各宗對無我的解釋不同，有粗細之別。若以《般若經》為主，也就是龍樹父子的解釋為依據的話，無我就是緣起的意思。隨著所依事物的不同而有了兩種無我。所破及破除後的無遮（མེད་དགག）並無粗細之別，於人、法上，所破的我意謂著不依賴他者的體性。唯緣起之故，「我」並不存在，就如施設者與施設處、能知與所知、作者與作事，彼此互相依賴就可被安立。

8　譯者註：古譯為六轉識，藏文直譯為「六趣識」，謂六種能趣的心識，具有趣行於境、對境的作用者。

　　如果前面方正的桌子不需要依賴分別心施設，而是桌子本身自力地成為桌子，那麼，只要安放桌子的地方存在，桌子就必須於該地自力地讓自己存在。事實上不是這樣。因此，桌子只能無奈地被心識所安立而確認它的存在。由境安立識，同樣地，由識安立境，例如〢字而言，〢的形狀、寫〢的筆、筆的墨水、寫的紙張、寫者、造字者的想法、〢字的取名者、認識〢字的人、使用〢字之處等，若這些不存在，〢字是不可能存在的。諸法的存在是如此，因此，經說諸法本性，圓滿地說，是依賴他者。中觀宗月稱阿闍黎說：「探究諸法究竟時，沒有一法可被獲尋，唯有依賴意識施設安立。」我覺得這種說法，與現代物理學家觀察分子後，無法獲尋任何一物的結論，極為吻合。

　　「二諦」之名也見於一般外道的論著。佛教四宗都說到二諦，內容卻不相同。大乘的中觀宗、唯識宗，在安立二諦性質的方法上，沒有太多不同，然而在事例上卻有很大差距。總之，勝義諦謂真相的論述，世俗諦謂顯現的論述，中觀宗與唯識宗都說唯有空性能夠詮釋勝義諦。勝義諦的事例：唯識宗以無外境之理，說能取所取二空；中觀宗則說沒有絲毫的真實存在。世俗諦是我們現在可以看到的情器、生滅、增減、因果、苦樂、善惡等諸法。以我們現在看到的瓷瓶而言，它是世俗；如同看到瓷瓶般，就瓷瓶上去尋找，將無法獲得瓷瓶，以此之

故，境是自體空。探究瓷瓶時是空的，空的當下卻又被看到的緣故，二諦是體性一、返體異。這是中觀的說法。總之，談到諸法存在性時，佛教認為必須要遠離增益與減損兩邊而認識事物的存在性。

五、佛法

雖然一般而言，佛教經論中，有關修行的教導大多與信心有關，然而佛法的根本教義，如四聖諦，卻是建立在因果法性上。

我們與生俱來就不想要痛苦，苦受的基礎是行苦，因此，四諦中，第一諦是苦。苦從因生，因此，第二諦是集，說了苦因及苦果。苦因，追根究柢是無明，而無明被證實可被滅除，因此，第三諦是滅。滅不可能無因，能成辦此滅的方法是第四諦——道諦。說到解脫的因及解脫的果。如是，四諦的根本所依就是因果緣起。阿闍黎法稱在介紹滅諦時，就是從關鍵處，也就是痛苦的因——無明——可被淨除來介紹，並沒有說一定要依著佛陀的教典來介紹。而且又引十二緣起的趣入次第解說苦集二者、還滅次第解說滅道二者。由於苦樂是覺受的體性，遠離了覺受，無法說苦樂，因此，詳細地對覺受做了因果次第的說明。

以佛教而言，對法的究竟理解是所要獲得的涅槃，因此，

成就涅槃的方法，及詮釋其方法的經論，都稱爲法。佛教經論可分基、宗義、修法三種論述，若要了知前兩者的解說及其依據的教典，有珍貴的甘珠爾（ བཀའ་འགྱུར་རིན་པོ་ཆེ ）及丹珠爾（ བསྟན་འགྱུར་རིན་པོ་ཆེ ）。珍貴的甘珠爾是已經翻譯成藏文的佛陀教言，包括了顯密二者的三藏。珍貴的丹珠爾是詮釋佛陀意趣的論典，經文中被授記的著作者是天竺班智達和大成就者，如二大車軌、十七班智達等具量的上百位學者及成就者。客觀的學者認爲，翻譯成藏文的甘珠爾及丹珠爾——第四尊佛的教言，包括了經續兩者，及解釋其意趣的論典，是現存於世的佛教經論中，數量最多、翻譯品質最佳、最完整的。相較之下，梵文的經續，由於時空的改變，除了零星幾本眞實的教典外，幾乎全數消失。現有的巴利文裡，除了上座部自己的三藏典籍外，沒有其他部的經藏。雖然有不少經、續、論被譯成中文，然而由於語文本身的限制，中譯也只能做到內容的詮釋，文或義都無法像藏譯一樣。這是近代觀察者說的。因此，現今的藏文典籍，是第四導師教正量的唯一圓滿器皿，是能聞思完整三乘及密續經論的不二入口。

六、三次集結

對「佛法科學與哲學總集」的讀者介紹藏譯經典——甘珠爾、丹珠爾——的來源，將會有所幫助，因此在此簡單地

說明。

以共乘的角度來看，導師薄伽梵證得佛果後的第七個七週，於瓦拉納西（Vārāṇasī），對五比丘轉了以四諦為主的法輪，從此一直到茅城（拘尸那揭羅 Kuśinagar）示現涅槃為止，約有四十年。在這期間中，導師薄伽梵到了聖地中部的許多地方，針對無量主要所化有情（ཆེན་དུ་བྱ་བའི་གདུལ་བྱ།），順應其根器而說的一切法蘊，都可被三藏所含攝。

導師涅槃那年的夏季，大迦葉尊者（Mahākāśyapa）在王舍城（Rājagṛha）的七葉窟（又稱畢波羅窟 Pippalīguhā）召集眾人，作集結。大迦葉尊者自己集結了論藏，阿羅漢優婆離尊者（Upāli）集結了律藏，阿羅漢阿難陀尊者（Ānanda）集結了經藏，都以背誦的方式進行。三藏是以「如是我聞」為開始，以「信受奉行」而終結。這是第一次的集結，從此之後，共乘的經典不衰退地被持守。

一百年後，在廣嚴城（又稱毗舍離 Vaiśali）進行第二次集結。這是所有部派一致的主張，在《根本說一切有部毗奈耶雜事》中也明顯地提到。之後的第三次集結，或是更多的集結，在《四部毗奈耶》並沒有明確地提到，不僅如此，各部派的說法也不同。

根本說一切有部的說法：法王迦膩色迦王（Kaniṣka, 78-123/127-151），在迦濕彌羅國（Kāśmīra）的耳林精舍（རྣ་རྒྱན་

དགས་ཀྱི་གཙུག་ལག་ཁང༌།）召集了伐蘇蜜呾羅（Vasumitra）等五百位羅漢、阿闍黎世親及馬鳴（Aśvagoṣa, 80-150）等五百尊菩薩，及凡夫班智達等共一千五百位，確認所有十八部都屬於佛教，平息了部派之間的爭論。後來的一些學者反對所有十八部都被上座部等含攝的說法。當時，將尚未成文的經典記錄成文，據說也有用銅做的經典。《阿毘達磨大毘婆沙論》也是當時的著作，或編輯而成的。現代一些學者說耳林精舍可能在今日所謂的岡噶扎（Kāṃgaḍa）這個地方。

聖上座部的說法：導師涅槃後218年，阿育王（Aśoka, 西元前304-232）十七歲時，在華氏城（又稱波吒釐或巴連弗邑Pāṭaliputra），由帝須目犍連子尊者（Tissa Moggaliputra, 西元前327-247）主持，召集一千位上座，以九個月的時間集結了三藏，而且所集結的三藏，只有以巴利語所寫的經藏而已。此外，西元前27年，瓦嗒嘎馬尼王（Vaṭṭagāmaṇī）時，以巴利語系建立三藏經典及其註釋論典，初次有了文字紀錄。

大乘不共的藏經則不是以上述的方式集結，是由文殊、觀音、祕密主等於淨相中，在不定處作結集。有關密續的集結方式，各派、各續部有不同說法。

小乘宗義者認為四諦法輪才是唯一的教法輪，其他經典只是四諦法輪的附帶說明或詳細解說。關於三法輪的次序，大乘者主張，在靈鷲山（Gṛdhrakūṭa）傳授第二次法輪——無相法

輪，在廣嚴城傳授第三次法輪──善辨法輪。

導師涅槃後約四百年的時間，吉祥怙主龍樹未到世間之前，大乘經藏不是世間可共同學習的。由於吉祥怙主龍樹，使《般若經》等許多大乘經典再次弘揚開來，開啟大乘及中觀宗的車軌。他著作理聚論等，明白解釋《般若經》的顯義──空性次第。

當時，多數小乘宗義者主張大乘經藏不是佛說，因此，有一陣子成為了爭論的焦點。怙主龍樹之後，至尊慈尊、阿闍黎清辨等，透過眾多理由證明大乘是佛所說。佛子寂天也說了大乘是佛說的內容，現在也可以清楚地看到。

聖者無著開啟唯識宗的車軌，並迎請《慈氏五論》、著作《瑜伽師地論》（Yogacārābhūmi）的五地等，明白闡述《般若經》的隱義──現觀次第。

逐漸地，「三乘的經藏都是佛所說」這點已經沒有爭議。形成共識後，聖地天竺及周邊都遍滿大乘及密續，教法如日中天。不僅如此，三乘教法普及於中亞及中國等地。緬甸、泰國、斯里蘭卡等現在屬於上座部的國家，在早期教法興盛之時，大乘教法也曾興盛，這點在歷史上可找到許多明顯證據。

七、經論的藏譯

雪域埔國（པང་རྒྱལ།），這個西藏王國地處高原，由於交通困

難，與其他國家沒有聯繫，因而長期保持孤立。西元500年，拉托托日年贊（ཕུ་བོ་ཐོ་རི་གཉན་བཙན།）時期，獲得了佛經，被認為是正法的起源。西元700年，法王松贊岡波（སྲོང་བཙན་སྒམ་པོ།, 617-649）與佛法早已興盛的中國及尼泊爾的公主結婚，迎請了非常殊勝的佛像到藏地，並陸續建造天化大昭寺以及神印小昭寺等寺院，興起禮拜及供養的傳統，又派遣吞彌阿奴等聰明的西藏孩子去印度學習梵文及佛法。之後，吞彌桑布紮（ཐུ་མི་སམ་བྷོ་ཊ།）以梵文為範本，新創西藏的文字及文法。不僅如此，因為他的緣故，藏文的文字發展達到與天語——梵文——相同的水平，即便在翻譯佛經時，就文義或內容，兩者都遠離細微錯謬的污垢，令藏文到達巔峰。在藏族歷史中，這是令人振奮、感到光榮的事。現今，埠國西藏雪域獲得正法淨土的名號，有能力將第四尊佛導師的教正法和證正法傳播到世界各地，這正是因為吞彌創造了不共的藏文字及文法，加上譯師、班智達等恩德所致。

　　吞彌桑布紮創造了藏文字及文法後，自己又盡可能地翻譯經續；明顯地，此時也有其他一二譯師。然而，要有系統、有計畫地進行大翻譯工程，仍需要一段時間醞釀而成。傳說，吞彌一開始翻譯的經典，是先前拉托托日年贊時就已經有的經典，即奉王命翻譯的《諸佛菩薩名號經》、《大方廣寶篋經》（Kāraṇḍavyūhasūtra）以及《緣起經》（Pratītyasamutpādasūtra）、

《觀音經續二十一》。話雖如此，從現有的甘珠爾中，很難確認這些教典是哪一部經典。最早的翻譯，是由西藏大譯師吞彌、達摩郭闞（Dharmakoṣa）、拉壟多吉貝爾（ཀླུ་ལུང་རྡོ་རྗེ་དཔལ།）翻譯的《寶雲經》（Ratnameghasūtra）及《楞伽經》（Laṅkāvatārasūtra）等。傳說當時也與支那的和尚一起由中文翻譯了醫學論述。

西元800年，法王赤德祖贊（ཁྲི་ལྡེ་གཙུག་བརྟན།, 704-755）建造了青浦寺（མཆིམས་ཕུ།）、扎瑪正桑寺（བྲག་དམར་མགྲིན་བཟང་།）、旁塘寺（འཕང་ཐང་།）等，令陳噶牡鈎喀（བྲན་ཀ་མུལ་ཀོག）、晶迦那故嘛拉（གཙང་སྣ་རྟེན་ཀུ་སྨྲ་ར།）翻譯《百業經》（Karmasatakusūtra）及《金光明經》（གསེར་འོད་དམ་པ།）等。

之後，法王赤松德贊（ཁྲི་སྲོང་ལྡེ་བཙན།, 742-797）為使佛陀教法基礎臻於完善，並見到必須從教法的發源地──印度──迎請佛教學者與僧侶。當時，聖地吉祥那爛陀寺裡，著名且無可爭議的學者，具有薩霍爾（ཟ་ཧོར།）血統、持根本說一切有部律戒體的出家人，究竟通達自他宗所有宗義，語言自在的大住持寂護，及蓮花生大士（Padmasambhava），都受到邀請。蓮花生大士去除了內外障礙，成立吉祥桑耶不動俱成寺（བསམ་ཡས་དཔལ་གྱི་འགྱུར་ལྷུན་གྱིས་གྲུབ་པའི་གཙུག་ལག་ཁང་།）。

具悲者──大住持寂護──向法王赤松德贊說，若要在藏地圓滿立下佛陀正法基礎，必須將佛經及其註釋翻譯成藏人

自己的語言，並說藏族自己必須有年輕、聰明的出家人，在藏地必須有藏人僧團。在具悲者——大住持寂護——的引導下，在桑耶寺成立翻譯天竺洲，召集印度班智達及西藏大譯師等上百人，開始有計畫地翻譯甘珠爾和丹珠爾。直到西元900年，朗達瑪（ग्ལང་དར་མ།, 799-842）尚未毀教前，翻譯工程一直持續進行。當時，在大住持寂護主持下，印度班智達有蓮花生大士、無垢友（Vimalamitra, 西元八世紀）等，西藏大譯師有巴賽囊（སྦ་གསལ་སྣང་།）、巴郭毗盧遮那拉系答（སྦ་གོར་བེ་རོ་ཙ་ན་ར་ཀྵི་ཏ།）、坤魯易旺波松（འཁོན་ཀླུའི་དབང་པོ་སྲུང་།）、瑪仁欽卻（རྨ་རིན་ཆེན་མཆོག）、念朗甲哇卻洋（གནྱལ་ལམ་རྒྱལ་བ་མཆོག་དབྱངས།）、仁欽勒珠（རིན་ཆེན་ལེགས་གྲུབ།）、巴益西旺波（སྦ་ཡེ་ཤེས་དབང་པོ།）等七覺士（སད་མི་བདུན།），及噶瓦拜則（སྐ་བ་དཔལ་བརྩེགས།）、究輭魯易迦贊（ཅོག་རོ་ཀླུའི་རྒྱལ་མཚན།）等近百人。

他們長時間翻譯甘珠爾、丹珠爾，依翻譯經驗及當時狀況，認為不少西藏詞彙必須改良。法王赤松德贊知道利害關係及理由後，召集印度大住持，如勝友（Jinamitra）、吉祥菩提（Surendrabodhi）、戒菩提（Śīlendrabodhi）、施戒（Dānaśīla）、菩提友（Bodhimitra）等，及西藏大譯師，如寶護（Ratnarakṣita）、法性戒（Dharmatāśīla）、智軍（Jñānasena）、勝護（Jayarakṣita）、文殊鎧（Mañjuśrīvarmā），及寶王吉祥（Ratnenadraśrī）等，就如何將重要佛法名相從印度文翻譯成藏文，編輯了字典，也就是《翻譯名義大集》（Mahāvyupatti）、《翻譯名義中集》

（Madhyavyupatti），及《聲明要領第二》（སྒྲ་སྦྱོར་བམ་གཉིས།）。決定了翻譯用詞、翻譯方法等，圓滿立下翻譯軌則。從此之後，如由梵譯藏般，從印度語翻成藏文時，都能保持一貫性、遠離過失。當時也編輯了《翻譯名義略集》（Kṣudravyupatti），然而今日已經散失。這段翻譯歷程，放在世界翻譯史來看，也是相當稀有的。這是藏人特別的智慧，絕對能給翻譯學帶來偉大貢獻。

如是翻譯工程進行的同時，由噶瓦拜則及蟠得魯易旺波（བན་དེ་ཀླུའི་དབང་པོ།）等大譯師主持，在丹噶宮（པོ་བྲང་ལྡན་དཀར།）譯出甘珠爾和丹珠爾的目錄，編成丹噶目錄（དཀར་ཆག་ལྡན་དཀར་མ།）；甘珠爾、丹珠爾的二十七類，七百二十五部典籍皆被收錄。這是首次對教典分類及編排目錄，是西藏祖先稀有智慧的象徵。

西元 900 年，大譯師噶瓦拜則、卻傑寧波（ཆོས་ཀྱི་སྙིང་པོ།）等，在青浦宮，對所有甘珠爾、丹珠爾的目錄重新做了整理，成為青浦目錄（དཀར་ཆག་མཚིམས་ཕུ་མ།），不過現在卻無法獲得。不久之後，在龐塘噶梅宮（པོ་བྲང་འཕང་ཐང་ཀ་མེད།），對所有甘珠爾、丹珠爾的目錄進行整理，即著名的龐塘目錄（དཀར་ཆག་འཕང་ཐང་མ།）。這兩個目錄都記載了經論的名稱、冊數、偈頌文的數目等，我認為分類的方式是按內容編排。

在西元 900 年的前中期，自朗達瑪滅佛後，西藏處於四分五裂的狀態，翻譯工程也隨之停擺，印度、尼泊爾的學者紛紛

離去。很長一段時間裡，只有在阿里（མངའ་རིས།）等某些邊境地方有零星的翻譯繼續進行。

西元1000年，天尊師長叔姪（ལྷ་བླ་མ་ཁུ་དབོན།）派遣許多西藏小孩去迦濕彌羅國學習教法；其中，最優秀的是寶賢大譯師（རིན་ཆེན་བཟང་པོ, 958-1055）、俄雷必喜饒（རྔོག་ལེགས་པའི་ཤེས་རབ།）。他們精通梵語及所有顯密教法後，回到藏地，並迎請印度班智達信手鎧（Śraddhākaravarmā）等，翻譯許多經續。吉祥無二大至尊阿底峽（Atiśa, 980-1054）到西藏後，翻譯了《莊嚴光明論》（Abhisamāyalaṅkāralokāprajñāpāramitāvyākhyā）、《理明論》（རྟོག་གེ་སྒྲོན་མ།）等許多論典。尤其，寶賢大譯師不可思議的事業是，因為教法長期衰弱，他懷疑經論的真假，於是將西藏過去已經翻譯的典籍進行分類，透過尋找其印度原文，區分出找不到印度原典的部分。從他開始，有了新譯與後譯之分。

此外，西元1100年至1200年，追隨寶賢大譯師的著名譯師有牧人釋迦智（འབྲོག་མི་ཤཱཀྱ་ཡེ་ཤེས།）、達倉譯師少年精進（སྟག་ཚང་ལོ་ཙཱ་བ་གཞོན་ནུ་བརྩོན་འགྲུས།, 出生於1405年）、學者及成就者瓊波南交（ཁྱུང་པོ་རྣལ་འབྱོར།, 出生於1086年）、拏錯譯師戒勝（ནག་ཚོ་ལོ་ཙཱ་བ་ཚུལ་ཁྲིམས་རྒྱལ་བ།, 1011-1064）、絨松卻桑（རོང་ཟོམ་ཆོས་བཟང་།, 1012-1088）、廓枯巴天生（འགོས་ཁུག་པ་ལྷས་བཙས།, 西元十一世紀）、天師寂光（ལྷ་བླ་མ་ཞི་བ་འོད།）、羅嘉智慧頂（གློ་སྐྱ་ཤེས་རབ་བརྩེགས།）、跋曹尼瑪箚（པ་ཚབ་ཉི་མ་གྲགས།, 1055-1145）等六十人，在歷史上有清楚的記載。其中，

俄羅丹喜饒（ རྣོག་བློ་ལྡན་ཤེས་རབ། , 1059-1109）新譯了一般邏輯學，特別是慈尊教典及量學等重要論著，又修改過去的翻譯，將主要論典內容做總結，奠定西藏邏輯學（ མཚན་ཉིད་རིག་པ། ）的基礎。當時到西藏的印度班智達，著名的有頂嚴吉祥無二至尊阿底峽、班智達喀雅達爾（Gyādhar）、班智達智稱（Smṛīrtijñānakīrti）等。

西元 1300 年至 1900 年，邦譯師洛追丹巴（ དཔང་ལོ་བློ་གྲོས་བརྟན་པ། ）、穹敦金剛幢（ གྱོང་སྟོན་རྡོ་རྗེ་རྒྱལ་མཚན། ）、布敦寶成（ བུ་སྟོན་རིན་ཆེན་གྲུབ། , 1290-1364）、聲明者寶勝（ སྒྲ་ཚད་པ་རིན་ཆེན་རྣམ་རྒྱལ། , 1318-1388）、管譯師宣奴貝（ འགོས་ལོ་གཞོན་ནུ་དཔལ། , 1392-1481）、達倉譯師喜饒仁欽（ སྟག་ཚང་ལོ་རྩ་བ་ཤེས་རབ་རིན་ཆེན། , 出生於 1405 年）、夏魯譯師護法賢（ ཞལུ་ལོ་ཙཱ་བ་ཆོས་སྐྱོང་བཟང་པོ། , 1444-1529）、覺囊多羅那他（ ཏཱ་ར་ནཱ་ཐ། , 1575-1634）等眾多譯師，翻譯了經續教典、文法、醫學、詩歌等，增添許多甘珠爾和丹珠爾中的翻譯。

從西元 700 至 1700 年，一千年的時間，西藏的具恩大譯師們，從聖地印度翻譯了三乘四續所含攝的佛陀教典及其眾多註釋。也翻譯了許多聲明學、因明學、工巧學、醫學等共明論著。不只嘉惠藏人而已，也嘉惠對古聖地印度文化有興趣的人，這恩德極難報答。

很明顯地，在甘珠爾、丹珠爾中，也有從他語譯出的典籍。像《大涅槃經》等二十四部典籍是從中文翻譯成藏文；

丹珠爾中，如《解深密經疏》等十三部典籍是從中文翻譯過來的。西元1300年，布敦的老師、大譯師日幢（ཉི་མ་རྒྱལ་མཚན）從斯里蘭卡阿闍黎吉祥阿難陀（Ānandaśrī）座前，翻譯了《本生經》（Jātaka）的緣起介紹，及《梵網經》（Brahmajālasūtra）等十三部典籍。這是從巴利語翻譯過來的，現收錄在甘珠爾中。雖然有許多小乘經典與現在巴利大藏經中的經典有相同的名稱，但是並不相同，所以很明顯地，這些小乘經典不是從巴利語翻譯過來的。同樣地，看炯丹日惹（བཅོམ་ལྡན་རིགས་རལ， 1227-1305）目錄的話，《天女無垢光請問經》（ལྷ་མོ་དྲི་མ་མེད་པའི་འོད་ཀྱིས་ཞུས་པའི་མདོ）、《于闐預言》（ལི་ཡུལ་ལུང་བསྟན）等十八部，及丹珠爾中，世親所著作的《緣起經疏》、《楞伽經疏》等，是從于闐文翻譯過來的。這些之外，甘珠爾、丹珠爾有五千八百九十二部典籍，多數是直接從梵文翻譯成藏文。

八、「佛法科學與哲學總集」的編輯

　　導師善逝的教言十分廣泛，有八萬四千種法門。無論從所詮或能詮都可分十二分教，也可被九分教所含攝，最終可被三藏所含攝。與世間其他宗教不同的地方是，教量的文字數量十分龐大。其中只有一部分翻譯成藏文，就這個部分而言，就已超過五千部、三百二十冊，一個人窮盡一生也很難讀完。為了符合眾生的根器，讓教言更容易被學習，總集廣大教言主

要內容的作法，在大車軌的時代就有了。例如，吉祥怙主聖者龍樹的《經集》（Sutrasamuccaya），大佛子寂天也有《經集》（Sutrasamuccaya）及《學集》（Śiksā-samuccaya），吉祥無二至尊阿底峽的《大經集》（Mahasutrasamuccaya）；大車軌無著的《大乘阿毘達摩集論》（Mahāyānābhidharma-samuccaya）；阿闍黎陳那自己的散文、文句、偈頌總集成《集量論頌》（Pramāṇa samuccaya）。有各種總集，對眾生有著極大利益，是眾所周知的。

同樣地，在現代，無論是不是佛教徒、有沒有宗教信仰，導師——第四尊佛——所說的善言，也就是基法真相的道理及依此而有的宗義論述，都能帶來暫時及究竟的利益。因此，配合現代學習知識的方法或次第進行編輯，願能幫助許多人，以此清淨的動機，我在多年前已討論並呼籲，希望能總集佛教經典中三大內容的前兩大內容，也就是從長長厚厚、數量眾多的甘珠爾、丹珠爾中，只將有關基法真相的論述或科學及宗義做出編輯。

如同我原先的目的及想法，最近已從佛教經論中，編輯出有關科學及宗義的部分。感謝直接參與編輯的編輯群，也感謝長者們在編輯階段提供的建議，並感謝將來將此書翻譯成英文、中文等譯師們。隨喜你們！感謝你們！

由於甘珠爾、丹珠爾十分廣大且深奧，編輯此書時，可能

會產生繁瑣、缺少、錯誤三種過失。然而，至少將甘珠爾、丹珠爾中，與基法真相論述或科學、宗義、修法三部分相關的部分，個別、明顯地編輯起來，將來要有所增減就容易進行了。

最終，希望這部總集佛教經論中有關基法真相或科學、宗義的著作，能輔助現今世界的教育體系，爲創新提出貢獻。祈願此著作能幫助廣大有情眾生！

釋迦比丘說法者 達賴喇嘛丹增嘉措

2014年6月1日

譯者序

　　佛教經論浩瀚廣博，譯者的恩師第十四世達賴喇嘛尊者將經論中探討的課題概括分為三大類：一、佛法科學：即出自佛學典籍中關於真相的論述，又稱「基法真相」，如：色法的性質、心法的分類……等。二、佛法宗義：佛教各宗派根據真相所推理出該宗對於義理的結論，例如，中觀師根據事物壞滅的真相，得出結論「業滅乃有為法」的論述。三、佛法宗教：佛法宗義者如何依據自宗結論，決定取捨、將信仰的內容實踐於生活中的論述，如：為求解脫應發出離心，為了成佛應發菩提心……等。「佛法科學與哲學總集」系列叢書之內容包括上述第一與第二大類，即佛法科學與佛法宗義。

　　古印度的心理學中，探討了許多提升心靈層次的主題，如：如何經由修習止觀來管束自心，令心能夠隨欲專注於善緣，遠離散動，不受時間的限制等；這些學問博大精深，並在佛教經論中存留下來。眾所周知，內心的安樂無法從超市購得，亦不能靠口服或針劑藥物維持，而吾等平日缺乏對內心世界的探索，故無從獲取修心的相關資訊，導致內心過於脆弱，若遭旁人讚美就喜，詆毀就瞋，內心的喜怒哀樂完全受制於外境，自己無法掌控。若想脫離這種受制的狀態，必須充實對真相的認知，再經由邏輯思惟整理出自己的觀點，並建立離苦得樂的正道信仰，然後經由修持，才能逐步拾回對於自心的掌控。

　　然而，譯者這一代以及下一代所接受的教育，無論是在

東方或西方社會，都是以物質為主要追求目標。在這種教育理念下成長的我們，對於應掌控自心的認知，以及如何實踐的方法，幾乎一無所知。《佛法科學總集・上下冊》與《佛法哲學總集・上下冊》系列叢書是從古印度那爛陀寺流傳下來的完整心靈知識；這一股清流，幫助我們認知自心，洗滌心中的苦惱，進而減少瞋恨，為世界帶來和平的貢獻。達賴喇嘛尊者向世人介紹這套叢書的用意，正在於此。至於第三大類──佛法宗教，屬於信仰與修行的範疇，未必適用其他宗教者，尊者也無意改變他人的宗教信仰，故未將之列入叢書。

「佛法科學與哲學總集」叢書共分七冊：《佛法科學總集・上下冊》二冊、《佛法哲學總集・上下冊》二冊、《概述佛法科學》、《概述佛法哲學》，以及《略述佛法科學與哲學》。前四冊屬於廣述，引用了大量經論內容。第五、第六冊屬於中述，與廣說內容無異，但省略了部分引文。最後一冊屬於略述，省去了經論的引用，並將內容大綱化，便於讀者記取。

叢書內容皆出自佛陀親言的經典，以及那爛陀學者們的論著，經七十多位格西從浩瀚的經論中挑選出與佛法科學及佛法宗義相關的內容，交由編輯小組編纂而成。關於內容大綱之規畫等，吾等遵循達賴喇嘛尊者高瞻遠矚的指引，在過程中，編輯格西們更時而向尊者請示，為具體內容做出決策。

翻譯本書的過程中，有人以為《佛法科學總集・上下冊》

是在介紹佛教與科學之間的交流，事實不然。如前所述，本書是將佛法三藏經典中有關科學之論述集結於此。達賴喇嘛尊者時常說，世人以「佛法與現代科學的交流」稱呼尊者等與科學家們進行的系列對談，其實並不恰當。因為，尊者等學佛人士並未與科學家們交流有關解脫與涅槃等佛教概念，而是就雙方認知的「真相」進行討論，故應稱之為「佛法科學與現代科學之間的交流」才是。

本書所引用的經論，若為大藏經中找得到漢文譯本者，如《大般若波羅蜜多經》、《華嚴經》、《大乘阿毘達摩集論》、《阿毘達摩俱舍論》等，一律堅持採用古漢譯本，不另做新譯。原因有三：一、正本清源。藏傳佛教並非由藏人自創，不論顯、密佛法論述，其實皆源於佛陀或印度大師之著作。二、使讀者明瞭，藏漢兩大傳承的佛法不但本源相同，而且自四、五世紀印度那爛陀佛教大學興盛之後，二者更皆謹守著那爛陀的傳承，延綿至今。三、透過共同的經論，有助於對藏傳佛教陌生的漢傳佛教學者們，理解藏傳佛教的內容。在尋找古譯引文的過程中，格西朗望扎熙帶領的班智達學佛會，以及福智的「月光國際譯經院」給予了極大的幫助，末學在此由衷地感謝他們。

當然，古老漢譯與藏譯之間不免會有出入，但為保留使用古譯的初衷，譯者只會在「要義」上根據藏文稍做修改，不會依循藏文逐字修改所有差異，並將漢譯原文放置腳註。至於近

代譯品，如法尊法師翻譯的《釋量論》、《入中論》、《集量論頌》，以及法炬法師翻譯的《修次中篇》等，雖於漢譯大藏經內且無該譯，但其譯文可圈可點，又已廣傳普及的緣故，在此無需另做新譯。現今同文、同書的譯版過多，該現象不只會造成讀者們在選擇上的困擾，且懂得欣賞他人的優良譯品，實不失為譯師應有的美德之一。

尋找古譯經論時，在二十三種[1]漢譯大藏經版本中，主要依據為中華電子佛典協會（Chinese Buddhist Electronic Text Association，簡稱 CBETA）的版本。為方便查詢，以英文字母與數字代碼標註引文來源，如「T.29.1560.324c.22」：「T」代表大正藏（Taisho）；「29」代表冊數（volume number）；「1560」代表經號（text number）；「324c」代表頁碼及欄號（a 表示上欄，b 表示中欄，c 表示下欄，d 表示校勘欄）；「22」代表該欄的行數。

於此《佛法科學總集》中，專業的佛法詞彙頗為繁多，為了能夠更簡易地尋獲相關術語及其定義或背景，在與商周出版的協商之下，決定給予具有可尋漢藏名詞功能的電子檔，儲存於《總集》所附的光碟片之中。於此，末學誠心隨喜並感謝商

1　請參考童瑋所著的《二十二種大藏經通檢》，由中華書局於1997年出版。中華電子佛典協會出版的電子大藏經並未列入該二十二種中，故稱「二十三種版本」。

周出版的全力配合！

　　雖然譯者盡量保持古譯用詞，但若該用詞成為某個切要議題，而非附帶略過，又與西藏原文本意有所出入的話，譯者只能自行斟酌選擇新的合適譯詞。例如，「མངོན་སུམ།」（現識）及「རྗེས་དཔག」（比度）一詞常在古譯及現代翻譯中被依循譯為「現量」及「比量」，但根據某些派別，「མངོན་སུམ།」（現識）與「མངོན་སུམ་ཚད་མ།」（現量）並非同義；「རྗེས་དཔག」（比度）與「རྗེས་དཔག་ཚད་མ།」（比量）也非同義。同樣地，「རྫས་སུ་ཡོད་པ།」（質體有）在古譯中也常被譯為「實有」，但為能區別「རྫས་སུ་ཡོད་པ།」（質體有）及「བདེན་པར་ཡོད་པ།」（真實有）的差別，此書將「རྫས་སུ་ཡོད་པ།」譯為「質體有」。另外，為能謹慎選擇新的適當譯詞，譯者委託好友塗百瑜女士招集各方譯師及正在上佛學課程的同修們，一齊開會討論相關的合宜譯詞。

　　古譯引文中若出現了現代少用之字詞，例如「麤」字等，皆保留古字詞。古譯中並加註現代標點，方便閱讀。某些大眾已熟知的漢譯經論名稱，如《四百論》等，則不依古譯稱為《廣百論》；其他的則保留古譯經論名稱。為方便讀者對照，會於經論名稱及爭議譯詞初現的側方加上括號說明，或以註腳「譯者註」加以補充。此外，已將藏文原版上傳 www.e-dalai.com/science 網址，供有興趣的讀者參閱。

　　藏譯的七言偈譯成漢文時，應以每句五言為善，還是七

言為佳呢？這是藏漢譯者時常爭議的問題。翻譯本書過程中，末學無意間發現，出自相同梵文經論的偈頌，若藏譯為七言偈者，漢譯常不約而同譯成五言偈頌，如：玄奘大師所譯《大乘阿毘達磨集論》、《阿毘達磨俱舍論》、于闐國三藏實叉難陀奉譯的《大方廣佛華嚴經》，以及大唐中印度三藏波羅頗蜜多羅所譯《般若燈論釋》等經論中之漢譯偈頌；這或許與語言背景習慣有關吧。

　　佛法書籍的翻譯，既要確保法義的精準，又要顧及譯文的通暢，若拿捏不準，將不免顧此失彼，這是每位譯者所面臨的挑戰，末學也不例外。幸賴二十幾位文字義工們，以及曾任法鼓文化特約編輯、出版小牛頓電子書的文承電子出版公司科學主編的張圓笙女士，和曾任天下雜誌群康健雜誌主編、目前仍是康健出版特約主編的林芝安女士等兩位專業編輯幫忙把關，使漢譯通順。此外，福智的「月光國際譯經院」、格西朗望扎熙、格西見悲青增、拉朗巴格西如聖法師等協助對照藏漢翻譯是否有出入，並提供了許多珍貴的意見。末學雖為這套叢書的翻譯兼主編，但此成果絕非歸我一人，而是群策群力的結果。在此特別感謝參與的所有譯師、專業編輯，以及文字義工們，再次合掌謝謝您們！

譯者　蔣揚仁欽（黃春元）

於臺灣臺中 2017年4月4日

編輯說明

　　簡略說明整理聖地佛教經論中科學與宗義的論述，及編輯此書的目的與過程。

　　就如偉大的第十四世達賴喇嘛的想法及前後開示，導師佛陀的經典，及以吉祥那爛陀寺的學者、成就者為主，追隨導師的學者所著作的論典，都可被三大部分所涵蓋：一、基法真相的論述或科學；二、與此相關的宗義；三、修行的次第。其中的兩大部分——基法真相的論述或科學與宗義，不僅是佛教徒，其他宗教的信徒，或對宗教沒有興趣的人，甚至反對宗教的人，也都應該知道，因為這是一門具有眾多優點、非常適合現代需求的學問。為了被現在普遍的教育體系與現代科學心理研究所納入，所以編輯了這本書。此外，追隨佛陀的信眾，很多是沒有機會接受傳統佛學教育的，希望這本書能幫助他們簡略了解佛教經論中有關基法與宗義的論述及其依據。也希望「佛法科學與哲學總集」能成為一把鑰匙，在與科學家交流研究之際，引發其對佛教心類學的興趣，並開啟對教典研究的深廣之門。總之，為了這世界的共同利益，從如大海般的佛教經論中，摘出上述的兩大內容，並分門別類地編輯、解釋，讓讀者易於了解。

　　佛教經論對內心的論述，再搭配現代科學，能促進心理學發展，利益這個世紀及下個世紀的人們。讓物質進步的同時，內心也能朝正向發展，建造新的人類社會。這是相當重要的。

現在這個世界已經發生或正有的公眾或個人的諸多人為禍端，都來自貪婪、攀比、瞋恨、傷害心、我慢、忌妒等。總之，都是由貪、瞋、癡三者為根本的煩惱所造成。第十四世達賴喇嘛尊者了解到這點，認為光是在人類社會中提升外在知識水準是不夠的，必須關注內在想法，並讓它增長。他常常說怎麼洞悉內在苦樂、怎麼控制內心。又說，任何事，無論大小，一開始都要保持善良的動機。所謂的善心，不見得要透過宗教信仰，只要是人，就應該具有善良的心，充滿關懷，這才是個人、家庭、社會快樂的泉源。正確的行為、正面的發展等，都依賴動機；所說的話、所生的表情，哪怕是小小的動作，都是由動機來區分好壞；最終，一切都是依賴動機。還有，要這個世界所有的人都能安樂，應該放棄因由種族、成見、宗教信仰等帶來的不和諧，推動、開展與宗教無關的「人類一體性為優先」的道德觀，這對目前這個社會極為重要。世界上，對宗教缺乏興趣或沒有宗教信仰的人很多。人類社會，像大家庭共享食物、飲水般，彼此之間互相依賴生存。因此，尊者再三叮囑：「在自己生活的人類社會中，以同甘共苦的責任感，創造充滿慈愛的人類社會。」

佛教經論提到三個方向：基法真相、修道次第、現證果位。其中的基法真相或科學並非由某位哲學家或心智較強的人所臆造，而是用四種正理等方式，詮釋各法自己的性質或實際

情況，即是佛教經論裡的科學。用佛教專有名詞來講，就是基法真相。其中探究情器世間，以及所知境的狀況等，皆是以因果的法性為基礎。不僅如此，在說明境上真相時，也認為最終皆以現前覺受為依據等，此中有許多部分都具備現代科學的意義。

一般所謂的科學，是指透過各種方法，尋找真相的一種學問，即是觀察實際狀況的結論和觀察的途徑兩者。但近代主流的解釋不將科學解讀為被觀察的事物及觀察後的結論，而是指向如何觀察的完整研究方法。比方說，科學家觀察任何內容時，最初是揣測，揣測是否符合事實，經仔細研究觀察後直接得出的任何結論。該結論在第二人、第三人以同樣的方式觀測後，必須也得出同樣的結論。這時研究的結論就是普遍承認的科學知識，獲取該知識之前的尋求學問就稱為科學。

談及科學的特點：仔細思索事前的猜測，在事前猜測的點上反覆地觀察，依據觀察後的結果，提出理論，以正理、仔細思考、真實發生的經驗，及由證據作為依憑尋找真相，再將所獲真相反覆與他人切磋討論，方能得知這樣的揣測方式所得到的結論是否符合真實的標準。

佛教經論中所提到科學的部分，包含了粗細色法、大種和大種所生、色法的基礎──微塵的狀態為何、色法如何從細開始到粗分的過程，以及微塵的狀態等，皆屬於外在物質界的知

識。此中又包括：心心所、根識意識、量和非量、分別心和非分別心、遮遣趨入和成立趨入、粗細心等心類論述、情器世間的形成順序、天文星象學，以及腦神經科學等。外在色法的論述是順著內在心法的論述而附帶提及，所以在佛教經論中，心法論述的確比色法論述更爲廣泛的理由也正是如此。

佛學家和科學家二者一樣，皆以理由爲主，並且一致認同：觀測的基礎最終得依賴覺受。雖然這兩者在確定所觀測結論的方式上基本一致，然而近代的科學家主要是觀測外在色法，佛學家主要是在內在心靈的方面。這樣一來，佛法科學和現代科學在所觀測的內容上有廣有略，在觀測的方法上也有很大的差異。因此，所謂的佛法科學和以機器、數據來觀測外在色法或呈現色法體系的現代科學是不同的。

實際上，不想要痛苦、想要快樂的想法是自然而有的。痛苦並非無因而生，或由異類因而生，而是眾多因緣聚合而生。因爲這些因緣並不是永遠不變，快樂、痛苦也就有會改變的性質。這就是基法眞相，佛教以此爲基礎而說了宗義。正確的宗義意味與基法眞相符合的宗義，不正確的宗義意味與基法眞相不符合的宗義。

佛教的宗義，主要依據觀待而生的緣起（རྟེན་ནས་འབྱུང་བའི་རྟེན་འབྱུང་།），或觀待施設的緣起（རྟེན་ནས་བཏགས་པའི་རྟེན་འབྱུང་།），這不只是觀察基法眞相的方法，更是觀察基法眞相的結論或最終的

總結。

　　佛教的根本宗義最著名的即是四法印：諸行無常，有漏皆苦，諸法無我，涅槃寂靜這四者。這些皆是來自觀待而生緣起的見解，或稱因果緣起的見解，以及觀待施設緣起的見解。這兩者是佛教主要的宗義，也是確定眞相的見解。

　　依此緣起見，不認爲種種苦樂只依靠外境事物的好惡而產生，是依憑內在的想法而生；知道自身的苦樂和他人有極大的關係，所以更不應該傷害他人；確知貪瞋的根本——諦實執——的所耽境不存在等，這些都是源於緣起見。不僅如此，如果深度體會因果緣起的內涵，就能會意空性的基礎，深度了解觀待施設緣起的內涵，就能獲得所見和存在不符[1]的定解。

　　了解宗義的主要方法，並非以感官覺受爲主要依據，應以理路，用破、立、反三門[2]讓前後承許無有相違，依無垢理作爲尋找途徑，詮釋究竟基法眞相，這是顯而易見的。因此，科學和宗義二者不僅在觀察方法上有差別，在所獲得的結論上也有差別。科學所得的結論必須獲得普遍的認同，所以該適應面向也比較大。反之，許多宗義裡的定論，只能被承許這些宗義

1　譯者註：凡夫所見的事物為真，事物本身的存在為假，故說「所見與存在不符」。

2　譯者註：破他宗、立自宗，以及反他駁。

的人們所認同；如果不承許這些宗義，而是前來諍論的其他人們，自然無法認同該宗義，其面向也會縮小。

一般而言，佛經及聖地天竺阿闍黎的論典，會依當下因緣、時空背景，配合所化機的根器與需求，而有不同說法，因此，許多本書提到的內容不必跟現代科學所說一致，這也是佛教的主張不必有決定性的緣故。然而，爲了讓科學家研究，或讓讀者了解上下宗義的差別，因此編輯了這本書。書中最主要是談心理學，徹底將佛教經論中對心理學的各種解釋做完整的編輯。至於外在色法的解釋，現代科學家的解釋比佛教經論所說更爲詳細、廣博。

第十四世達賴喇嘛尊者早就有編輯這樣的書的想法。2010年6月時，尊者在上達蘭薩拉西藏兒童村，對以學生爲主的信眾說法時，廣說佛教經論內容可分爲科學、宗義、修行三部分，並殷重囑咐南嘉寺的住持——充拓仁波切 (ཁྲོམ་ཐོག་རིན་པོ་ཆེ།)——集合、組織頂尖的編輯群，從佛教經論中摘出有關科學及宗義的論述，編輯成「佛法科學與哲學總集」。依著尊者針對佛教經論所說的科學及宗義該如何區分、數量多寡的指示，住持充拓仁波切及譯師格西多杰札敦 (དགེ་བཤེས་རྡོ་རྗེ་དབྱ་འདུལ།)、仰丁仁波切 (ཡང་སྟེང་རིན་པོ་ཆེ།)、格西圖滇悲桑 (དགེ་བཤེས་ཐུབ་བསྟན་དཔལ་བཟང་།)、南嘉寺圖滇揚佩 (རྣམ་གྲྭ་ཐུབ་བསྟན་ཡང་འཕེལ།) 等人，先列出內容的科判，交達賴喇嘛尊者審閱。之後，遵照尊者的指示，編

輯小組從各大寺院挑選約七十位優秀的格西，就科判分配工作。遵循達賴喇嘛尊者在大乘色拉寺所賜予的開示，格西們翻遍了所有譯成藏文的經論，並搜尋相關經論的原文。2010年，編輯小組及七十位格西，在吉祥哲蚌寺集合，討論內文所引用的經論原文。

2011年，達賴喇嘛尊者在甘丹寺對協助編輯此書的格西們，就「佛法科學與哲學總集」的編輯程序做出指示；同年4月，從三大寺六個扎倉選出我等六位編輯，在鄰近達蘭薩拉達賴喇嘛尊者所在的南嘉寺，開始進行編輯工作，以便覲見並秉告尊者「總集」編輯的相關事宜。遵循尊者指示，根據科學與宗義間的差別，及其他重要內容，在先前尋找經論原文上，進一步尋找新的經文及相關的論典。以印度及西藏大師們的註解為鑰匙而研究，盡可能地詳細解說，使內容更容易被了解，初次形成了《佛法科學總集》的架構。我等六位編輯者中，色拉傑扎倉格西雅瑪索南（ སེར་བྱེས་དགེ་བཤེས་ཡ་མ་བསོད་ནམས། ）、色拉麥扎倉格西強巴耶喜（ སེར་སྨད་དགེ་བཤེས་བྱམས་པ་ཡེ་ཤེས། ），由於參加格魯大會考而請辭，所以兩位只參與前三個月的編輯工作。同年12月，於吉祥哲蚌寺，聚集三十位格西學者、編輯負責人、我等編輯者，一起討論此書的內容。

2013年1月，在吉祥哲蚌寺，進行由心靈與人生協會（Mind and Life Institute）主辦、第十四世達賴喇嘛尊者主持、

科學家與佛教學者參與的大型研討會。同時，由編輯負責人
——南嘉寺住持——主持，從三大寺六扎倉各邀請三位格西協
助編輯。外地的許多學者——尊者的英文翻譯朗日巴圖登錦
巴、瓦拉納西西藏研究中央大學的格西朗望桑丹（སྤྱན་མཐོ་སློབ་ཁང་
གི་རིགས་སློན་པ་དགེ་བཤེས་དགའ་དབང་བསམ་གཏན།）、達薩圖書館館長格西拉朵（ཇུ་
ས་དཔེ་མཛོད་ཁང་གི་དབུ་འཛིན་དགེ་བཤེས་ལྷག་རོར།）、美國艾默理大學的洛桑丹增
（ཨ་རི་ཨེ་མོ་རི་མཐོ་སློབ་ཁང་གི་སློབ་དཔོན་བློ་བཟང་བསྟན་འཛིན།）、格西札敦南杰（དགེ་
བཤེས་དགུ་འདུལ་རྣམ་རྒྱལ།）等，及我等編輯，在覲見第十四世達賴喇嘛
尊者後，又在達倉惹對寺（སྟག་ཚང་ར་བ་སྟོད་པའི་གྲྭ་ཚང་།），用三天的時
間，詳細討論有關《佛法科學總集》的基法真相或科學的架構
與內容。

　　在編輯此書的過程中，為了讓達賴喇嘛尊者審閱，尊者
的英文翻譯朗日巴圖登錦巴根據先前的主架構再做了些調整，
並編輯目錄。接著邀請許多學者審閱依著尊者開示的基礎編輯
完成的內容。編輯負責人——南嘉寺住持仁波切、格西圖滇悲
桑，及編輯導師——尊者的英文翻譯朗日巴圖登錦巴博士，
也反覆檢視與討論。尤其，2013 年 9 月，在尊者的駐地，由尊
者親自主持，邀請學者賴東仁波切（ཟམ་གདོང་རིན་པོ་ཆེ།）、旁聽的學
者、編輯小組、我等編輯者，就佛法科學進行五天的討論。第
十四世達賴喇嘛尊者就有關科學的部分，表示以所知——境
——的論述、具境——心——的論述、心如何趨入境、心如何

了知境、認識境的補特伽羅，依次解釋這五個部分，會使當代學習者更容易理解，有極大的幫助。尊者對每個部分都做了詳細的開示；依照尊者的開示，我們進行了最後的調整，並拍板定案。

《佛法科學總集》是為現代年輕人、科學家、研究者而編輯的，因此決定要翻譯成多種語言。2014年3月16日，編輯小組、兩位英文譯者、我等編輯者觀見第十四世達賴喇嘛尊者時，尊者提到這本書引用許多經論，十分完善且詳細，然而移除引據更方便初學者理解要義，因此需要其他中、略版本，如果能有廣、中、略三種版本會很好。依循尊者的指示，我們又著手編輯不引用經論的簡略版。

「佛法科學與哲學總集」可分為有關科學與有關宗義兩部分。基法真相或科學的部分可分十二品，內容可歸為五類：一、對所知——境——的論述，二、具境——心——的論述，三、心如何趨入境，四、心如何了知境，五、認識境的補特伽羅。上冊一開始說到佛教與近代科學的交流。在第一品的正文總述中，提及佛教經論在基法真相的架構上有著哪些不同的說法，以及如何確定探究基法的概念和學習理路的方法。

第二品至第六品說色法的性質、內外色法、大種與大種所造（འབྱུང་འགྱུར།）的差別、法處所攝色（dharmāyatana-rupa ཆོས་ཀྱི་སྐྱེ་མཆེད་ཀྱི་གཟུགས།）、不相應行法（viprayukta-saṃskāra ལྡན་མིན་འདུ་བྱེད།）、

因果論述、無爲法等。性相（མཚན་ཉིད）、名相（མཚན་གཞི）、事例（མཚན་གཞི）等三者。一與異、總與別、質法與返法、相違與相屬、遮遣與成立、三種所量、時間的性質、如何安立三時、最短時間的觀察、細微無常的安立、能聚合成色法之微塵的論述。阿毘達磨論所說情器世間的生滅過程、時輪續所說的空塵與星曜輪轉、阿耶波多的曆算天文論、阿耶波多亞所說的星曜輪轉、標準與數量的論述。經典、時輪續、醫典所說胎身形成過程，密續所說氣、脈、明點的論述，醫典所說的脈、氣、腦部的論述，身心的關聯等，詳細說明境的部分。

下冊主要內容是與具境——心——有關。有心的性質、分類，根識與意識的差別，根識三緣，分別識與離分別識，量識與非量識，錯亂識與不錯亂識的差別，心王與心所的差別。又有《大乘阿毘達磨集論》、《阿毘達摩俱舍論》、《攝事分》、《正法念處經》及上座部論典對心所的論述。心所的質體有與施設有的差別，心所的數量，共乘論典對粗細心的論述，無上密續對粗細心的論述，由心如何趨入境說所現境與所趨境等心的境，根識是否具相的內容，相的顯現能取所取等數的爭論，遮遣趨入及成立趨入、配合心趨入境的過程而說七種心、由心如何了知境說四理論，去除邊執邪分別的方法——應成——的論述、去除猶豫二邊之疑的方法——成立語——的論述，成立語的隱義——宗、成立語的顯義——因的論述，聞思修三慧之

法，聞思等時常持正念與正知極爲重要之理、奢摩他、毘婆舍那等透過止修和觀修修心之理，認識境的補特伽羅等。

這些內容是以佛經及聖地天竺班智達及成就者的論文爲依據，約引用一百八十多部典籍，有九百七十多句經論文。一般聖地天竺學者對經文的解釋不一定正確，此處引用的解釋主要是多數印藏學者認同的正確依據，即那爛陀寺十七班智達等著名阿闍黎著作的論典。引用論典中的難處，則依據聖地天竺學者的註釋、再解釋，及西藏大師的著作等決定。爲了讓內容易於了解，在每一章節及重點前，會有簡單的介紹、前後文的連結說明，並除去冗長的反駁他宗、安立自宗及文詞註解。此外，有時又從第十四世達賴喇嘛尊者的著作中擷取要義作爲補充。此處所談到的聖地天竺大學者的引文，許多來自佛教上下部宗義師與外道學者的答辯；其中，外道的主張是以當時外道的宗義爲主，不一定與後代外道說法相同。

首先，引用典籍時，除了少數幾句引文外，多數是以德格版的甘珠爾與丹珠爾爲主，所以註腳所標示的卷數、頁數等都是以德格版的甘珠爾與丹珠爾爲主。引文有錯字時，會參考奈塘版（ སྣར་ཐང་དཔར་མ། ）及北京版（ པེ་ཅིང་དཔར་མ། ）的甘珠爾與丹珠爾，也會參考拉薩薛版（ ཞོལ་དཔར་མ། ）的甘珠爾與丹珠爾，進行比對後修改。第二、爲了區分出正文的引文與正文，若引文是偈誦，會放在頁面的中間；引文超過五行，會放在頁面的左邊並

留一點五公分的距離；若引文沒有超過五行，會配合現代引號
的用法，放在引號中。第三、為了易於尋找引文出處，會在引
文後面加上註腳及號碼──所有的甘珠爾會以「經」字表示，
所有的丹珠爾會以「論」字表示。之後，會寫中觀及唯識等區
分何種冊別，會寫「ㄅ」等代表何卷。若有品、冊之別，會特
別註明，若沒有，就以卷數為主。偈誦文會加上偈誦文的數
目，再標示頁數；是正面的話，會寫「正頁」；是背面的話，
會寫「背頁」等。若前註腳和後註腳的來源相同，為了省略不
必要的文字，會寫「同上」。第四、現代許多圖書館會使用對
勘本版的丹珠爾，為了使讀者容易找到此處引用的印度論典，
也會註明對勘本版丹珠爾的書號及頁數。第五、書末會有本書
引用典籍的名稱及其作者，作者名稱後會以括號加上年份。若
引用的經論不在甘珠爾和丹珠爾中，會放在其他教典類，並加
上作者的名稱。

　　最後，由我們西藏高深文化的精髓──聖地天竺佛教的甘
珠爾和丹珠爾──形成的「佛法科學與哲學總集」，是第十四
世達賴喇嘛尊者依據時代所需，以遠大的眼光指示編輯。尊者
在審閱《佛法科學總集》上下二冊之時，不只針對內容、文字
給予深奧的開示，還充滿期待地賜予本書的導讀，說明為什麼
需要編輯這本書，及對此書的初衷，又寫到一開始與科學的相
遇、佛教經論的三大課題、三次集結、經論的藏譯、有關此書

的編輯等。不僅如此，尊者慈悲地在拉達克傳授吉祥時輪金剛第三十三屆灌頂時，也是尊者自己生日的當天，介紹、發表這本新書。在成書的初、中、後期，尊者都高度關注，由此可知，尊者認爲《佛法科學總集》的成書會對教法及眾生帶來很大的利益。

尊者的南嘉寺的住持——色拉傑扎倉的充拓仁波切，挹注《佛法科學總集》編輯過程中需要的所有資源，主持所有研討會議，直到著作完成爲止，包括支援編輯者的生活所需等。三大寺眾多學者格西，除了協助尋找引文的原文，並時常開會討論。頼東仁波切博士指導如何尋找那爛陀寺的曆算天文學者——阿耶波多——的論典。

東頂住持格西絳秋確丹（ པར་རྗེ་མཁན་རིན་པོ་ཆེ་དགེ་བཤེས་བྱང་ཆུབ་ཚོས་ལྡན། ）、北頂住持格西洛桑郤尼（ བྱང་རྗེ་མཁན་རིན་པོ་ཆེ་དགེ་བཤེས་བློ་བཟང་ཚོས་ཉིད། ）、洛色林格西貝登扎巴（ བློ་གླིང་དགེ་བཤེས་དཔལ་ལྡན་གྲགས་པ། ）、比丘南嘉旺千（ དགེ་སློང་རྣམ་རྒྱལ་དབང་ཆེན། ）、功德林經師果芒格西洛桑楚欽（ ཀུན་བདེ་གླིང་ཡོངས་འཛིན་སྒོ་མང་དགེ་བཤེས་བློ་བཟང་ཁྲིམས། ）、色拉昧格西圖登仁幹（ སེར་སྨད་དགེ་བཤེས་ཐུབ་བསྟན་རིན་ཆེན། ）、西藏人民代表色拉傑格西絨波洛桑念札（ སེར་བྱེས་དགེ་བཤེས་རོང་པོ་བློ་བཟང་སྙན་གྲགས། ）等三大寺的格西學者們負責尋找、蒐集原始的經論出處原文和許多次研討會議的研究整理。

尊者的翻譯朗日巴圖登錦巴博士，在這本書的一開始，詳

細說明佛教與近代科學的交流；依循現今的著作習慣，重新修改書的結構及目錄，令臻完善；並在某些重點篇章的開始，加上簡要的介紹及前後篇章的連結；也協助修訂文字，以現代編輯的作法協助編輯，給予相當大的幫助。編輯小組的成員——色拉麥扎倉格西仰丁仁波切、洛色林扎倉格西圖滇悲桑等，在內文的增減上，提供寶貴的意見。南嘉寺圖滇揚佩協助提供達賴喇嘛尊者的著作，並在前後討論及對本書設計給予不少幫助。瓦拉納西西藏研究中央大學醫學教授拉多洛桑丹增（ཝཱ་ར་མཐོ་སློབ་གསོ་བ་རིག་པའི་སློབ་དཔོན་རྒྱ་རྡོ་རྗེ་བཟང་བསྟན་འཛིན།），協助整理《醫學四續部》（སྨན་གྱི་རྒྱུད་བཞི།）及《月王藥珍》（སྨན་དཔྱད་ཟླ་བའི་རྒྱལ་པོ།）對腦之論述的綱要，交由中央醫算院修改。杰拉噶布洛桑卻達（རྒྱལ་ལྷ་དཀར་པོ་བློ་བཟང་ཆོས་དར།）為了讓讀者易於尋找引文，提供對勘本版的頁數及書號。達蘭薩拉西藏圖書館、甘丹頗章（དགའ་ལྡན་ཕོ་བྲང་།）圖書館、尊者的利樂善說洲南嘉寺圖書館、薩拉大學圖書館（ས་ར་མཐོ་སློབ་ཀྱི་དཔེ་མཛོད་ཁང་།）等，出借所需的資料。尤其甘丹頗章辦事處承擔了這本書翻譯成其他語言及出版的工作。尊者的南嘉寺提供了編輯工作室，也提供了編輯者生活、住宿等條件，並一起承擔編輯工作。對於這些，由衷表示感謝。

我等編輯者勤勞三年所得的果實，也就是《佛法科學總集》上下二冊，已經圓滿。由我等智慧不足，可能有缺漏、繁多、錯謬等情況，希望學者們閱讀後給予意見，讓這本書更加

完善。

　　願將此共同善業之功德，迴向尊者十四世達賴喇嘛尊者，願其心想事成。並願世界上不分教派的學者，在具足慈悲的同時，彼等智慧如意寶大放光芒，令這世界能遍佈和平光芒，無有傷害。

　　我等編輯者為：甘丹東頂扎倉格西強區桑杰（དགའ་ལྡན་ཤར་རྩེ་དགེ་བཤེས་བྱང་ཆུབ་སངས་རྒྱས།）、甘丹北頂扎倉格西紀薩重千轉世（དགའ་ལྡན་བྱང་རྩེ་དགེ་བཤེས་དཔྱིས་སྡུང་ཆེན་སྤྲུལ་སྐུ།）、哲蚌明慧州扎倉格西朗望桑杰（འབྲས་སྤུངས་བློ་གསལ་གླིང་དགེ་བཤེས་དག་དབང་སངས་རྒྱས།）、哲蚌多門扎倉格西洛桑開卻（འབྲས་སྤུངས་བློ་མང་དགེ་བཤེས་བློ་བཟང་མཁས་མཆོག）。

　　撰於西藏第十七繞迴（རབ་བྱུང་།）的木馬年、昂宿月第二上弦圓滿之時，即西元2014年12月1日。

編輯顧問圖登錦巴的前序

佛教傳統與現代科學
之間的關聯

甲一、總說

世界歷史中，由於人類知識水準的提升，以文字為主的文化變得極為豐富與普遍，這可由歷史文獻或考古學家就遺址、廢墟的研究得知。人類文化中，就「如何形成生命及星球」這類隱蔽的問題進行觀察，如這個世界是由誰創造的、星曜是如何形成的、其他星球是否有生命存在、有情或人從何而來、死後是否有續流還是如油燈熄滅般完全沒有了。這類問題是人類社會共同的疑惑。有這樣的疑惑，是自然而然的，這是因為人類的智能遠遠超過其他動物的緣故。甚至可以說，接下來有的高度文明，是人類運用本具的智慧，就上述問題進行探討而開展出來的。

可以知道的是，眾多重要古文化是以推理作為尋求真相的基礎，並以哲學的方法仔細進行觀察；在認真思考如何觀察後，建立出廣大的知識論（epistemology）。從歷史文獻可知，古希臘與聖地天竺的知識論已經達到相當高的水準。我看到這兩個古文化有四個共同點：第一、因為對真相的了解或不了解，而引發了暫時或究竟的苦樂。第二、了知內外一切法的最終方法應該由與此事物有關的因果去確定。第三、真相是人類可以了知的對象。第四、都主張用人類的智慧推理才能做到上述所說。

　　古希臘與聖地天竺的邏輯學也很有深度，這也可從上述的理由得知。古希臘的邏輯學，主要是在西元前四世紀時，由亞里斯多德（Aristotle, 西元前 384-322）建立並宏揚。聖地天竺的邏輯學，在西元二世紀左右，由著名正理派阿闍黎喬答摩（Akṣapāda Gautama, 西元二世紀）撰寫《正理經》（Nyāyasūtras），安立成立語五種支分的論述，將其發揚光大。

　　古希臘，以邏輯確認的知識範疇，有邏輯學（logic）、存有學（ontology）、物理學（physics）、生物學（biology）、形上學（metaphysics）、倫理學（ethics）、政治學（politics）、修辭學（rhetoric）、美學（aesthetics）等。不像現代文化中區分了科學與宗義，在當時並無這樣的區分。同樣地，觀察古印度文化，也有不同類別，例如，一、工明；二、醫明；三、聲明；四、量明；五、器世間學；六、有情學；七、業學；八、生處學；九、時間學；十、死亡學；十一、了知上中下根慧學；十二、他心通學；十三、了知諸界為五大之生學；十四、了知色等五境為心所知之境學；十五、咒學；十六、了知諸質為甘露之醫學；十七、法明；十八、解脫或菩提學。[1]在《本生經廣疏》（Jatakaṭīkā སྐྱེས་རབས་ཀྱི་རྒྱ་ཆེར་འགྲེལ།）、某些《俱舍論》的註

1　古印度文化中的十八種學科，有不同說法，在龍朵‧阿旺洛桑（ཀློང་རྡོལ་ངག་དབང་བློ་བཟང་།, 西元十八世紀）的全集，第一冊第 659 頁可以看到。

釋（འགྲེལ་པའི་ཡིག་ཆ།），及吉祥時輪金剛續經等，對於十八種分類也略有不同。總之，在佛教經論中，主要可分為五明：工明、醫明、因明、聲明、內明。其支分有修辭學（སྙན་ངག）、辭藻學（མངོན་བརྗོད།）、韻律學（སྡེབ་སྦྱོར།）、戲劇學（ཟློས་གར།）、星象學（སྐར་རྩིས།）等五小明。跟古希臘一樣，並未區分科學與宗義學。

現代化影響前的西方社會，並未將科學與宗義區分開來；不僅沒有區分開來，像科學 science，宗義 philosophy，很多時候幾乎被視爲同義詞。西元十八世紀左右，過去所謂的自然哲學（natural philosophy）逐漸改變，並更名爲自然科學（natural science）。

古印度文化中的佛教經典裡，並沒有明顯將科學與宗義區分開來，這與其他古文化的作法是一樣的。然而，在安立情器世間及所知的論述時，像現代科學的作法般皆以因果論爲主。同樣地，所有對於眞相的論述，最終是以現前覺受爲依據。尤其觀察內心狀況而安立佛教心理學時，像科學一樣，以已確認的內容爲基礎，再以正理的方式推論出有此必有彼、無此必無彼等，得出新的結論。無論這種作法是否取名爲科學，實際上已完全具備現代科學的內涵。

佛教經論明顯地區分出基法眞相的論述、道次第、現證果，對基、道、果分別做了詮釋。基法眞相的論述，並非受宗義者的強烈思想所影響，只是實事求是而已，如同現代科學的

立場般，是承許境的眞實情況。因此，如同如何去理解現代科學般，佛教教義中也必須有基法眞相的論述。

甲二、科學與宗義學

科學的英文是 science，拉丁文是 scientia，意思是知識或知識所獲，梵文是闍那（jñā），翻成藏文爲日巴（ཤེག་པ།）。被視爲西方科學始祖的希臘學者亞里斯多德，對科學的解釋是給予決定的知識，也就是透過邏輯與理由詮釋的內容。古印度學者，透過量學方式所安立的內容稱爲闍那或日巴。現代對科學的狹義解釋是，經得起被觀察、使前後知識系統化的解釋，及由此解釋成爲另一個假設的基礎。[2]後者又有兩大重點：一、被觀察的假設能經得起驗證。二、依此解釋能夠成爲其他解釋的助緣，即使現有假設無法被證實。因此，知道平時用的科學有廣義及狹義的說法是很重要的。

以狹義角度解釋科學，指的不只是所獲得的知識，也包括獲得此知識的方法。現今普遍認爲是否符合科學，除了要看所觀察的事物與觀察所得的結論，也包括進行觀察的不共方法。那麼，不共的觀察方法是什麼呢？觀察事物時，一、有計畫地

2　例如，牛津英語字典對 science 有不同解釋，狹義的說法如本書所寫，故在此引用。

對事物進行觀察；二、對觀察所得的內容進行推論；三、依解讀提出假設；四、依前流程所獲得的結論，對相關的新分析再次進行推論；五、評估可否被證實；六、依結論反思先前的研究是否需要修改。以上是現代科學研究方法的必要條件。

有個著名的例子，當時伽利略（Galileo Galile, 1564-1642）利用一般的水泵引水。大家都知道水泵無論如何都無法將水引超過34英尺（或10.36公尺）的高度，卻一直無法找到原因。伽利略去世後，他的學生托里切利（Evangelista Torricelli, 1608-1647）以科學實驗做出推論：地球是被大氣層所包圍的，由於空氣重力的關係，水泵在引水時，水管中液體的高度和空氣重力的大小有關；由34英尺高的水柱，可以推論出空氣重量而產生的壓力是多少（即大氣壓）。對這個推論再用實驗來檢驗是否正確。將玻璃管中裝滿汞，再倒置到汞槽中，來觀察大氣的壓力。在自然的情況下，汞的重量是水的十四倍，在實驗時以裝滿汞的器皿代表水井，以一端封閉的玻璃管裝滿汞代表水泵，我們將玻璃管的另一開口以大拇指壓住，倒立直豎地放進裝滿汞的器皿裡面，玻璃管內汞的高度下降到30英寸，這剛好是34英尺的十四分之一，所以上述的推論被證實符合事實。不只如此，將這個裝滿汞的器皿拿到高山上做實驗，因為高山的空氣比較稀薄，空氣重量較低，玻璃管內的汞的高度也隨之降低。因為透過實驗可被驗證，之前所做的推論被認可為

符合事實。[3]

　　科學文獻的發表有三大部分：一、爲解釋某件可見事物的推論；二、推論與事實是否吻合的假設觀察；三、假設觀察結果與事實是否吻合的數據，及公開發表的驗證。爲某件可見事物的解釋進行推論時，偶爾會以某部分已被驗證的眞相的公設、因果關聯，以及僅能排除被否定的可能等進行推理。因此以科學方法觀察事物時，要保持客觀態度，若一開始就先入爲主，再去尋找符合自己見解的解釋，是不被允許的。同樣，緊持已經被驗證過的內容，再尋找其證據，也是不被允許的。因此，科學是以各種方式顯明實際狀況，當證據與自己原先想法有衝突時，必須放棄自己原先的想法。不一味堅持己見，就是科學觀察方法的不共特點。

　　基本上，宗義與科學一樣，主要目的是觀察基法眞相、找出事實。一般而言，宗義的主要方法不是現前覺受，是以理由去破他宗、立自宗、反他駁、使自宗論點沒有前後矛盾。以無垢正理尋找證據，以自己的宗義詮釋基法眞相。因此，科學與宗義，在觀察方法上有差別，在結果上也有差別。例如科學結論需要公開反覆驗證才能成立，較爲普及；相反地，宗義的結

3　有關此舉例的詳細說明，可參閱 Carl. G. Hempel 著作的 *Philosophy of Natural Science* 第 9 頁。

論，只有承許此宗義的人才會認同，由於有不承許此宗義者，尤其有反駁此宗義者，所以範圍較小。

甲三、科學與真理

問題一：現代科學的方法如此嚴謹，科學所證實的內容一定是真的嗎？問題二：只要是真相，都一定要被科學證實嗎？這兩個問題非常重要，也正是現代科學家與哲學家激烈討論的議題。

科學理論是以當時了解的內容為基礎，而去證明新的結論。所以隨當下的情況，有一些理論會被視為真相，可是隨著後來的新發現，過去被視為真相的理論就必須改變，這點可從科學史了解。因此，二十世紀著名的科學哲學家卡爾・雷蒙德・波普說：「若科學解釋不符合真相，無論何時，都要有與此內容不真的批評。」[4]如早期星象學主張地球不動，是太陽、月亮等隨地球轉；這種說法被「已見相違方之因」及「不見相屬方之因」破除。同樣，二十世紀裡面，量子學者、諾貝爾獎得主、美國科學家理查・費曼（Richard Phillips Feynman, 1918-1988）也說：「科學結論並不具有絕對性。」又說：「我們科學家現在所知道的、所說的內容，只是隨著不

4　卡爾・雷蒙德・波普著作：*The Logic of Scientific Discovery*，第49頁。

同理解層次而做的解釋而已。眾多的解說中，很多都是沒有決定性的；有一些可能有決定性，但具有百分之百的決定性是完全沒有。」[5]因此，我覺得科學的結論與真相間，二者的關係是相當複雜的。話雖如此，一般科學的結論，都是依著現前覺受，屬於以現前或現前內容為主的略隱蔽分，所以現前層次所證實的內容，一般而言，可被認為是真相。

第二個問題如何回答呢？這會隨著自己對基本實況的解讀不同，而有很大的差別。現代科學哲學裡，有許多不同主張，例如：有認為只要存在，一定要有形色，一切真相都是具有形色的物體；所以，只要是真相，遲早都會被科學證實。不僅如此，像心理學主要是從內心感受上去談的學術；最終，心理學還是得從最基礎的身體變化去證實。總之，心理學談到最後時，必須得從細微的物理上去做解釋，有這樣的說法。[6]

另一派認為，只要存在，一定要具有形色，或成為具有形色物體的特徵，可是真相不一定都被科學證實，因為科學的觀察方式是受限的──需要數量衡量、公開認證、有各種不同的情況等，經過綜合種種因素而做出結論。所以，解說真相的某

---

5 可參考理查・費曼的著作：The Uncertainty of Science，*The Meaning of It All*（第三版），第26頁及第27頁。

6 這種見解稱為化約論（reductionism）。早期科學家持有這種論述的人相當多，但生命、意識很難以科學的角度詮釋，所以現在越來越多人反駁化約論。

些時候時，科學的方法無可避免地無法滿足。

又可從另個角度去看上述的第二個問題。研究現代科學的定義、科學的作用、科學的結果者有說，透過科學方法所得到的結論，僅限於以客觀的角度去解說自然世界及以現前覺受，而且這些說明都被證明。只要存在自然界，就必須具有形色，或與物理有關。一切真相都是科學的結論。在眾多知識中，科學是尋找真相的唯一途徑，因此，比起其他知識，科學是最優秀的。[7]

另一種主張與上述所說顛倒，認為科學在任何時間、地點，在任何情況下，都能客觀了解實相，這只是一種信仰而已。如果這是實的，那麼科學絕對不可能有錯誤，也就無法發展。重大的歷史科學革命（scientific revolution），像是哥白尼革命（Copernican revolution），就不可能形成。科學的結論如同其他文化論述，只是在自己的觀察範疇去尋找真相，並不是在任何時間、地點，在任何情況下，都能確認真相。因此，科學方法和其他學科的方法有所不同，除此之外，並無法說科學

7　這種主張約出現在十九世紀末、二十世紀初，是在歐洲形成的一個普遍說法。這種論述與化約論是一樣的。

是至高無上的。

　　少數人持後者的立場，其中最著名科學理論家保羅・費耶阿本德（Paul Karl Feyerabend, 1924-1994）；在他的著作《反對方法》（*Against Method*）中說到科學理論的諸多疑點。他的主張也被其他學者反駁。[8]

　　上述雙方在科學的定義及觀察方法上並無共識，所以針對上述兩個問題，雙方也無法有一致的結論；然而，雙方共同認可科學的作法，以及在現前法及尋求依賴現前法之眞相上，認定科學是個不可或缺的途徑。

　　西元1962年，湯瑪斯・孔恩（Thomas Samuel Kuhn, 1922-1996）於《科學革命的結構》（*The Structure of Scientific Revolutions*）說到科學革命是如何形成的。也就是說，在科學學術領域中，許多大家公認的內容，現今有了矛盾，而且出現越來越多的反例。如果不進行科學革命的話，將會有更多矛盾處，在無可奈何的情況下，必須改變過去的說法，這種情況他稱爲「典範轉移」（paradigm shift）。[9]

8　《反對方法》在1975年出版，作者是保羅・費耶阿本德。他於奧地利維也納大學畢業後，在美國伯克萊大學擔任教授，是非常著名的學者。

9　湯瑪斯・孔恩雖然創造了「典範轉移」一詞，但與此相關的許多主要內容，亦出現在歷史上很受重視、由孔恩所著、1959年出版的《哥白尼革命》（*The Copernican Revolution*）這本書中。

　　對於科學的結論如何被證實，孔恩的這本書，與卡爾·雷蒙德·波普、保羅·費耶阿本德等人先後提出的深奧觀點，的確可讓吾等在科學如何確立眞相的認知上，給予極大的幫助。同樣地，讀者們也可深思科學的結論與眞相的關聯，我覺得了解這點相當重要。

甲四、導師薄伽梵的傳統

　　有一些人可能會有這種想法：佛教主要是修持後世安樂的宗教，與科學不存在顯著的關聯。因此，在宗教的位置上保留宗教，在科學的位置上保留科學，不是更好嗎？我認爲對此存疑是很重要的，而且在答覆這個問題時，要多方面思考。首先，佛教傳統是：導師釋迦世尊開示，痛苦的根本來自對眞相的不了解，即所謂的愚癡。不了解眞相的愚癡是無法透過祈禱或宗教儀軌斷除的，必須透過生起它的正對治——對眞相無誤了解之智慧——而斷除。佛教認爲，所謂的輪迴與解脫、究竟的痛苦與安樂，必須以是否了解眞相來區分。佛教的根本動機，或與其有關的目的，都是爲了達到徹底遠離痛苦的安樂。佛陀一開始就明白指出，在佛教的修持過程中，尋找如實了解眞相的智慧是不可或缺的。薄伽梵傳授四諦法輪時，以病者求醫爲例說明，首先必須知道自己被病痛折磨，進而產生對病苦的厭離心；之後尋找病痛的根源、認知它的來源；再觀察病痛

和它因緣，看看病痛有沒有救；如果有救，就要依止救護的方法。這就是依據因果觀待的本性所成立的論述，與科學的立場是很接近的。尤其是內心的部分，將內心細分種類，個別性質及作用、互相的關聯、動機差別所產生的苦樂覺受、如何影響外在行為，修心使內心獲得改變等，導師釋迦牟尼佛以自己的經驗做了詳細的解說。因此，現在有一些學者主張導師佛陀是最初的心理科學家。

以十二緣起為例解釋凡夫心的情況。心對境的欲求、排斥、不在乎，因而有對境的貪、瞋、癡；以貪、瞋、癡為動機，造下利益或損害的業。心被境所轉的根本是緣自己的我執，也就是緣取某者後，覺得好像在內心深處有個獨立的「我」。由這種執著之力產生貪心，貪著能給自己帶來安樂的因緣，如親友、享受等。這種執著之力也會產生瞋心，厭惡傷害我及阻礙我安樂的一切障礙。對於我沒有特別的幫助或傷害的，就不在意地忽略。最終衍生出對自己及內外一切法的看法，而有想要或排斥，生出苦樂等感受，依此感受而有身語等行為。總之，凡夫對於境的看法、個人的思惟模式、內在的感受、外在的身語行為等，這些如何相互影響，最終都依我執而生，這點在佛經中有清楚載明。

經典中，極力宣揚修心的方法，例如如何去除由心而生的粗細痛苦、如何將種種心轉為利樂的善心等。因此，可以把佛

陀的教義中的宗義內容，視爲一種以現代科學爲基礎來改變內心的前提條件。佛經中也有種種改變內心的方法，像如何修持正知正念、如何成辦專注一境的心、如何生起更好的善念、如何在心隨妄念轉後加以收攝、如何產生了解眞相的智慧（毘婆舍那）如何增加慈心、悲心等覺受、運用慈心對治瞋心、運用不淨觀對治貪心、運用觀無常之心對治常執等。因此，現代心理學家，尤其神經學的科學家、治療內心疾病的心理醫生等，對佛教所說的修行、修心的方法特別感興趣，而且開始進行相關的研究，我覺得這種作法是實事求是的。

十九世紀，歐洲學者初次接觸佛教時，有一些認爲佛教並不是宗教，應該說是內心的科學。像著名的哲學家弗里德里希·尼采（Friedrich Wilhelm Nietzsche, 1844-1900）、亞瑟·叔本華（Arthur Schopenhauer, 1788-1860），他們雖然不喜歡宗教，但是對佛教的宗義卻很讚賞。同樣，二十世紀初，非常著名的物理學家阿爾伯特·愛因斯坦（Albert Einstein, 1879-1955）也提到，如果有宗教能對應現代科學，那會是佛教。這是眾所皆知的。

甲五、吉祥那爛陀的體系

導師涅槃後，追隨導師的弟子們先後做了三次集結，將導師教言含攝爲三藏。即開示取捨的戒律內容爲律藏，以三摩

地修行及成就內容爲主的是經藏，以了解眞相智慧的內容爲主的是論藏。這是眾所周知的。三藏中，與科學直接相關的是論藏，佛教學者依論藏解將一切所知含攝於五個項目——色、心、心所、不相應行、無爲，或含攝於十八個項目——色等六境、眼及意等六根、依此十二處的六識，這是廣大阿毘達磨的內容。[10]

阿毘達磨主要的內容就是心理學，特別對於心識的數量、性質，心所的數量、各個性質與作用，苦樂之因——善心與惡心——的差別，煩惱及其因等，做了說明。對於具有形色之法，廣至器世間的形成，小至構成色法的微塵，阿毘達磨也做了廣大的觀察及解釋。古印度論典，特別是阿毘達磨論典中有關境的論述，可以從這本《佛法科學總集》清楚看到。

歷史上，佛教的阿毘達磨體系有眾多派別，然而至今尚未衰退、持續流傳的有三個，即巴利語系的上座部阿毘達磨體系，從梵文翻譯、現今以藏文爲主的一切有部阿毘達磨體系，又稱爲下部阿毘達磨，及以聖者無著的大乘阿毘達磨集論爲主的上部阿毘達磨體系。

---

10 總結並編輯論藏形成了七部教典，稱為《阿毘達磨七論》（མངོན་པ་སྡེ་བདུན།）。至於七論為何，各部派有不同的說法。我（Thupten Jinpa）在《西藏文獻精藏文集》（བོད་ཀྱི་གཙུག་ལག་གཅེས་བཏུས།）中，《俱舍釋現觀嚴》（མཛོད་འགྲེལ་མངོན་པའི་རྒྱན།）的前序有詳細的說明。

　　導師曾說「如煉截磨金」等，就是對自己的追隨者說，不該矇著眼就投入，應該以正理觀察，加上自己驗證觀察的內容，定解後再投入教理。堅守這個原則並發揚光大的就是吉祥那爛陀寺體系。這個體系的創始者是二世紀的吉祥怙主聖者龍樹。[11]至今我們仍可以看到怙主龍樹無懈可擊的梵文著作。如《中觀根本慧論》（Mūlamadhyamakakārikā ཙ་བ་ཤེས་རབ།）論證時間為觀待之理，《迴諍論》（Vigrahavyāvartanī རྩོད་བཟློག）論證認知與所知互相觀待等。客觀地看待這些論著，產生確信著作這些論著的阿闍黎的確超越現今著名的哲學家、科學家的想法，必定對阿闍黎們油然生起歡喜心。總之，怙主龍樹剖析了導師所說的因果緣起之理，尤其顯明微細施設緣起的密意，豐富了佛法宗義及對基法真相的觀察方法。

　　怙主龍樹的追隨者中，親炙弟子——聖者提婆（Āryadeva འཕགས་པ་ལྷ།, 西元三世紀），與四世紀的佛護論師（Buddhapālita སངས་རྒྱས་བསྐྱངས།）、五世紀的清辨論師（Bhāviveka ལེགས་ལྡན་འབྱེད།）、七世紀的月稱論師（Candrakīrti ཟླ་བ་གྲགས་པ།）、八世紀的寂天論師（Śāntideva ཞི་བ་ལྷ།）等，都聲名遠播，他們對吉祥

11　此處那爛陀寺體系，不是狹義地指直接學習那爛陀寺學者的說法而已，是指以理由詳細觀察宗義、抉擇真相。歷史上，怙主龍樹出生早於那爛陀寺，然而這與怙主龍樹被稱為吉祥那爛陀寺體系的創始者並不矛盾。

那爛陀寺體系的貢獻，[12]難以言喻。吉祥那爛陀寺體系中，除了前面提到的幾位論師，四世紀時，出生於巴基斯坦白沙瓦（Peshawar）的聖者無著（Asaṅga འཕགས་པ་ཐོགས་མེད།），及他兄弟——世親論師（Vasubandhu དབྱིག་གཉེན།），對瑜伽行派（Yogācāra རྣལ་འབྱོར་སྤྱོད་པ།）的宗義有很多論著。其中，與基法真相或科學有關的是聖者無著的《大乘阿毘達磨集論》，世親論師的《大乘五蘊論》（Pañca-skandha-prakaraṇa-vaibhāṣya ཕུང་པོ་ལྔའི་རབ་ཏུ་བྱེད་པ།）、《阿毘達磨俱舍論》及《阿毘達磨俱舍論自釋》等。這些典籍廣說了心法、色法與情器世間形成之理。藏傳中，對阿毘達磨的解釋主要針對兩位印度論師的著作，這種作法流傳已久。

在古印度論師中，對吉祥那爛陀的體系有無與倫比貢獻的，還有第五世紀的理聖——陳那論師，及他的追隨者——七世紀的法稱論師。眾所皆知，他們是佛教量學的創始者，而且他們與古印度著名宗義者——正理派及伺察派，就量理方面有過廣泛的辯論，使量學達到極高的水準。早於這兩位論師，約在一世紀時，《彌蘭王問經》（Millindapañha མི་ལན་ཊས་ཞུས་པའི་བཟུན་

---

12 這些論師著作了聖地天竺十分有名的佛教論典，依次是《中觀四百論》（Catusatakaśastra དབུ་མ་བཞི་བརྒྱ་པ།）、《中論》的解釋——《佛護論典》（Buddhapālita སངས་རྒྱས་སྐྱོངས།）、《中觀心論》（Madhyamakahṛdayakarika དབུ་མ་སྙིང་པོ་རྩ་འགྲེལ།）、《思擇焰論》（Tarkajvâla རྟོག་གེ་འབར་བ།）、《入中論》（Madhyamakāvatāra དབུ་མ་འཇུག་པ།）、《入菩薩行論》（Bodhisattvacharyāvatāra སྤྱོད་འཇུག）。

བཅོས།）就以理破斥「我」。[13]再加以觀察，怙主龍樹的《中觀根本慧論》、《迴諍論》等理聚論，都以理作為講述的方式。雖然也可以透過無著《大乘阿毘達磨集論》的《決擇分論議品》（འབེལ་གཏམ་གྱི་ལེའུ།），及世親著名的邏輯論（རིགས་གནས་ཀྱི་རིགས་པའི་བསྟན་བཅོས།）[14]了解佛教量學的存在；然而就像歷史學家所說，佛教量學的基本結構還是由陳那論師、法稱論師提供。

陳那論師的主要著作有：《集量論頌》（Pramāṇasamuccaya ཚད་མ་ཀུན་ལས་བཏུས་པ།）、《集量論頌自釋》（ཚད་མ་ཀུན་ལས་བཏུས་པའི་རང་འགྲེལ།）、《因明正理門論》（Nyāyamukha རིགས་པའི་སྒོ།）、《觀所緣緣論》（Alambanaparīkṣā དམིགས་པ་བརྟག་པ།）、《因輪論》（Hetucakra གཏན་ཚིགས་ཀྱི་འཁོར་ལོ།）等。法稱論師的主要著作有：《釋量論》（Pramāṇavarttikakārika ཚད་མ་རྣམ་འགྲེལ།）、《定量論》（Pramāṇaviniścaya ཚད་མ་རྣམ་ངེས།）、《正理滴論》（Nyāyabinduprakaraṇa ཚད་མ་རིགས་ཐིགས།），及其四部支分著作──《因滴論》（Hetubindunāmaprakaraṇa གཏན་ཚིགས་ཐིགས་པ།）、《觀相屬論》（Saṃbandhaparikṣāvṛtti འབྲེལ་བ་བརྟག་པ།）、《成他相續論》

---

13 《彌蘭王問經》並沒有藏文版本。現今有這部論的梵文、巴利文、普拉克里特文（Prakrit）、中文版本；十九世紀末時，這部論被翻譯成英文，受到許多西方哲學家的好評。

14 譯者註：雖然對於《論軌》（Vādavidhi）及《如實論》（Tarkaśāstra）是何人的著作，現代學者有不同說法，然而普遍認為二論是世親所造。

（Santānātarasiddhināmaprakaraṇa རྒྱུད་གཞན་གྲུབ་པ།）、《諍正理論》
（Vādanyāyanāmaprakaraṇa རྩོད་པའི་རིགས་པ།）；這七部論稱七部量論
（ཚད་མ་སྡེ་བདུན།）。還有《釋量論第一品自釋》等。以上是量學主
要典籍，著作這些論著的注疏有帝釋慧（Devendrabuddhi ལྷ་དབང་
བློ, 630-700）、釋迦慧（Śākyabuddhi ཤཱཀྱ་བློ, 660-720）、法上
（Dharmottara ཆོས་མཆོག, 西元八世紀）、善護（Kalyanarakṣita
དགེ་སྲུངས།, 約出生於700年）、智作護（Prajñākaragupta ཤེས་རབ་
འབྱུང་གནས་སྦས་པ, 750–810）、閻魔敵（Yamāri ཡ་མ་རི།）、祇多梨
（Jetari ཇེ་ཏ་རི, 940–980），有許多注疏翻譯成了藏文。依於這
些論著形成了學習量學的辯經方式；這樣的方式，除了古印度
外，其他地方未曾有過。早期西藏量學學者，恰巴・法獅子
（ཕྱ་པ་ཆོས་ཀྱི་སེང་གེ།, 1109-1169）、文殊怙主薩迦班智達（འཇམ་མགོན་ས་
པཎ, 1182-1251）創立了新的因明理路，對量學的發展有極大的
貢獻。

在佛教量學典籍中，可以找到大量與現代心理學相關的
內容，包括科學家們研究的對象——心識，如根識的性質、根
識如何產生、作用是什麼、怎麼產生錯誤，如何產生境相、如
何引發定解。作意的性質及作用，回憶的性質及作用，執總識
（སྤྱི་འཛིན་གྱི་བློ།）、認知識（ངོ་ཤེས་ཀྱི་བློ།）、類似識（འདྲ་བློ།）的主要要
義，都以四理的方式加以廣說。這是現代心理學家、神經學家
與佛教量理學者，之所以能互相幫助、增長知識的原因。

　　總之，古印度論師中，至尊吉祥怙主龍樹及聖提婆父子、聖者無著、世親兄弟、理聖——陳那論師、法稱論師，對吉祥那爛陀寺體系具有極大恩澤。以此之故，西藏對這六位古印度論師給予極大的讚美，稱爲「南瞻六莊嚴」。

　　依古老文獻、遺址等考古研究，很早以前，吉祥那爛陀寺的天文學就很興盛，玄奘的《大唐西域記》說到，那爛陀寺裡有研究星象的天文台，名爲喀苟拉（Khagola）。現代的歷史學家也證實，五世紀的那爛陀寺學者、印度著名星象曆算家阿耶波多（Āryabhaṭa, 476-550）便在那爛陀寺裡研究星象天文。阿耶波多的星象天文書中，總結了許多曆算學（རྩིས་ཀྱི་རིག་པ）的要義，他對太陽、月亮、星曜的論述，與現代科學家的說法吻合，如日蝕、月蝕是如何發生的，也提到地球每一天會自轉，隨太陽公轉等。[15]

　　同樣地，吉祥時輪金剛的論典《無垢光大疏》（དྲི་མེད་འོད）提到星象學是怎麼解釋星曜輪轉（གོ་ལའི་བགྲོད་པ）、推斷日蝕、月蝕（ཉི་ཟླ་གཟའ་འཛིན）的計算方式，冬至的算法（ཉི་ལྡོག་གི་དུས་བརྩི་རྩུལ），這些如何形成年曆、月曆、日曆等要點。另外，幾何學（geometry）中，如三角形、四方形、圓形等的尺度衡量、繪

15　A.L. Basham 的 *The Wonder That Was India*（1963年出版），492頁，有這位論師在曆算學方面簡要的內容。

製壇城的線條，皆與現代建造房屋的平面圖相似，已經到達相當的水平。如果去看吉祥那爛陀寺的醫典，如龍樹的《療法百種》（Yogasataka སྦྱོར་བ་བརྒྱ་པ།），和聖勇（Āryaśūra སློབ་དཔོན་དཔའ་བོ།，西元二世紀）作的《醫觀八支心要》（སྨན་དཔྱད་ཡན་ལག་བརྒྱད་པའི་སྙིང་པོ།）及相關注釋，也可了知當時已有良好的醫療水準。聲明學方面，吉祥那爛陀寺的典籍也十分有名，如月官（Candragomin ཙནྡྲ་གོ་མི།）的《月官文法論經》（Candra-vyakarana-sūtra ཙནྡྲ་བྱཱ་ཀ་ར་ཎ།）、《聲音經》（Varnasūtra ཡི་གེའི་མདོ།），天王論師（རྒྱལ་པོའི་སྡེ།）的《迦羅波經》（Kalāpasūtra ཀ་ལཱ་པའི་མདོ།），阿努布地論師（Anubhuti ཨ་ནུ་བྷཱུ་ཏི།）的《妙音文法經》（Sarasvatavyakaranasūtra དབྱངས་ཅན་གྱི་མདོ།）。

這些都顯示了吉祥那爛陀寺對聲明學的研究十分深入。總之，古老的吉祥那爛陀寺，就像現代歷史學家所說，是世界上最古老、最重要的大學之一。它也像現在的大學一樣，不只涉及哲學與宗教，也跨足其他知識領域，具有完善的系統。這座古老的大學對世界文化有極大貢獻。

甲六、佛教與現代科學的交流

現代科學與佛法宗義的交流，約在十九世紀末、二十世紀初，當時，有一些歐洲哲學家喜歡佛教，因為佛教與其他宗教不同，佛教否定有造物主及我是常的說法。也有談到佛法宗義

與現代科學見解相似，如英國的學者愛德恩・阿諾德（Edwin Arnold）1899 年在日本東京大學演講，談到佛教與科學的相似處，從這裡也可以看到當時某些西方學者的立場。[16]尤其斯里蘭卡成為英國殖民地時，一些歐洲人參佛、學佛，這些人先後成為上座部學者，並與當時的哲學家及科學家互動，開啟了交流的傳統。

二十世紀初，漢傳佛教的太虛大師就學習佛法如何現代化發表論述，同時書裡也談到佛法和科學相似處，說比起科學的論述，佛教教義闡述了深奧的究竟真相，因此佛教早晚會對科學帶來貢獻。[17]同期的日本大師釋宗演（Sōen Shaku, 1860-1919）也說佛教經論所說的因果正理與現代的科學很相似，並宣揚這樣的說法。[18]他著名的學生，就是二十世紀初，在北美推廣佛教的日本禪宗大師鈴木・大拙・貞太郎（D. T. Suzuki, 1870-1966）。

比起其他部派，藏傳佛教與現代科學的交流起步較晚，這與歷史及政治的因素有關；主要原因，不說也知道，是因為西藏社會與現代文化間沒有往來。十八世紀時，懂印度話的第三

---

16 有關內容可以參考美國現代藏學及佛學專家 Donald S. Lopez 的《佛法與科學》（*Buddhism and Science*）第 13 頁。

17 同上，第 19 頁。

18 同上，第 23 頁。

世班禪喇嘛班丹益西（དཔལ་ལྡན་ཡེ་ཤེས།, 1738-1780）[19]與英國人喬治‧博格爾（George Bogle, 1747-1781）成爲朋友，他對當時的科學儀器非常感興趣，詢問了能看到太陽、月亮的望遠鏡等資訊。然而，至尊班禪並沒有爲推廣科學與佛教的交流寫下任何著作。[20]

西藏學者中，第一位記錄現代文化，尤其科學的內容是否吻合佛法教義者，是二十世紀的更敦群培（དགེ་འདུན་ཆོས་འཕེལ།, 1903-1951）。他在《智游列國漫記》（གཏམ་རྒྱུད་གསེར་ཐང་ངང་རྒྱལ་ཁམས་རིག་པས་བསྐོར་བའི་གཏམ་རྒྱུད་གསེར་གྱི་ཐང་མ།）的尾端，[21]不只談到科學與佛教吻合處，也對以理爲主的西藏法友們說關注科學的重要性。又介紹科學這個新文化是如何在西方各國流傳開來；在印度，即使是古板的吠陀學家也得承認這新文化的合理性。

更敦群培直接列出佛法宗義與現代科學吻合的內容，如有爲法在任何刹那都會壞滅，具有壞滅的性質，及法稱論師等的

---

19 譯者註：班禪的轉世有兩種說法。一種是始於克主傑仁波切。另一種是從有班禪的稱號開始算起。班禪的稱號始於 1645 年，所以是從第四世班禪羅桑卻吉堅贊開始算起。以後者的計算方式，班丹益西是第三世班禪喇嘛。以前者的計算方式，班丹益西是第六世班禪喇嘛。

20 博格爾自己記錄了當時的談話內容。內容可參考由 Teltscher, Kate.（2006）於 2006 年出版的 *The High Road to China* 的第 108 頁。

21 གཏམ་རྒྱུད་གསེར་ཐང་ངང་རྒྱལ་ཁམས་རིག་པས་བསྐོར་བའི་གཏམ་རྒྱུད་གསེར་གྱི་ཐང་མ། 《智游列國漫記》第 17 節尾端。

量論說續流及和合體都不是諦實有。又說怙主龍樹證實單一事物的眞實存在不合理，如白黑等都是互相觀待而立的。根識是以具相（ཟམ་བཅས།）的方式認識境。如執青色眼識，不是離相（ཟམ་མེད།）、赤裸地執青色境。這種說法在以理爲主的西藏學者間普遍流通，其解釋也與科學的結論極爲相似。在文末又寫下：「雖然我想另外撰寫新文化的思想，又怕過於繁多，導致人們厭惡，而喪失意義，因此作罷。」[22]

眾所周知，藏傳佛教裡，推動科學與佛法宗義進行廣泛且詳細的交流，是第十四世達賴喇嘛尊者。[23]尊者與多位二十世紀著名的科學教授，如物理學家戴維・玻姆、量子力學專家卡爾・馮・魏茨澤克、心理與神經學專家弗朗西斯科・瓦雷拉（Francisco Varela, 1946-2001）、理查・戴維森（Richard J. Davidson, 出生於1951年）科學哲學家卡爾・雷蒙德・波普等，多年來持續進行討論。尤其心智與生命研究院（Mind and Life Institute）促進佛教與科學的交流，並對雙方

22　更敦群培的全集第三卷，གཏམ་རྒྱུད་གསེར་གྱི་ཐང་མ་རྒྱལ་ཁམས་རིག་པས་བསྐོར་བའི་གཏམ་རྒྱུད་གསེར་གྱི་ཐང་མ།
　　《智游列國漫記》第17節，第171頁。

23　有關藏傳佛教與現代科學的不同觀點，及第十四世達賴喇嘛與更敦群培對科學與佛教的交流有何看法，我做了詳細解釋。在美國藏學專家 Wallace, B. Alan., ed. 編輯的 *Buddhism and Science: Breaking New Ground.* （Columbia University Press）可看到。

交流的科學內容提供了新的研究方向。[24]到目前為止，陸續與會的學者包括物理學家、天文學家、生物學家、神經學家、心理學家等。心智與生命研究所的推動，加上佛教經論中有關心理的豐富內容，使現代心理學家、神經學家、醫學家等對佛教經論所說的修心方法十分感興趣，例如如何修正念、如何產生專注一境的心、思惟悲心的修行方法等。他們不僅特別關注這些內容，許多人還拿佛教解釋作為新發展方向，做更深入的研究。這種趨勢正在發展是明顯可見的。

第十四世達賴喇嘛尊者推動科學與佛法宗義交流這個偉大事業，我認為主要有兩大目的：一、若能將佛教經論所說的基法真相的論述、緣起的宗義，尤其與內心有關的要義，與現代科學交流互動，合力提升知識水平，將對整體人類的安樂及醫療帶來極大貢獻。二、透過這些交流，佛教也可從現代科學的實證結果獲取有益的資訊，像在基法實相的論述，特別是色法的論述這方面。

尊者長期觀察佛法宗義與現代科學觀點有什麼相同點、有什麼矛盾點，簡略地整理成一本書，中譯是《相對世界的美麗：

24　我針對佛教宗義與現代科學間的交流，尤其心智與生命研究所的推動及影響，寫了篇文章，標題為〈科學與宗教的對話的當代發展〉。這篇文章刊載在 2010 年 12 月出版的學術期刊 *Zygon*，其為專門研究科學與宗教交流的學術期刊。

達賴喇嘛的科學智慧》（*The Universe in a Single Atom*）。[25]書中提到佛法宗義與科學在介紹觀察基法真相論述的基本看法、如何透過現前覺受進一步以邏輯推論證明一切法的法性就是因果及緣起等，是殊途同歸的。也談到佛教經論所說色法構成因素——微塵——的論述，與現代物理學的原子論述，二者相同與相異點。現代量子學說，透過觀察，事物本身沒有任何真實的、最細微的無方分單位，與依怙龍樹所說的深奧空性及相關的基法二諦的論述，極為吻合。達爾文解說的生物學——生物的演化過程，與古印度宗義中業果的見解，二者是否有相違。最重要是印藏佛學家們廣說心理學的內容。古老的佛教心理學提供現代心理學有利的資訊。很明顯地，對眾多學者而言，這本書是佛法宗義與科學進行長期廣泛且深入交流的根基。

　　尊者長期推動佛法宗義與科學的交流並整理發表，在科學學術領域造成極大影響。例如，過去生物學認為動物生存的主要目的，不只是為了維持自己的生命，也為了延續自己的物種。因此，持有兩種基本看法：一、自己的問題由自己解決。二、為了達到自己的利益，有與他較量之心。由人類作

25　《相對世界的美麗：達賴喇嘛的科學智慧》（*The Universe in a Single Atom*），原書是以英文寫下，於 2005 年出版。對佛教宗義與科學的交流有興趣的人都應該閱讀本書。

為代表，所有動物的所作所為，基本都建立在這兩種看法上；像經濟學在建立根本思想時，就完全基於這種看法。然而，尊者說，像科學家所說的，自己的問題由自己解決，為達自己的目的而生起與他人較量之心，大家都有，可是只用這兩點來解釋並不夠，還要加上同理心，同理心成為做任何事的根本動機之一。如同尊者所呼籲般，現在生物學界的基本思惟模式正在改變中。不僅如此，在群居動物裡，我們可以親眼看到，即使對象不是自己的親友，也有對人或對動物幫助的例證。因此過去的說法很難解釋「只以自我中心的動機而產生利他行為」；如果不去面對這個問題，這個難題會持續下去。同樣，在人類社會中，有自我中心的想法與競爭心是無法奠下合作的基礎。也因此，科學家終於開始認真研究同理心及如何與他人合作的行為。

還有，神經學的發展一方面證實了大腦可塑性（brain plasticity）的存在，另一方面也設計出能觀察腦部活動的儀器。研究者觀察受試者因禪修使腦神經的互通更為敏捷，不只能產生新的連結，甚至還能生成新的腦神經。所以，已有越來越多神經學家投入對佛教的修心方法及其解釋的研究。

第十四世達賴喇嘛尊者對科學知識的發展做出許多偉大貢獻，因此也榮獲許多國際公認的獎項。2008 年，在美國首府華盛頓，面對上萬神經學及心理學學者，尊者進行了國際腦

神經大會的開幕式演講；2012 年又榮獲鄧普頓獎（Templeton Prize）之科學貢獻獎等。

甲七、佛教教義與現代科學

　　就如更敦群培在《智游列國漫記》所呼籲般，第十四世達賴喇嘛尊者與西藏學者聚會時，多次強調應關注學習近代科學。佛教學者很早就有尋找基法真相的傳統，古老的佛教論典多有涉及所知的論述，如構成色法的基本因素、怎麼從細微累積為粗分、情器世間的形成順序，特別針對心識，做了詳盡的說明，這些應該視為古老的科學。我覺得第十四世達賴喇嘛尊者看到佛教徒的傳統，早就興起以科學確認基法真相論述的想法。而且我也覺得尊者看到對於外在色法有關的基法論述，如果能攫取現代科學的實驗結果，不僅不會傷害佛教經論中對基法真相的論述，反而還能使其趨於完善。

　　以構成色法的因素——微塵——為例，這些色法對一般根識而言是屬於隱蔽分，現今，藉由顯微鏡之力，眼識能力能增強千萬倍，能看到這些極細微的色法。在現代科學中扮演第二母語的數學，有特別的演算公式，可以大幅增加依現前分而有的推論能力。因此，確認了眾多細微色法的內容，這些內容應作為古老佛教經論中色法論述的補充。具有智慧的人，誰會對此有所異議呢！

同樣地，經論說到時邊際剎那（དུས་མཐའ་སྐད་ཅིག་མ།）與成事剎那（གྲུབ་རྫོགས་སྐད་ཅིག་མ།）的內容，例如一彈指時間的六十五分之一為時邊際剎那，或者一彈指時間的三百六十五分之一為時邊際剎那等。現代科學透過數學演算、機械度量，說一分鐘可分成六十秒，一秒又可分成一百萬微秒等。我們學習經論所說的有為法時，若能搭配科學的結論來理解每一剎那都是壞滅的性質，將會幫助了解細微無常──這一點是可以以理證成的。

阿毘達磨論中，世間形成順序、星曜輪轉、多夏日光長短、日月星曜等說法，都建立在有須彌山在中央的觀點而說。然而，以須彌山為主的說法與現代科學驗證的結果產生了矛盾，現在宇宙論更形完整了，因此，原先的基本假設必須改變。此外，在現代細胞學的腦部認知之上，若能加入佛教心類學、阿毘達磨論心所的論述，如覺受、執境之識、作意及精進諸心所的作用與相互間關聯等，將會有所裨益，這是不言而明的。

如果因為《阿毘達磨俱舍論》的器世間論述與科學有了矛盾就捨棄，那麼佛教論典中，有前後世存在、慈悲心可無限增長、貪瞋等煩惱可斷除的論述，與科學有矛盾的話，難道也都要放棄？若是如此，佛教的基本教義將從根被摧毀。這不是不可能啊！過分依賴現代科學，難道不是佛教衰亡的因素嗎？

為了回答這個問題，首先要了解科學的性質、方法、邏

輯、立場，及被科學確認的內容與眞相的關係。至少要有基本認識，這點很重要，因為缺乏這些理解，進行科學與佛教的交流就有可能產生偏執。例如，有些人認為現代科學就像過去外道，是佛教的對立者，所以面對現代科學的主張，要像過去佛教破斥古老外道的主張般，必須加以破斥。另一邊則持相反的立場，認為科學與佛教經論所說的內容完全一樣，佛法宗義本身就是科學。現代科學逐漸發展，就會從佛法宗義中，攫取前後世、業果等內容，加以實證。

在我看來，如同尊者所說，佛教經論分三大部分：一、像科學一樣，以基法眞相的論述為主。二、在基法論述上觀察眞相的宗義。三、依前兩部分而有的成辦暫時、究竟利樂的修行。

若佛教經論的這三大論述可以被確認，之後再根據特別的論述去尋找與它相對應的其他內容，接著再決定該內容對總義無有益害。[26]如《入中論》說：「是故不應妄觀察，世間所有名言諦」。以觀察勝義的正理去尋找名言諦，將會有尋找的過失。現代科學的觀察，是只與名言諦有關的觀察，是依賴名言諦而做的解釋，因此是屬於世間共許，也是聲音與分別心為主而安立的論述。認識到這種觀察僅僅是針對世間共許的內容，

26　譯者註：如須彌山是否存在的內容歸屬三大部分的佛教科學之中。雖然《阿毘達磨俱舍論》所言的須彌山論述難被證實，但這不影響佛教整體法義，畢竟歸屬的類別不同。就像觀察勝義的理智不會傷害世俗諦般。

這種觀察讓因果關係的真相更加明顯。這種觀察有助於尋找究竟真相，卻不能依此判斷究竟真相為何。同樣，科學理論無法否定或確認善惡取捨的內容，科學理論也不能判斷佛教修行的好壞，所以，一切真相並不一定都屬於現前的真相。

這裡有個關鍵，在佛教邏輯學中，區分了「某法的存在尚未被正理所證實」、「正理證實了某法的不存在」、「某法的屬性尚未被正理所證實」、「正理證實了某法的否定性」的區別。

一般而言，無緣不可得正因是指，在某種情況下，若有此法將被可緣取[27]，因為有不可緣的理由，所以確認了不可得。如果只因為沒有緣取就否定某法的存在，這是不對的。例如：如果前方有大象，應該可以被看到，因為沒有看到大象，所以說前方沒有大象，這是正確的。相反地，如果說「前方沒有食肉羅剎，因為沒有看到」，這就不對了，因為如果前方有食肉羅剎，不一定可以被看到啊！所以，對於一個懷疑這個地方是否有食肉羅剎的人而言，「沒看到這裡有食肉羅剎」這個理由，可以證明這個人心中沒有確認這個地方有食肉鬼的順諦識

27　譯者註：此書中，「緣取」與「緣」同義。

28 (ब्लॅंदॅंदॅंद),但是並沒有辦法確認當前絕對沒有食肉鬼。

現代科學方法並沒有對前後世等做解釋,這只是以科學的方法尚未確認而已。光以這個理由就認定科學證明了沒有前後世,是不懂科學推論邏輯。雖然有許多現代生物學家、細胞學家、心理學家認為心識是色法,心識說穿了就是腦,但是這畢竟只是推論而已,不是科學實驗所得的結論,我覺得必須要分清楚這兩者的差別。

總之,現代科學高度發展,發現許多前所未知的名言眞相,基於這些發現,發明出很多便利的機械,從而給人類社會帶來巨大的變革。像是飛機,就是發現四大引力(運動定律及伯努利定律,以佛學而言是四大種所產生的引力)的結果;溫度計,是發現大氣壓力而有的;收音機,是十九世紀末發現電磁效應而有的;因為科學知識進步,醫學創新許多藥物、療法,這些都是親眼可見的。科學讓貧疾減少、提供舒適、令離冷樂之苦,種種的確帶來許多方便,所以現代社會很看重科學。

我們處在科學知識蓬勃發展的時代,知識帶來的機械設備也不斷升級,因此我們得以了知以前不知道,或不清楚的眞

---

28 譯者註:順諦識謂此識之所執境與事實無違,故屬相順諦實或相應真相之識,又同等不顛倒識。

相。隨著時間推移，在新世紀，只要是知識份子，對於外在色法，大至情器世間如何形成，小至構成色法的微塵等，都會依照現代科學的說法而學習，卻不一定會去了解宗教信仰及其宗義。任何社會或文化，若不能與科學並進，不可避免地，將會被認為是落伍的社會或文化。因此，第十四世達賴喇嘛尊者在眾多談話裡，再三呼籲佛法宗義者要關注現代科學的觀察方法及結論。我至心認為這是尊者大悲心所賜的開示。

第十四世達賴喇嘛尊者高瞻遠矚，在其引導下而有了《佛法科學總集》。在這部著作中，基法真相的部分共有所知──境──的論述，以及具境──識──的論述。為了幫助聰明讀者更加了解《佛法科學總集》上下兩冊的背景，我在序言做了以下的介紹：一般科學的詞義是什麼、現代科學知識、現代科學方法、現代科學推理、科學與宗義學的差別、科學知識與真相的關聯，及佛教的傳統，特別是吉祥那爛陀寺的學習系統與現代科學相同點、為什麼在這個體系中確認基法真相的論述一定需要科學、佛教與科學的交流如何形成。

曾擁有賢善的機緣於藏傳佛教大寺之一的甘丹東頂扎倉聞思寶洲，聞思印藏大論典；後來又有機會到英國劍橋大學學習西方哲學。過去三十年間，擔任第十四世達賴喇嘛尊者的英文翻譯，並多次參與佛教與科學交流研討會，具有如是背景的朗日瓦，拉朗格西圖登錦巴，撰上文於 2004 年 3 月 16 日。

第一品
教義總說

甲一、佛教經論中抉擇實況總論的不同詮釋

　　古印度的佛教經論中談到基法真相時，對於法有一些不同的分類方式。

　　一切法可以攝於有爲法和無爲法兩大類。阿毘達磨七論中的《發智論》（ཡེ་ཤེས་ལ་འཇུག་པ།）與其註釋《大毘婆沙論》，皆以蘊、界、處區分諸法，說有爲法都被色、受、想、行、識等五蘊所含攝。內外法以根、境、識區分時，則有十八界、十二處兩種分類。十八界包括色界、聲界、香界、味界、觸界、法界等六，是爲所緣境之界；眼界、耳界、鼻界、舌界、身界、意界等六，是爲所依根之界；以及眼識界、耳識界、鼻識界、舌識界、身識界、意識界等六，是爲能依識之界；總共十八界。言「處」是指：色等五境加上法處，共外六處；以及眼等五根加上意處，共內六處；總共十二處。無爲法被十八界中的法界及十二處中的法處所含攝。

　　毘婆沙宗的《阿毘達磨俱舍論》將「所知」分爲五個部分：相色法、主心法、隨心所法、不相應行法、無爲法；諸法皆被該五者所含攝。一切內外色法，包括色、身、香、味、觸等五境，以及眼、耳、鼻、舌、身等五根，都被「相色法」含攝；內在的心識，被「主心法」及「隨心所法」所含攝；其他具有有爲法的特徵，但既非色法也非心法者，例如：成住滅，

以及三時等有爲法，被「不相應行法」所含攝；無因果作用之法則被「無爲法」所含攝。

　　古印度佛教「量學」典籍分三部分論述基法眞相，即所知境、能知心、心如何趨入境。唯識教典以依他起、圓成實、遍計執三法性安立基法眞相；中觀教典以基、道、果的方式詮釋諸法，依基二諦、道福慧、果法色二身的方式加以論述。密咒續典則詮釋了基法眞相、行道次第，以及現證果位的論述。總之，古印度佛教論典以及各教派在確立基法眞相的整體論述時，有著不同的主張 。

　　綜合佛教典籍中的論述，基法眞相可分爲五根本內容：一、所知境。二、能知心。三、心如何趨入境。四、心如何了知境。五、認識境的補特伽羅。

　　佛教經論所言內容極廣，該五個根本包括哪些內容？依據哪些論典呢？

　　第一、所知境的論述，談到色法的整體概念、大種與大種所造的差異，以及構成色法的因素──粗塵及微塵時，主要是依據阿毘達磨論典，包括無著聖者的《大乘阿毘達磨集論》，及依據其論的上部阿毘達磨論典，以及下部阿毘達磨，如阿毘達磨七論、《大毘婆沙論》及其註釋──由世親阿闍黎所著作

的《阿毘達磨俱舍論》等[1]。有時也會依據阿闍黎清辨論師的
《思擇焰論》及其註釋。特別是在觀察是否有無方分微塵時，
會依據怙主龍樹、提婆及吉祥月稱等的正理，破除無方分微塵
爲實有；也依據阿闍黎世親在《唯識二十頌》所說，破除無方
分微塵。有關情器世間的生滅次序、胎中身體如何形成等，主
要是依據《佛爲阿難說處胎經》（དགའ་བོ་མངལ་འཇུག་གི་མདོ།）、上下二
部阿毘達磨論，吉祥時輪教典及醫典而建立。有關脈、氣、明
點方面，主要依據無上密續典籍及醫典而說；腦部的論述是依
醫典而建立。

第二、具境——心[2]——的論述，主要依據聖者無著的
《瑜伽師地論》、依其而有的瑜伽行派論典、《阿毘達磨俱舍
論》及其自釋（རང་འགྲེལ།）等，尤其陳那、法稱及其追隨者在量
學方面的著作。心所方面，主要依據上下阿毘達磨。上下二界
粗細心，是依上下阿毘達磨及瑜伽行派論典；無上密續所說的
粗細心、心氣融入過程與死亡過程，主要是依密集金剛教典與
時輪教典。

第三、論述心如何趨入境時，依量論，以及阿闍黎無著及

1 上部阿毘達磨的主要論典是阿闍黎無著的《大乘阿毘達磨集論》，下部阿毘達
磨的主要論典是阿闍黎世親的《阿毘達磨俱舍論》。西藏前後期學者對此二論
著有許多註釋。在西藏，這二部論的講傳很早就已經興盛了。

2 譯者註：此書的譯詞中，心、心識、識皆為同義。色法與心法的「心」別異於
心心所的「心」，前者與識同義，後者只屬心王。

其追隨者所著作的瑜伽行派論典。

第四、心如何了知境所用的正理，主要依據經典及阿闍黎無著的《聲聞地》，尤其是量論。有關修心方法，主要依據《解深密經》、上下阿毘達磨、瑜伽行派論典，特別是佛子寂天的《入行論》、《集學論》及其註釋、吉祥法稱的《釋量論》、阿闍黎蓮花戒的《修行次第論》初、中、後三篇等。

第五、認知境的補特伽羅的論述，是依中觀論典。

甲二、抉擇基本實況的方法與觀察門
乙一、以理觀察的重要性及四依的論述

古代的印度佛學家，尤其是吉祥那爛陀寺的學者，以多門安立蘊、界、處等內外諸法時，是依據經典的詞義呢？還是以理由為本，依據邏輯推理去安立？學習佛教經論中的基本實況論述時，應以什麼方法觀察抉擇？

如同導師世尊對其追隨者所說：「比丘與智者，如煉截磨金，當善觀我語，信受非唯敬。」[3]意思是說，如同提煉黃金時

3　雖然在甘珠爾中沒有找到這段經文，然而在《吉祥大力本續王》（śri-mahābalajñanaraja-tantrar）第一冊，德格版，續，ㄗ卷，216頁；對勘本版，書號79，627頁，有與此翻譯接近的經文，「如煉截磨金，當善觀我語，信受非信敬，或因於學者。」與此經文相同的，也為上座部的經文所引用，或增支部（Anguttara-nikāya）的《葛拉瑪經》（Kālāmasutta）中也有。此經文也可以稱為《Kesamuttisutta》。

必須加以煉、截、磨去除污垢一般，我們閱讀經論也應當仔細觀察內容，確定是符合道理的，才相信接受。不應該在沒有經過觀察的情況下，只因是自己尊敬的導師所說，就信受了；這樣是不對的。這裡說明了觀察實況時應採取的正確態度。

佛教的論師們，尤其是吉祥那爛陀寺的學者，咸認為觀察實況時，「現前的覺受」（མངོན་སུམ་གྱི་མྱོང་བ།）比理由或經文還更重要。試想：若只憑某段經文來觀察實況，該段經文又必須以另一段經文加以證成；該另段經文還得再靠其他的經文證成；這樣便會有無止盡的過失。因此，最終必須依靠無垢正理來區分對錯。如是的無垢正理，最終是依靠自己正確的覺受。

同理，對於吉祥那爛陀寺著名學者的重要論著進行觀察時，也不可因為虔誠與信心就先入為主地接受，應該對論典所說內容先生起合理的懷疑，然後直接深入論典的內容。要依照這種次第學習。

論典常以五種方便講授，使讀者更容易理解。五種方便是：一、點出論典主旨；二、為使讀者容易理解，略說論典大綱；三、解釋正文文義；四、回答對要義及難處之諍難；五、前後文間完好連結。具備這五點非常重要。阿闍黎世親（Vasubandhu, 西元四世紀）在《釋軌論》（Vyākhyāyukti）說到：

「演說經義者，當先說目的，略義及句義，結合與答

難。」[4]

觀察真相時，是以四依法為準繩。此外，吉祥那爛陀寺有個傳統，學習論典時，著眼點不是放在作者的名氣大小，也不是看用詞是否優雅，而是看著作的內容是否完善。關於內容，不是看詞句的字面意義，而是觀察了義或究竟義。然後，即使已經了解「了義理」，也不會對暫時的聞慧、思慧感到滿足，而會繼續針對義理，再透過思與修的雙運，生起深刻的證悟。也就是透過佛教經論所說的「四依法」來學習。所謂四依法，如《郁伽長者經》（Gṛhapatyugraparipṛcchāsūtra）：

「依義不依語，依智不依識，依法不依人，依了義經不依不了義經。」[5]

所謂的「依」是相信。應該要相信的法有四：法、義、了義、智；不該依的法也有四：人、語、不了義、識。

如何算是依？如何是不依呢？以「依法不依人」來說，不管此人的名氣大小為何，主要是看這個人說了什麼法。總之，

4　德格版，論，唯識，ཉ卷，第一品，30背頁；對勘本版，書號77，85頁。漢譯來源：莊國彬的《世親釋軌論略探》，前言第2頁。

5　德格版，經，寶積，ང卷，第十九品，279頁；對勘本版，書號42，831頁。漢譯來源：《大寶積經》八十二卷之〈郁伽長者會十九〉（T.11.310.478a.10）：「依義不依語、依智不依識、依法不依人、依了義經不依不了義經。」

在「人」與「法」中，以法爲主要相信的對象。

「依義不依語」是說，不應在意其言語、文詞是好是壞；若所說的義理圓滿，就應該受取。如果內容義理有缺失，即使言語、文詞非常好，也應該捨棄。亦即，在義與語二者中，應該信受「義」，不應該信受「語」。

「依了義不依不了義」是說，對於針對某目的方便權說，應探究其究竟眞相，不應驟然相信其教典之內容。有一些法雖是導師世尊所說，但不是薄伽梵眞正的意趣，而是世尊爲了引導某些根器的眾生而說。對此，若依照字面所說就直接接受，將有正理違害的過失。了知佛陀的用意之後，我們應該相信的是薄伽梵的究竟意趣——細微無我，即「了義」義，以及細微無我的言論；因皆遠離了正理違害，故可如言而取。

「依智不依識」是說：尋找勝義時，應該依據現證諸法眞相的智慧，卻非眼等根識及意識分別心所現影像。

聖者無著（Asaṅga, 西元四世紀）的《菩薩地持經》（Bodhisattva-bhūmi）云：

> 「復次，菩薩於闇說、明說如實了知。知所應依，不以上座多識，若佛、若僧，依止如是諸說法人。如是依止所，應不依於人，於眞實義心不動搖，能自了知不由於

他。」6

論中說到依法不依人的道理，還提及闇說與明說。「闇說」是指該論典唯開示應該探求痛苦之因。「明說」則顯示了斷除痛苦之對治力的修行方法。

就依義不依語，此論說：

> 「菩薩為求義故，從他聞法。並非為求善語而聞，因求義聞法，不求善語故。縱以劣語示法，依義菩薩應敬應聞。」7

就依了義不依不了義，此論說：

> 「復次，菩薩於如來所深信清淨，一向信受如來所說，依了義經非不了義。依了義經者，於此法律不可破壞。不了義經者，謂以種種門說而不決定，應有疑問。若菩薩於了義經作不決定者，於此法律則為可壞。」8

6　德格版，論，唯識，थ।卷，第十七品，136 正頁；對勘本版，書號 73，859頁。漢譯來源：《菩薩地持經》卷第七（T.30.1581.929b.19）。

7　德格版，論，唯識，थ।卷，第十七品，136 正頁；對勘本版，書號 73，859頁。漢譯來源：《菩薩地持經》卷第七（T.30.1581.929b.17）：「是菩薩為義故，從他聽法。不為味，為義聽法。不為味者，若聞世間非巧便說，依義菩薩亦專心聽。」

8　德格版，論，唯識，थ।卷，第十七品，136 背頁；對勘本版，書號 73，859頁。漢譯來源：《菩薩地持經》卷第七（T.30.1581.929b.23）。

就依智不依識，此論說：

「復次，菩薩得堅固修慧，不以聞思識諸法義用修慧
知。不以聞思識知故，聞如來所說第一甚深法義，不起
誹謗。」[9]

乙二、觀察三種所量

所要觀察的境可以決定爲三種所量。了知識證悟該所量
的時候，視有否依賴現識、因相或可信語，區分出三種所量的
差異。三者爲：一、如眼識見到色法等的現識覺受。二、雖未
親眼所見，卻由見煙因成立彼山有火的事勢比量（ དངོས་སྟོབས་རྗེས་
དཔག ）。三、雖未由現識覺受及事勢比量決定爲何，藉由士夫
的可信語，生起了信許比量，且依該量成立其境。第一者又稱
「現前分」，第二者又稱「略隱蔽分」，第三者又稱「極隱蔽
分」。

依賴世間共許的可信語亦可獲知某項資訊，例如：透過自
己父母的說明，得知自己生日爲何時；或是透過歷史的記載，
得知過去已發生的事實等。同樣地，在某些特殊因緣下，秉持

9　德格版，論，唯識，ཐི 卷，第十七品，136 背頁；對勘本版，書號 73，860
　頁。漢譯來源：《菩薩地持經》卷第十七（T30.1581.929b.28）。

世尊的教言正量去成立某些法的內容，此情況也是有的。如何是持有教言正量呢？以信受「施獲受用，戒得安樂」的經文為例，並非因其源於經典就去信服，而是因為該經文內容具足了諸多條件，包括：遠離了現識及正理的違害、遠離前後文的矛盾，以及說者並無其他用意等。相關要義將於以下廣泛說明。

依據吉祥那爛陀寺的學習體系，在確認基法真相論述時，在三種正量之中，若與經教或語正量相較，更重視由事勢理（ དངོས་སྟོབས་རིགས་པ། ）成立的比量；若與由理由成立的事勢比量相較，更重視現前覺受之正量；這種次第必須要知道。

乙三、如何以四理觀察

觀察之法為菩薩經藏中談到的四理。四理為：一、法爾理：依真相指出法本身的性質、法性。二、作用理：與爾法性相應的作用。三、觀待理：在法性及作用之上，能成立一者觀待另一者，或是因果關聯，或是支分與具支者，或是作事、作處、作者的關聯。四、證成理：以前三者為基礎而觀察真相，有「因為是此，所以是彼」、「因為有此，所以有彼」、「因為不是此，所以一定不是彼」、「因為沒有此，所以沒有彼」，透過比量之正理而成辦立宗目的，這種方法是證成理。

總之，識了知境的方式廣說為四理：依真相而說法的性質；依此性質而有什麼作用；依此作用，法之間如何互相關

待、依賴；會如此關待、依賴的理由。詳細內容在「心如何了知境」的章節將加以說明。

乙四、因果緣起

上述四理中，觀待理及作用理的精髓在於依賴因果緣起法則；佛教相當重視這個道理。大至情器世間的形成，小至個別事件的發生，例如於某時、某地下雨的情況，唯有用因果緣起解釋。同樣地，就佛教法理來說，有情因業與煩惱之力而輪迴，乃至到逐漸斷除輪迴因緣，最終獲得決定勝，都唯有用因果法則來成立。

不論從歷史或眞相的角度看，佛法宗義的因果法則確實具有其特點與重要性。

導師世尊在鹿野苑轉法輪時，以苦樂因果之理闡明四聖諦，清楚開示了苦果是「苦諦」，苦因是業與煩惱的「集諦」，從苦果獲得解脫的方法是「滅諦」；得到滅之因是「道諦」，以苦樂的因與果兩個角度明顯闡述四諦理論。廣說如是苦樂因果之理時，又以十二緣起加以詮釋，更以「由於有前緣起支而有後緣起支」、「後緣起支的產生依賴前緣起支」、「前緣起支滅的緣故，後緣起支隨之而滅」、「後緣起支之所以滅，是依賴前緣起支被滅」等「流轉還滅二次第」顯明解說因果隨轉隨遮（རྗེས་སུ་འགྲོ་ལྡོག）的眞相。導師薄伽梵非常重視

因果緣起之理，曾對追隨者說：

> 「諸法從因生，如來說此因，
> 如是諸滅因，說此大沙門。」[10]

　　過去的佛教寺院有將此摘自《緣起心要經》之偈頌貼在大門或樑柱上的傳統，在廢墟或遺址時常會見到，可見佛教對於此理之重視。

　　那麼，佛經是怎麼解說因果緣起之理呢？《佛說稻芉經》云：

> 「外因緣法從何而生，如是種能生芽，從芽生葉，從葉生節，從節生莖，從節生穗，從穗生華，從華生實，無種故無芽，乃至無有華實，有種故芽生，乃至有華故果生。」[11]

　　此經又說：

> 「云何名外緣生法，所謂六緣具足便生，何謂六緣具足

10　這個偈頌有不同的版本，《聖緣起經》：「從因所生法，如是滅已生，如來作此說，說此大沙門」。德格版，經，經典，ঽ卷，125背頁；對勘本版，書號62，343頁，對應的相似漢譯可參考《佛本行經》卷第四十八（T.3.190.876b.26）：「諸法從因生，諸法從因滅，如是滅已生，沙門說如是。」

11　德格版，經，經典，ঽ卷，117背頁；對勘本版，書號62，318頁。漢譯來源：《佛說稻芉經》（T.16.709.817a.25）。

**便生，因之由具足地、水、火、風、空、時六界等故生
外緣。」**[12]

經中說到外在緣起法，如苗等，由因、緣的關係而生。此
經又說：

「內因緣法從二種生」[13]

說明內在緣起法，如想及思等，也如外在緣起法般，從
因、緣而生。

在解說基法真相、觀察性質與因果作用等要義時，因的
分類很重要。仔細觀察因果緣起之理時，諸因可分為三種緣：
一、不動緣，二、無常緣，三、能力緣；三種因緣與情器世間
的形成有極大關聯。一般而言，因可分為兩種：直接因與間接
因，或是近取因與俱生緣。此外，因又可分為主、次。從時間
的角度則可分為長果與短果，隨著因的不同而有果的不同變
化。詳細的因果緣起之理，以下會進一步說明。

總之，佛教不主張無因而生，也不主張事物由世間造物主

12　德格版，經，經典，^a｜卷，117 背頁；對勘本版，書號 62，318 頁，漢譯來
　　源：《佛說稻芉經》（T.16.709.817b.03）：「云何名外緣生法，所謂地水火風
　　空時，地種堅持，水種濕潤，火種成熟，風種發起，空種不作障礙，又假於時
　　節契合變，如是六緣具足緣生。」

13　德格版，經，經典，^a｜卷，118 背頁；對勘本版，書號 62，321 頁。

內心動搖而生；認為常因生果不合理，因與果的關聯是自然法性；由各類因緣而生各類果，完全是因果緣起的緣故；因與果必須同類，因的不同會產生果的不同；這些都是法性軌則。一切佛教的宗義師，都共同承許如此的因果緣起之理，並否認其他說法。

關於諸法互相依賴之理，還有比因果緣起更細微的「觀待支分」；此外，中觀論典中還說明有比觀待支分更加細微的緣起。下面詳細解說宗義時，會就此部分再加說明。

乙五、以理遮立

觀待之理有二：一、非同時觀待：如同前說的因果觀待，或談四理時所說的果依賴著因的非同時觀待。二、同時觀待：具分及支分，或和合體及其支分的互相觀待等。古因明學上稱觀待之理為「無則不生相屬」。兩種觀待分別稱為生起相屬或同性相屬；前者顯示因果前後的相屬關係，後者顯示同時觀待之相屬關係。

同性相屬又可分為：和合體與支分的相屬，如瓶子與瓶子的支分；所遍與能遍的相屬，如柏樹與樹；等遍同義法之間的同性相屬，如所作性與無常。

同性相屬之法只能透過聲音及分別心區分，無法從境本身的性質做區分。能夠以「所作性」為正因，推斷「聲是無

常」，成立聲是無常之「宗」，就是因爲所作性與無常具有同性相屬關係。

古印度因明學家說，透過理由檢視眞相時，相屬之理是相當重要的。了解諸法之間不只有無則不生的相屬，也有彼此相違的情況，也是很重要的。例如，以所作性爲因能成立「是無常」，是因爲常與無常是相互牴觸之直接相違。即所遮法——常——上不容許有所作性，因此決定成立「只要是所作性，必定是無常」。

同樣地，因此處有熊熊烈火，而否定有寒觸之果——汗毛豎立；之所以能夠做此否定，是因爲汗毛豎立之因——寒觸——與烈火的關係是不並存相違。這類的理由，在量學上稱爲「已見相違方之因」。

總之，確認基法理論時，由因成立隱蔽分的時候，因與所遮法必須相違。若不了解比量如何損害增益執等「相違論述」，將無法證成宗；因此，了知前述的內容很重要。後面將再仔細說明相違與相屬。

那爛陀寺以推理爲主的學習體系，在法性、相互依賴、作用等眞相之基礎上，透過證成理去比度推斷略隱蔽分，並且認知事勢理（དངོས་པོ་སྟོབས་ཞུགས་ཀྱི་རིགས་པ།）於何種情況下有能力破或是不破，以及能破多少等界限；認識這些界限是極爲重要的。

依據上述體系，佛教的邏輯家們會去區分「依理不成立此

法存在」與「依理否定此法存在」的差別；也會區分「某義不被正理所尋獲」及「某義被正理所否定」的差別；同樣地，「某法的係屬不被正理所成立」和「某法的係屬被正理所否定」，以及「某法的係屬不被正理所知」與「非某法的係屬被正理所知」的差別也會加以區分。

甲三、附帶略說攝類理路
乙一、總說

前面敘述了以理遮立、由量學典籍——吉祥法稱的《釋量論》等《七量論釋》（ཚད་མ་སྡེ་བདུན།）——所確立的聲識趨境之理、比度因相、顯示對方主張的內部矛盾而加以破斥的「應成論述」等諸多內容，在此簡略介紹「攝類學」。

在藏地極為著名而普及的「攝類學」，是為了初學者學習理路而整理編撰的。攝類推理的模式，成形於西元十二世紀。由理路方面極為權威、精通量學的噶當派阿闍黎恰巴・法獅子（ཕྱ་ཆོས་ཀྱི་སེང་གེ）著作之《攝量驅意闇量論》（ཚད་བསྡུས་ཡིད་ཀྱི་མུན་སེལ།）的本文及註釋，以及《驅意闇量論》（ཚད་མ་ཡིད་ཀྱི་མུན་སེལ།）等，奠定了此舉世聞名的西藏特有之量學體系。

阿闍黎恰巴所著作的典籍裡面，總集了量學的內容，包括：量與所量、境與具境、一與異、共與別、質法與返法、相違與相屬、因與果、性相例三（性相、名相、事例等三者的簡

稱）等，並且透由斷他宗、立自宗、反他駁三種途徑，確認內容的正確性。

由於有了恰巴·法獅子的著作《攝量驅意闇量論》等，為了更方便初學者學習，西藏各大寺院將之整理成為攝類、心類、因明三種初學課程。此傳統一直保持至今。

恰巴·法獅子的攝類學有各種不同的名稱，如：攝理（བསྡུས་སྒྲིབ་）、攝類（བསྡུས་གྲྭ）以及攝論（བསྡུས་པ）等。在攝量論典裡面所闡述的內容，可歸納為眾所知曉的十八條目如下：

白紅顏色質法返法二，違與不違共相別相二，

相屬與否一與異法二，隨轉隨遮因與果法二，

前中後力性相名相二，多因多顯遮除增法二，

間接直接相違等遍二，係屬非性顛屬顛非二，

知有知無知常知事二。

其後，攝類學的內容又演變出二十一條、二十五條、二十七條等不同的歸納分類方式，這些我們也需要了解。

乙二、如何學習理路

攝類學的內容皆經過斷他宗、立自宗、反他駁三種方式的論辯，加以確認。對於增上正理的推論，這個方法是極為重要的。

觀察任何一項主題時，首先列出對方的顛倒主張，然後進

行反駁，稱爲「斷他宗」。接著，詮釋自己的主張，就是「立自宗」。然後，若他方指出自方的主張有問題，再以回覆的方式，反駁他方，就是「反他駁」。如此反覆觀察，確認所辯駁內容正確無誤，才能夠徹底精通其義。攝類學的推理方式，對於觀察要義極爲重要。

以「應成推理模式」（又稱應成論式，或稱應成）趨入攝類學的理路要項有三：一、因相（ཏགས།）；二、所顯（གསལ་བ）；三、諍處（རྩོད་གཞི）；三者爲雙方進行辯論的關鍵。

以應成論式「聲有法，應屬無作性，屬常故」爲例，論式中的因、法、事（ཏགས་ཆོས་དོན）三者分別爲常、無作性、聲。「聲」是這個應成的諍處（又稱有法）；「無作性」是應法（ཐལ་ཆོས）或所顯（又稱所立法，或宗之法　བསྒྲུབ་བྱའི་ཆོས།）；「常」是這個應成的因或因相。

諍處「聲」及所顯「無作性」的結合，也就是「聲無作性」，是這個應成的許義（དམ་བཅའ།）。「常定屬無作性」是這個應成的直接遍相（དངོས་ཁྱབ）。顛倒所顯，也就是無作性的顛倒——所作性，是這個應成的顛倒所立法（ཆོས་ལྡོག）。因的顛倒，也就是常的顛倒——無常，則是這個應成的顛倒因相（ཏགས་ལྡོག），以此類推。此應成「聲有法，應屬無作性，屬常故」的因、法、事等表列如下：

有法(諍處)	所顯(應法)	因相(因)	立宗	顛倒所立法	顛倒因相
聲	非所作性	常	聲非所作性	所作性	無常

辯論的時候，與所顯有關的回答有二：許（འདོད）與爲何（ཅིའི་ཕྱིར）。與因相有關的回答亦有二：因不成（རྟགས་མ་གྲུབ）與不一定（མ་ཁྱབ）。還有其他多種答覆，如：顛倒定（འགལ་ཁྱབ）及疑（ཐེ་ཚོམ་ཟ）等。

與所顯有關的回答中，所謂的「許」，指「承許有法屬所顯」，例如推論「聲有法，應屬無常，所作性故」的時候，許「聲屬無常」。或是，當沒有「有法」時，僅對所顯回答「許」，如：謂「應屬存在」時，許「存在」。[14]

與所顯有關的回答中，所謂的「爲何」，是當正量無法成立應成之許義，或是自己無法承許此應成之許義時，以反問的方式回覆「爲何」。例如：回覆「聲有法，應屬常」時，所說的「爲何聲屬常？」

與因相有關的回答中，所謂的「因不成」，指的是「有法因相不成，故不成許」，例如：推論「聲有法，應屬常，屬虛

空故」時，回覆說：「聲屬虛空」的因不成。或是，當沒有「有法」時，僅對因回答「因不成」，如：謂「屬瓶故」時，回覆的「因不成」。

與因相有關的回答中，所謂的「不一定」，指的是「因相不一定是所顯」，例如：推論「聲有法，應屬常，屬所知故」時，回覆說：「屬所知不一定屬常。」

與因相有關的回答中，如果因相一定不是所顯的話，將會回答「顛倒定」，例如：推論「聲有法，應屬常，屬所聞故」時，因為所聞（མཉན་བྱ།）一定非常，故而回覆說：「顛倒定。」

還有，如果懷疑「真事是否所顯」，將可回答「疑」。例如：推論「前面之處有法，應有食肉羅刹」的時候，會回覆「疑」。

歸納辯論時與因相及所顯有關的回答如下表：

1. 許	主張「有法」屬「所顯」	有法與所顯間的關聯
2. 為何	為何「有法」屬「所顯」	
3. 因不成	不主張「有法」屬「因相」	有法與因相間的關聯
4. 不一定	「因相」不一定屬「所顯」	因相與所顯間的關聯
5. 顛倒定	「因相」一定屬非「所顯」	
6. 疑	在「所顯」及「因相」等問題上仍有疑惑	

　　古印度的佛教典籍裡，對於一般問題有四種回答：一、應一向記；二、應分別記；三、應反詰記；四、應捨置記。阿闍黎世親所著作的《阿毘達磨俱舍論》中寫道：「應一向分別，反詰捨置記。」[15]

　　一、應一向記：當被問到：「一切色法皆爲無常」，以「是」而作回覆。

　　二、應分別記：當被問到：「一切分別無常皆屬色法嗎？」回覆：「具觸碰性雖屬色法，然覺受者並非色法。」

　　三、應反詰記：當被問到：「此樹是高還是矮？」回答道：「要看依什麼而說。比起更短的，可說是高；比起更長的，可說是矮。」

　　四、應捨置記：對某一些問題，因由某種利害因素，而不予回答。[16]

　　此外，以攝類推理抉擇所知要義，還有一個極爲重要的方法，就是有名的「三邊（སུམ་མཚུངས།）、四邊（མུ་བཞི།）」的推理途徑。透過「三邊、四邊」的推理，兩法之間的關係有四種：一、三邊；二、四邊；三、相違（འགལ་བ།）；四、同義（དོན་

---

15 德格版，論，阿毘達磨，ᠭᡠ卷，第五品，第 22 句偈頌文，16 背頁；對勘本版，書號 79，38 頁。漢譯來源：《阿毘達磨俱舍論》（T.29.1558.103a.25）。

16 譯者註：如獵人問說鹿在哪裡。

གཅིག）。這是抉擇「兩法間關係爲何」的最佳特殊方法。

一、三邊關係：如「人」與「西藏人」兩者之間。我們可以找出：（一）西藏小孩，既是「人」又是「西藏人」；（二）印度人，雖是人，但非西藏人；（三）狗，既不是「人」又不是「西藏人」。

二、四邊關係：如「木匠」與「西藏人」兩者之間。我們可以找到：（一）藏人木匠，是「木匠」又是「西藏人」，兩者皆是；（二）印度人木匠，雖是木匠，但非西藏人；（三）西藏嬰兒，雖是藏人，但非木匠；（四）狗，兩者皆不是。

三、相違：如「馬」與「牛」兩者間的關係，又如「白色」與「紅色」兩者間，或是「常」和「無常」間的關係。係兩者屬返體異又不可能有同屬（གཞི་མཐུན）之法，換句話說，無法找出任何既屬甲方又屬乙方的事例。

四、同義：兩法間有既是甲方又是乙方的同屬關係外，也具有等遍（ཁྱབ་མཉམ）關係，如「所作性」與「無常」兩者，或「火」與「燒熱性」（ཚ་ཞིང་སྲེག་པ）兩者。

等遍包括八門遍相（ཁྱབ་པ་སྒོ་བརྒྱད）：兩種屬等遍（ཡིན་ཁྱབ་མཉམ）、兩種非等遍（མིན་ཁྱབ་མཉམ）、兩種有等遍（ཡོད་ཁྱབ་མཉམ）、兩種無等遍（མེད་ཁྱབ་མཉམ），共八。例如，「所作性」定屬「無常」，「無常」定屬「所作性」，爲屬等遍。「非所作性」定「非無常」，「非無常」定「非所作性」，爲非等遍。「有所

作性」定「有無常」，「有無常」定「有所作性」，爲有等遍。

「無所作性」定「無無常」，「無無常」定「無所作性」，爲無

等遍。此爲「八門遍相」，也屬「同義」。

　　總之，若要獲取所知要義，做出正確抉擇，學習阿闍黎恰

巴・法獅子所興創的**攝類推理是最佳途徑。攝類推理除了用來**

學習傳統文化，對於現代知識的學習，也是極爲有用的工具。[17]

17　第十四世達賴喇嘛尊者第三本佛法介紹的書裡寫道：「透過因相及所顯的推理
　　之法，在增長知識的同時，對於反應敏捷也有助益；經由這個途徑，無論學習
　　任何知識領域，都會對認知更有把握，還有可使思惟敏捷、頭腦清楚等許多優
　　點。」的確，這些推理模式，如：屬此定屬彼、屬彼定屬此、三邊、四邊、相
　　違、同義等，若能廣泛應用在各種學習上，對於內容的理解會很有幫助。在此
　　僅做了簡單介紹。若要詳細了解，必須閱讀攝類的教典。

第二品
所知——境——的論述

甲一、總說基的論述

過去的佛教學者們，在確認眞相論述的同時，也會總結各種教典的綱要作爲佐證。本書爲了使讀者更容易明瞭，幫助現代求學者學習與領會，亦擷取各種經論教典的精妙之處，從不同角度加以詮釋。如前所述，本書將分爲五個部分來闡釋著作的內容：

一、所知——境——的論述。

二、具境——心——的論述。

三、心如何趨入境。

四、心如何了知境。

五、講說「認識境的補特伽羅」與其他。

在「所知——境——的論述」內容裡面，涵蓋境與事物之個別性質；在「能知——識——的論述」[1]裡面，說明覺受者「識」的性質與分類；在「心如何趨入境」的章節，討論心以「遮遣」或「成立」何種之方式趨入，以及「識」是否「具

1　譯者註：「能知——識——的論述」即「具境——心——的論述」。此處二者兼採。一般而言，境與識的關係可以「境與具境」或「所知與能知」來形容。至於具境與能知之間是否有決定關聯，則是辯論場上的另一個話題。

相」等；在講述「心如何了知境」的時候，說到「四理」、應成對他宗的駁斥、成立語的「因」等論述，並且附帶解說修心次第；在講說「認識境的補特伽羅」時，將說明如何分辨內外宗義者的差別。

本品將闡述「所知──境──的論述」。

一般而言，安立事物的「有」或「無」，要看該事物是否能被「正量識」所成立；若能成立則是「有」，若不成立則是「無」。例如：瓶子可被正量所成立，因此瓶子是有的；兔子的角不被正量所成立，因此是無的。如吉祥法稱的《釋量論》云：

「其諸可得有，有可得非餘。」[2]

如論所說，正量所緣是「有」的定義。

有、基成、境、所知、所量、法，皆為同義。正量成立，

2　德格版，論，量，ཤེ 卷，利他品，第 264 句偈頌文，149 背頁；對勘本版，書號 97，598 頁。有時候，在量學典集裡，也會將具足能力引發作用者，作為「有」的定義，如《釋量論》第二卷所說的「如滅果及有」，也就是以「有」作為「聲具有滅性」的因。同樣地，在《淨正理論》也說到：「有之定義謂具足能力引發作用者」。但要知道，彼時的「有」，指的是自相境的有。
譯者註：因《釋量論》的偈頌文編號各有不同，在此主要依據西藏原文，而《佛法科學總集》英譯版的偈頌文編號則是以下述文獻為主。該文獻為 Jinpa, Thupten., ed. 2016. Seven Pramāṇa Works of Dharmakīrti. *Dpal chos kyi grags pa'i tshad ma sde bdun*. Delhi: Institute of Tibetan Classics.

是「基成」的定義；心之所知，是「境」的定義；可爲心之境，是「所知」的定義；量所通達，是「所量」的定義；持自體性，是「法」的定義。

在佛教典籍中，關於所知──境──的分類，依據性質、特徵、目的、類別等，有各種分類類別，例如：十二處、十八界等。以下會加以說明。

所知可歸爲兩大類別：一、由因緣所造、有變化行爲者；二、不由因緣所造、沒有變化行爲者。前者稱爲「無常」或「行」，後者稱爲「常」或「非行」。

第一大類，由因緣所造、有變化行爲者：因爲能產生自果，屬於「事物」；因爲是從自己的因緣所生，又稱「所作性」；因爲是由因緣聚合碰觸而形成，故稱爲「行」；因爲具有刹那壞滅的性質，且會變化的緣故，故稱「無常」。因此，事物、所作性、行、無常爲同義詞。

具足能力引發作用者，是「事物」的定義；生，是「所作性」的定義；是生、滅、住其中一者，是「行」的定義；刹那者，是「無常」的定義。

行、無常之法，又可分爲三類：一、可被眼睛所見或被雙手所觸碰者，爲具有可被觸碰性質之各種色法；二、非色法，但是爲內在「唯領納」的性質所形成之識；三、非色也非識，但是由色或識施設而存在者，屬於「不相應行法」，例如：時

間；這是古代佛教學者共同所說的教義。

第二大類，非由因緣所成，或無有變化行為者：因為無法產生自果，而歸類為「非事物」；由於非由自己的因緣所生，而說為「無作性」；因為並非是生、滅、住其中一者，因此屬於「非行」；因為並非每一剎那轉變，所以用「常」這個詞語來形容。因此，非事物、無作性、非行、常為同義詞。

不具足能力引發作用者，是「非事物」的定義；非生，是「無作性」的定義；非生、滅、住其中一者，是「非行」的定義；法與非剎那的同屬，是「常」的定義。

常又可分為兩種：一、永恆之常；二、偶時之常。例如：「無為虛空」是永遠存在的，屬於永恆之常；瓶子裡面的虛空則是瓶子在的時候才存在，當瓶子不在的時候，瓶子裡面的虛空也不存在，因此屬於偶時之常。

甲二、色法的性質

粗分色法的性質，應該被安立為「有礙」性。在佛教一般的眾多教典中，顯示色法的性質或其不共性相的時候，會說「堪成色法」，例如阿闍黎月稱所著的《入中論》裡，說到了

「色相堪成色」[3]。什麼叫作堪成色法呢？阿闍黎世親所著作的《阿毘達磨俱舍論自釋》[4] 說：

> 「由變壞故，名色取蘊。」[5]

如何變壞呢？例如：在一片全新的花瓣上，因爲用手觸碰的緣故，花瓣被手觸碰的部分將會變黑、變舊。所謂變壞的意思，其實是物體的性質改變了。《阿毘達磨俱舍論自釋》提及：

> 「誰能變壞？謂手觸故，即便變壞。」[6]

以上說明：色法互相觸碰而產生不同的變化，是此處所稱的「變壞」。

如是，在《阿毘達磨俱舍論自釋》裡，將「堪成色法」解

3　德格版，論，中觀，ས།卷，第六品，第 202 句偈頌文，214 正頁；對勘本版，書號 60，541 頁。譯者補充：此句翻譯，藏譯的《入中論》與法尊法師漢譯的《入中論》稍有不同，法尊法師翻爲：「色相謂變礙」。

4　譯者註：由玄奘漢譯的《阿毘達磨俱舍論》及《阿毘達磨俱舍論自釋》都稱爲《阿毘達磨俱舍論》，但在藏譯版本有做區分：以偈頌文方式呈現的都屬《阿毘達磨俱舍論》；以白話文方式呈現的屬《阿毘達磨俱舍論自釋》。

5　德格版，論，阿毘達磨，ཀུ།卷，第一品，32 背頁；對勘本版，書號 79，79 頁。漢譯來源：《阿毘達磨俱舍論》（T.29.1558.3b.24）。

6　德格版，論，阿毘達磨，ཀུ།卷，第一品，32 背頁；對勘本版，書號 79，79 頁。漢譯來源：《阿毘達磨俱舍論》（T.29.1558.3b.24）。

讀爲「能被其他色法所變壞者」。在斷他宗、反他駁的時候，列出了三項疑惑，並做解答。

第一，如果「具有可變壞性」是堪成色法的特性，微塵等將不應成爲色法，因爲無法被其他色法所變壞故。針對這項疑惑的答覆是：單一的微塵雖然不被變壞，可是與其他微塵和合的時候，將可被變壞。

第二，過去的色法及未來的色法二者，應不成爲色法，因爲不被其他色法所變壞故。針對此一疑惑的答覆是：過去及未來的色法二者，是已過的色法以及將有的色法（也曾經被變壞或是將會被變壞），並且與現在的色法類似，故仍可被安立爲色法。例如：可被燃燒的森林之木，在未燒的時候也可名爲柴薪。

第三，無表色應不成爲色法，因爲無表色並不會被其他色法所變壞故。其答覆爲：因爲「無表色」之所依爲「有表色」的緣故，故可被安立爲色法。例如，樹動搖的時候，樹影跟著動搖般。如《阿毘達磨俱舍論自釋》云：

「若爾極微應不名色，無變礙故，此難不然，無一極微各處而住，眾微聚集，變礙義成。過去未來應不名色？此亦曾當有變礙故，及彼類故，如所燒薪。諸無表色應不名色？有釋表色有變礙故，無表隨彼亦受色名，譬如

樹動，影亦隨動。」[7]

又，聖者無著在《大乘阿毘達磨集論》裡安立色法的性質時，說到色法具有「變現相」[8]的性質。其內部又依形成的方式，分爲兩類：一、由觸礙的緣故，所形成的色法；二、以意識示現如此如此，由作意構畫的緣故，所形成的色法；共有此兩種類別。如《大乘阿毘達磨集論》云：

「色蘊何相？變現相是色相。此有二種：一、觸對變壞。二、方所示現。云何名為觸對變壞？謂由手足、塊、石、刀、杖、寒、熱、飢渴、蚊、虻、蛇蠍，所觸對時，即便變壞。」[9]

「云何名為方所示現？謂由方所可相，示現如此如此色，如是如是色；或由定心，或由不定，尋思相應，種種構畫。」[10]

7　德格版，論，阿毘達磨，ཐུ卷，第一品，32背頁；對勘本版，書號79，79頁。漢譯來源：《阿毘達磨俱舍論》（T.29.1558.3c.2）。

8　譯者註：玄奘大師的翻譯與藏譯稍有不同。玄奘大師的漢譯雖為「變現相」，但藏文直譯卻為「具有色法」。因為在此引用玄奘大師所譯集論，且漢藏二譯又無內義差距，故以玄奘大師的漢譯為主。

9　德格版，論，唯識，རི卷，第一品，45正頁；對勘本版，書號76，118頁。漢譯來源：《大乘阿毘達磨集論》（T.31.1605.663a.27）。

10　德格版，論，唯識，རི卷，第一品，45正頁；對勘本版，書號76，118頁。漢譯來源：《大乘阿毘達磨集論》（T.31.1605.663b.1）。

論中所說的「定心」，是如同不淨觀三摩地等的定心；所說的「不定心」，是示現如此如此的「俱無謬所耽境」之意念分別心，也就是流向外境的分別心。在解釋上述引用的《大乘阿毘達磨集論》時，阿闍黎佛子稱友（གགས་པའི་བཤེས་གཉེན།，約西元八世紀）所著作的《大乘阿毘達磨集論釋》說：

> 「云何名『由方所可相』？謂心之所現。『示現如此如此』謂白骨等與實物相似之影像。『如是如是』謂各別色形。『搆畫』謂如是作意。」[11]

如上所述，阿毘達磨教典中，阿闍黎世親與無著兩兄弟關於色法的定義，雖有「堪成色法」與「變現相」之些微差異，但一般將色法內部分為「根識之境的色法」與「唯獨意識之境的色法」兩類，則是共同的主張。

「根識之境的色法」是色處、聲處等「具觸礙」的色法五境。「唯獨意識之境的色法」又可分為「具礙」與「無礙」兩種，前者如內在的色法，如眼根等五根，後者為「法處所攝色」。以下會分別加以說明。

在佛教典籍中，一般對色法做論述時，「色」與「色處」二者之間必須加以區分。所謂的「色」，是普遍用於一切色法

---

11 德格版，論，唯識，ཅི卷，集論釋，2 背頁；對勘本版，書號 76，959 頁。漢譯大藏經內並無此譯。

的總名；「色處」是屬於色法內部的、由眼識所執取的形色之法；二者之差別要加以區分，如聲、香、味、觸等屬色法，並非色處。

此外，阿闍黎無著《大乘阿毘達磨集論》所說的「堪成色法為色之性相的色」與「具觸礙之色法」二者也要區分。

在《大乘阿毘達磨集論》裡面說到，「依由觸而形成了色」，這種色法屬於具觸礙的色法；論中也說到「方所示現的色法」，這種色法裡面的「法處所攝色」，則不一定是具觸礙之色法；雖然這些是色法，但不一定屬於具觸礙之色法。

教典中還有關於色的三自相和三共相之論述。阿闍黎無著的《攝決擇分》云：

「諸色自相復有三種：一、清淨色；二、清淨所取色；三、意所取色。謂四大種所造、五識所依、五清淨色眼等處攝，名清淨色。色等五境同分，清淨色之境界，名清淨所取色。若與識俱諸清淨色與識同境，故名同分。若離於識諸清淨色前後自類相續而轉，名彼同分色。三摩地所行影像等色，名意所取色。諸色共相亦有三種：謂一切色若據方處各別安立，若可宣說方處差別，名初共相。又一切色若清淨，若清淨所取增減相，當知是名第二共相。又即此一切色若觸所觸即便變壞，或以手足塊刀杖等，或由寒熱飢渴虻蚊風日蛇蠍諸觸所觸即便變

壞，當知是名第三共相。」[12]

關於色的性質，論中說到諸色有三種自相：一、清淨色，為眼耳鼻舌身等五根；二、清淨所取色，為色聲香味觸等五境；三、意所取色，唯由意識所現之境，或是三摩地所行之影像。

關於共相，是因為這些性質係許多色法的共同點，故稱。論中「據方處各別安立」，是指許多色法佔據其所在處後而存在；所謂「增減相」，是指色法等具有增減的性質；論中又說「所觸即便變壞」，是指許多色法具有內外所觸之法的特徵。

一般教典詮釋色法分類時，會以五根識之境的外色法和五根本身的內色法，區分為兩大類。本書依據《大乘阿毘達磨集論》所說，將色法分為四類：一、色聲香味觸等外色法──五境；二、眼耳鼻舌身等內色法──五根；三、法處所攝色；四、這些色法的因緣──大種。以下分段落討論該四種類別的色法。

甲三、色等五境

色等五境，乃由五根識──眼識、耳識、鼻識、舌識、

---

12 德格版，論，唯識，¶卷，二十二卷，203 正頁；對勘本版，書號 74，491頁。漢譯來源：《瑜伽師地論》第六十五卷（T.30.1579.660c.5）。

身識——之境所安立，依序稱爲色處、聲處、香處、味處及觸處。《大乘阿毗達磨集論》云：

> 「何等爲色？謂四大種所造眼根所行義。」又說：「何等爲聲？謂四大種所造耳根所取義。」又說：「何等爲香？謂四大種所造鼻根所取義。」又說：「何等爲味？謂四大種所造舌根所取義。」又說：「何等所觸一分？謂四大種所造身根所取義。」[13]

所謂「眼根所行義」，是指如鏡子反射臉孔的影像般，當色法的影像反射到眼根後，眼識立即執取該色法的影像，因此稱爲眼根所行義。

乙一、色處

眼識的所取稱爲色處。色處可分爲顏色及形狀兩者，例如：青、黃等顏色，以及長、短、方等形狀。就一間房子而言，房子的顏色如白色、黃色等，以及房子的大小、高低等形狀，都稱爲色處。

首先解釋顏色。顏色可分爲兩種：根本顏色與支分顏色。

「堪成根本顏色」爲根本顏色的定義。根本顏色有青、

---

13 德格版，論，唯識，ᡵ卷，第一品，46背頁；對勘本版，書號76，121頁。漢譯來源：《大乘阿毗達磨集論》（T.31.1605.663b.29）。

黃、白、紅四種。四者之所以被稱為根本顏色，是因為由這四種顏色互相結合，會形成各種支分顏色的緣故，例如：青、黃顏色混合的時候，偏向青色而產生了綠色。所謂「根本」，是指其為支分顏色的「根本」或為其「因」。另有一種解釋是，這四者與果色法的根本──四大種──的顏色相同的緣故，故稱根本顏色。

「堪成支分顏色」為支分顏色的定義；支分顏色可分八種：明、暗、雲、煙、塵、影、霧、日光，主要係由根本顏色的顏色強弱的不同，混合而形成的支分顏色，故稱支分。

所謂支分是指次要的意思，如阿闍黎滿增（ སློབ་དཔོན་གང་སྐྱེས།, 約西元八世紀）所造《俱舍滿增注》（ མཛོད་ཀྱི་འགྲེལ་བཤད་མཚན་ཉིད་རྗེས་འབྲང་།）：

「四種根本顏色，及其偏重與偏次要的支分顏色，如雲色等八。」[14]

支分顏色不必然是以上八者之一。阿毘達磨教典之所以列出這八種，是為了斷除邪執。原因是：雲、煙、塵、霧四者如同幻化的牛馬般，遠看時彷彿像一堵牆壁，近看時卻看不出，因此會被認為皆不存在。而明、暗、影、日光四者會被認為只

---

14 德格版，論，阿毘達磨，ཅུ 卷，第一品，27背頁；對勘本版，書號 81，66頁。漢譯大藏經內並無此譯。

有在本身出現的地方才存在，除此之外不可能存在。教典中列
出這八種，就是爲了斷除以上邪執而說。

阿闍黎佛子稱友《阿毘達磨俱舍論釋──明義論》（མངོན་གྱི་
འགྲེལ་བཤད་དོན་གསལ།）云：

> 「若如是問：雲等僅屬青等四主色之支分，爲何不言綠
> 色等？故雲等亦不應言，作如是問。今回此問，可言，
> 雲等皆爲青等分支，又似幻化之色，而作另說。遠時見
> 似牆，近時卻不見故，有作是想，此定未有；有作是
> 想，有乎謬乎起二心疑。彼等所說皆不應理，爲斷倒想
> 及疑惑而說雲等，故說有色處性質。」[15]

「堪成形狀」爲形狀的定義。形狀可分八：長形、短形、
方形、圓形、高色、下色、正色、不正色。四四方方爲方形；
如同球形般爲圓形；正色指表面平坦、不凹不凸；不正色謂表
面不平整、凹凸不平。如《阿毘達磨俱舍論自釋》：

> 「齊平生中正色；參差生中不正色。」[16]

---

15 德格版，論，阿毘達磨，ཉ卷，第一品，21背頁；對勘本版，書號 80，51
　　頁。漢譯大藏經內並無此譯。

16 德格版，論，阿毘達磨，ཉ卷，第一品，30正頁；對勘本版，書號 79，74頁。
　　雖然未找到此句的漢譯，但與此類似的論文出現在《俱舍論記》第十三卷
　　（T.41.1821.203c.18）：「齊平生中假立正色；參差生中假立不正色。」

色處的分類，有說共有二十種，如《阿毘達磨俱舍論自釋》說：

「色處復說二十：謂青、黃、赤、白、長、短、方、圓、高、下、正、不正、雲、煙、塵、霧、影、光、明、闇。」[17]

但色處並不侷限於以上二十種，其他如綠色、黑色等等，也是色處。

《大乘阿毘達磨集論》裡面說到色處可分二十五種：依色處本身的性質而分，有青、黃、白、赤四者；依顏色的描繪或如何存在的形狀，有長、短、方、圓、微塵、粗塵、正、不正、高、低十者；依利與害（པན་གནོད།）而分，有影、日、光、闇、雲、煙、塵、霧八者。在這之上，就以眼識看到彼岸色法之所需，由所依而說到了極迥色（མཐོན་པར་སྣང་ཨོད་ཀྱི་གཟུགས།）；由動機、認知之性質而說到了特殊身形的表色；以莊嚴的角度而說到了空一顯色（ནམ་མཁའ་ཁ་དོག་གཅིག་པ།）。阿闍黎滿增所造的《俱舍滿增注》云：

「應知青等二十五色皆以六類而分，性相、存在、利

---

17 德格版，論，阿毘達磨，ཀྲ卷，第一品，30 正頁；對勘本版，書號 79，74 頁。漢譯來源：《阿毘達磨俱舍論》（T.29.1558.2b.26）。

害、作依、作相，以及莊嚴。依上述次序為：四相、十相、八相、一相、一相、一相。」[18]

論中所謂的極迴色，是指眼識看到對岸色法的時候，必定存在的遠離觸礙的隔間清澈影像。所謂的空一顯色，是從遠處一直到眼識之間，僅有的如同天空般的蔚藍顏色。所謂的表色，是指由內在動機而形成的身形外相，例如因欣喜的緣故，而形成的臉部歡笑表情。如《俱舍滿增注》：

「極迴色謂遮遣非此之離觸方；虛空謂於境上見青。」[19]

阿闍黎無著在《本地分》裡面將色處分為根本三種，廣泛分類則有三十二種：

「何為眼識所緣？謂具礙所示色法，其相繁多，略為顏色、形狀、表色。何為顏色？青、黃、赤、白、影、日、光、闇、雲、煙、塵、霧、空一顯色。何為形狀？長、短、方、圓、微塵、粗塵、正、不正、高、低。何為表色？取、置、屈、伸、立、坐、臥、行、倒

---

18 德格版，論，唯識，ཥི 卷，第一品，3 背頁；對勘本版，書號 76，961頁。漢譯大藏經內並無此譯。

19 德格版，論，唯識，ཥི 卷，第一品，3 背頁；對勘本版，書號 76，961頁。漢譯大藏經內並無此譯。

等。」[20]

乙二、聲處

耳識的所行境（སྤྱོད་ཡུལ།），也就是耳識的所聞，被稱爲聲處，例如：水聲、笛聲。聲又可分八種：四種執受大種爲因之聲（ཟིན་པ་འབྱུང་བ་ལས་བྱུང་བའི་སྒྲ།），以及四種無執受大種爲因之聲（མ་ཟིན་པ་འབྱུང་བ་ལས་བྱུང་བའི་སྒྲ།）。《阿毘達磨俱舍論自釋》：

「聲唯八種，謂有執受，或無執受大種為因，及有情名非有情名差別為四。此復，可意及不可意差別成八。」[21]

以上，執受大種爲因之聲可依「有情名或非有情名」與「可意聲或不可意聲」分爲四種：執受大種爲因之有情名可意聲（སེམས་ཅན་དུ་སྟོན་པ་སྙན་པའི་སྒྲ།）、執受大種爲因之有情名不可意聲（སེམས་ཅན་དུ་སྟོན་པ་མི་སྙན་པའི་སྒྲ།）、執受大種爲因之非有情名可意聲

20　德格版，論，唯識，ཧི། 卷，第一品，2 背頁；對勘本版，書號 72，673 頁。漢譯來源：雖然漢譯大藏經內無有此句，但與此引文類似的內容可在《大乘阿毘達磨集論》的第一卷找到。可參考（T.31.1605. 663c.1）：「謂青黃赤白長短方圓。麤細高下正不正。光影明闇雲煙塵霧。迥色表色空一顯色。此復三種。謂妙不妙俱相違色。」

21　德格版，論，阿毘達磨，ཀུ། 卷，第一品，30 正頁；對勘本版，書號 79，75 頁。漢譯來源：（T.29.1558.2c.11）。

（སེམས་ཅན་དུ་མི་སྟོན་པ་སྙན་པའི་སྒྲ།）、執受大種爲因之非有情名不可意聲
（སེམས་ཅན་དུ་མི་སྟོན་པ་མི་སྙན་པའི་སྒྲ།），其事例分別爲：某人唱出好聽的
歌聲、某人說出的粗言惡語、杜鵑鳥的啼聲、磨拳擦掌的聲音
等。

無執受大種爲因之聲依「有情名或非有情名」與「可意
聲或不可意聲」也分爲四種：無執受大種爲因之有情名可意
聲（སེམས་ཅན་དུ་སྟོན་པ་སྙན་པའི་སྒྲ།）、無執受大種爲因之有情名不可意聲
（སེམས་ཅན་དུ་སྟོན་པ་མི་སྙན་པའི་སྒྲ།）、無執受大種爲因之非有情名可意聲
（སེམས་ཅན་དུ་མི་སྟོན་པ་སྙན་པའི་སྒྲ།）、無執受大種爲因之非有情名不可意
聲（སེམས་ཅན་དུ་མི་སྟོན་པ་མི་སྙན་པའི་སྒྲ།），其事例依序爲：好聽的廣播聲、
廣播中的粗言惡語、琵琶聲、山崩地裂之聲等。

《阿毘達磨俱舍論自釋》：

> 「執受大種為因聲者，謂言、手等所發音聲。無執受大
> 種為因聲者，謂風、林。河等所發音聲。有情名聲，謂
> 語表業，餘聲則是非有情名。」[22]

「有情名」與「非有情名」差別在於是否顯示出內容；而

---

22 德格版，論，阿毘達磨，ཁུ卷，第一品，30正頁；對勘本版，書號79，75
頁。藏譯與漢譯稍有不同。漢譯原文：（T.29.1558.2c.13）：「執受大種為因聲
者，謂言手等所發音聲。風林河等所發音聲，名無執受大種為因。有情名聲，
謂語表業，餘聲則是非有情名。」

是否「執受」意指是否被具色根者所執受。所謂「被具色根者所執受」，是指該音聲內容傷害或利益到某法的緣故，使得具色根者也隨之受害或得利。

身上長出的頭髮指甲等並非執受。如《阿毘達磨俱舍論自釋》：

> 「名無執受，如在身內除與根合，髮毛爪齒大小便利洟唾血等……有執受者，此言何義？受益及傷害相互順應故。」[23]

《大乘阿毘達磨集論》將聲分爲十一種：由利害分可意等三，由因分執受大種爲因等三，由說分世所極成等三，由名分聖言所攝及非聖言所攝等二。如《大乘阿毘達磨集論》云：

> 「何等爲聲？謂四大種所造耳根所取義。或可意或不可意，或俱相違，或執受大種爲因，或不執受大種爲因，或俱大種爲因，或世所極成，或成所引，或遍計所起，或聖言所攝，或非聖言所攝。」[24]

23　德格版，論，阿毘達磨，ཆུ卷，第一品，43 正頁；對勘本版，書號 79，105 頁。藏譯與漢譯稍有不同。漢譯原文：(T.29.1558.8b.21)：「名無執受，如在身內除與根合，髮毛爪齒大小便利洟唾血等……有執受者，此言何義？心心所法共所執持攝爲依處名有執受。」

24　德格版，論，唯識，རི卷，第一品，46 背頁；對勘本版，書號 76，121 頁。漢譯來源：(T.31.1605.663c.4)。

此中「俱執受及不執受大種爲因所生聲」之事例如：以手敲鼓之聲；「世所極成之名言」如：世間說柱、瓶之聲；「成所引之名言」如：諸行無常之宗義教言；「遍計所起之名言」如：「聲屬常」或「無有前後世」等增計或減損之言；「聖言所攝之名言」謂已見言見、已聞言聞、已覺言覺、已知言知等八聖言；「非聖言所攝之名言」謂未見言見、未聞言聞、未覺言覺、未知言知等八非聖言。

關於八聖言與八非聖言，見《阿毘達磨俱舍論自釋》：

> **「言說有十六種：不見說見，乃至不知說知；見說不見，乃至知說不知，此八非聖言說。不見說不見，乃至不知說不知；已見說見，乃至已知說知，此八是聖言說。此中，見、聞、覺、知相云何？偈曰，眼識、耳識、意識、餘三識之感受，次第名為：見、聞、知、覺。釋曰，若眼識所證為見。耳識所證為聞。意識所證為知。鼻、舌、身識所證為覺。」**[25]

---

25 德格版，論，阿毘達磨，ཀུ卷，第四品，205 正頁；對勘本版，書號 79，504 頁。藏譯與漢譯稍有不同。真諦譯《阿毘達磨俱舍釋》（T.29.1559.242c.11）：「言說有十六種：不見說見，乃至不知說知；見說不見，乃至知說不知，此八非聖言說。不見說不見，乃至不知說不知；已見說見，乃至已知說知，此八是聖言說。此中，見、聞、覺、知相云何？偈曰，眼、耳及意識所證并餘三，此名見、聞、知，次第或說覺。釋曰，若眼識所證為見。耳識所證為聞。意識所證為知。鼻舌身識所證為覺。」

丙一、附帶解說能詮聲之論述

能詮聲的定義是「以表述詮釋其內容之所聞」，也就是以一具有個別特性的聲音去詮釋其內容，例如言「瓶子」的能詮聲。能詮聲可依性質、所詮、詮法、否定加以分類。能詮聲依性質可分為名、句、文三者，即：僅顯示其性質的「名」、顯示其特徵的「句」、沒有任何顯示之聲的「文」。例如，言「房子」是名；言「白色房子」是句；言「A」是文。阿闍黎功德光（Guṇaprabha ཡོན་ཏན་འོད།）的《大乘廣五蘊論釋》（ཕུང་པོ་ལྔའི་རྣམ་པར་འགྲེལ་པ་ལས།）：

> 「何謂名聚？與諸法性質同義，如言『眼』等。何謂句聚？與諸法特徵同義，如言『啊！諸行無常』等，令意欲所詮之義圓滿，與令知『作用、功德、時間相屬之特徵』同義──『瓶乃所作性』之言，可知作用相屬。言『黑、白、藍施天』，則與功德相屬。『施天正在煮食、將要煮食、已煮食』之言，可知與時間相屬──如是形容事物性質，謂『句』。何謂文聚？文令使諸法性質及特徵兩者明顯；明顯與形容同義。」[26]

由以上知「僅顯示其性質」是「名」的定義。名分為「真

---

26 德格版，論，唯識，ཤི卷，24 正頁；對勘本版，書號 77，725 頁。漢譯來源：漢譯大藏經中無有此譯。

名」及「假名」兩者，或「原始隨意名」及「後者成立名」兩者。眞名、主要名、原始隨意名同義；假名、次要名、後者成立名同義。

　　無論有無目的與理由，對某事物原本所取的名字，是爲眞名，如熱炙性爲火；其後以「與眞名所取內容相似或相屬」爲理由所取的名字，是爲假名。

　　假名可分爲「以相屬的理由而形成的假名」與「以相似理由而形成的假名」兩種；前者又可分爲「以生起相屬的理由」與「以同性相屬的理由」二者。以生起相屬的理由而成立的假名，如：將太陽的光芒取名爲太陽；以同性相屬的理由而成立的假名爲將支分取名和合體，如：墊子的一角被燒的時候，會說「墊子被燒了！」以相似的理由成立的假名，如：大嘴凹鼻者稱爲獅子。

　　《釋量論》：

> 「覺無誤轉者，常時爲眞名，於婆羅門子，增益名獅子，世有如是說。無義由眾生，何共稱立聲？彼是彼眞名，彼理相同故。錯亂分別者，餘是俗假名。」[27]

　　對萬獸之王獅子來說，名爲「獅子」，一直都是眞名；但

27　德格版，論，量，ཚད卷，第三品，第36-37句偈頌文，119背頁；對勘本版，書號97，529頁。

是對於婆羅門孩子來說，獅子卻是假名；世間有這種說法。如同外道勝論派等的說法般，雖然沒有表述內容的別異共相[28]，然此原本所取的名字是其義的眞名；而以與眞名相似的理由，用謬觀分別心於爾後所成立的名字，是其義的次要名。

「句」的定義是「結合其性質與特徵而顯示之聲」，例如：言「妙哉！有爲皆無常」之聲。「文」的定義是「構成名句兩者基礎之語調」，可分「字母」及「原音」二者。以上所說名、句、文的定義屬於名句文的狹義，與一般對於名等的定義不同。在此「文」的性質爲「語調」，眞正的「文」並非一般所說書寫文字的形色。

接下來討論有關聲處的一個疑點：聲音有沒有同種續流[29]（རིགས་འདྲའི་རྒྱུན།）。

佛教教典裡面，曾說到聲音沒有同種續流。一般來說，有爲法的第一個質體續流是無法被安立的，這個觀點以下會做說

28 譯者註：外道勝論派主張以獅子的「共相」取名黃獅及白獅，依此共相取名同類獅子等故，此文說道：「表述內容的共相」。此派論師又說，此共相與表述內容性質別異，故言「表述內容的別異共相」。雖然這種共相不被自宗佛家所認同，但在「可由原本所取及相似所取的兩種方式取為真名」的觀點上，佛家與勝論派持有相同的立場。

29 譯者註：通常質體續流如泥巴和瓶子；同種續流（又稱「種類續流」）如瓶子的第一刹那及瓶子的第二刹那。從下段解釋中，也可以看到編輯者格西們對同種續流的解讀。

明。聲音也有質體續流，與其他色法並無不同。因此，聲音一定具有刹那支分的有為法，所以必須具有續流。設若聲音沒有續流，則聲音只能顯現在單一邊際的刹那時間，如此一來，耳識就無法現證聲音了。

然而，許多教典裡說到聲音沒有同種續流，例如《大乘阿毗達磨集論釋》云：

> 「聲續間斷故，聲續非從他境輾轉而生、到達他處，但卻在自處頃時存在。」[30]

同樣地，《阿毗達磨俱舍論》云：

> 「謂唯外四界，能斫及所斫，亦所燒能稱，能燒所稱諍。」[31]

有關此義，《阿毗達磨俱舍論自釋》解釋為：

> 「如能斫所斫體唯外四界，所燒能稱其體亦爾，謂唯外四界名所燒能稱。身等色根亦非二事，以淨妙故如珠寶

30　德格版，論，唯識，ཤི卷，第二品，12背頁；對勘本版，書號76，983頁。漢譯來源：漢譯大藏經中無有此譯。

31　德格版，論，阿毗達磨，ཀུ卷，第一品，第36句偈頌文，3正頁；對勘本版，書號79，6頁。漢譯來源：（T.29.1558.9a.3）。

光。聲界總非,不相續故。」[32]

觀察教典中說聲音無有同種續流的理由,大約可以這樣解讀:其他色處等是經由與本身同類的細微微塵的結合,形成了粗糙的和合體,因此色處等前一剎那的性質會轉變為後一剎那的性質,依此安立「同種續流」,其主要關鍵在於色處等是由細微的微塵累積後,逐漸擴大成為粗糙的和合體。

然而,聲處固然需要同種構成微塵的累積,但累積並不會使聲音擴大或變大;聲音的大小是由聲音所依的風量決定的。是不是因為這個原因,而否定「聲音本體無法擴大」的說法呢?這一點還須觀察。

總之,聲音如同大海的海浪,具有波浪的性質。一般的看法,海浪好像是由前浪的性質轉為後浪的性質,但實際上,海浪是藉由前浪的力量,產生了新的後浪,於是一浪推一浪,拍上了岸邊。

同樣地,當敲鑼形成聲量極大的鑼聲時,第一個鑼聲的聲量大小可以決定鑼聲能持續多久;後一剎那的鑼聲,則是由前前剎那的力量,經由風的振動之力而生。此可藉由上述海浪的比喻,經推理而了解,但仍須觀察。

---

32 德格版,論,阿毘達磨,句卷,第一品,第 4 句偈頌文,44 正頁;對勘本版,書號 79,108 頁。漢譯來源:(T.29.1558.9a.10)。

乙三、香處

鼻識所嗅，稱為香處，例如：旃檀及紅花等香。

《阿毘達磨俱舍論自釋》將香分為好香與惡香兩類，二者各分為等香與不等香兩類，所以一共有四種，如云：

「香有四種：好香、惡香、等、不等香，有差別故。」[33]

「等香」指味道微弱的香，包括好香與惡香；「不等香」是味道強烈的好香或惡香。

《大乘阿毘達磨集論》將香分為六種，論云：

「謂好香、惡香、平等香、俱生香、和合香、變異香。」[34]

後三者的事例如《大乘阿毘達磨集論釋》：

「俱生香謂檀香等；和合香謂各物和合所成之香，如熏香等；變異香謂果熟等香。」[35]

---

33 德格版，論，阿毘達磨，ཀུ卷，第一品，30背頁；對勘本版，書號79，75頁。漢譯來源：《阿毘達磨俱舍論自釋》（T.29.1558.2c.20）。

34 德格版，論，唯識，རི卷，第一品，46背頁；對勘本版，書號76，122頁。漢譯來源：《大乘阿毘達磨集論》（T.31.1605.663c.9）。

35 德格版，論，唯識，ལི卷，第一品，4正頁；對勘本版，書號76，962頁。漢譯大藏經內並無此譯。

此外，阿闍黎地親（ སློབ་དཔོན་སའི་རྩ་ལག ）所著《五蘊釋》（ ཕུང་པོ་
ལྔའི་བཤད་པ ）云：

> 「可分三者。好香謂助益根及四大，如麝香、檀香、紅
> 花等香。惡香謂害及根及四大，如嘔吐等香。除外，非
> 助益亦非損害五根及四大，非好亦非惡，如螺碗及貝殼
> 等香。好香又三：俱生香、和合香、熟香。檀香及紅花
> 等香屬俱生，熏丸等屬和合，熟柿等香屬熟。好香亦可
> 為俱生、和合、熟香任何一者。」[36]

以上是另外一種分類法，依據各該香對於五根及四大有幫
助、有害處、既無幫助也無害處，將香分為好香、惡香、既非
好也非惡之香三類。

乙四、味處

舌識的所行境，也就是舌識的受境，是味處的定義，例
如：甘蔗之味。

味可分六種，如：《阿毗達磨俱舍論自釋》：

> 「味有六種：甘、醋、鹹、辛、苦、澀別故。」[37]。

---

36 德格版，論，唯識， ཤི 卷，39 背頁；對勘本版，書號 77，769 頁。漢譯大藏
經內並無此譯。

37 德格版，論，阿毗達磨， གུ 卷，第一品，30 背頁；對勘本版，書號 79，75
頁。漢譯原文：（T.29.158.2c.19）：「味有六種：甘、醋、鹹、辛、苦、淡別
故。」

六味的事例，如《五蘊釋》云：

「甘如糖、蔗、蜜等；醋如酸及酸汁等；鹹如鹽等五
味；苦如膽及蒂丁[38]；辛如蓽拔、花椒、姜等。澀如藏
青果、毛訶子等。」[39]

《阿毘達磨俱舍論釋——明義論》云：

「味之根本有六類，故稱味有六相。六味相互接觸亦可
成為其它繁多味相。」[40]

六味兩兩接觸，使六味又各分為六種，如甘甘、甘醋等，
共三十六味。三十六味的每一味，又可各分為三種：對舌識有
益之味、消化前對身體無害之味、消化後對身心有益之味，共
有一百零八種味。

《大乘阿毘達摩集論》裡面說到十二種味，如云：

「謂苦、酢、甘、辛、鹹、澀，或可意，或不可意，或

38　譯者註：蒂丁是梵文，謂苦味。可參考1985年出版的藏漢大辭典，1026
頁。

39　德格版，論，唯識，𖥔卷，40正頁；對勘本版，書號77，770頁。漢譯大藏
經內並無此譯。

40　德格版，論，阿毘達磨，𖥔卷，第一品，23正頁；對勘本版，書號80，55
頁。漢譯大藏經內並無此譯。

俱相違，或俱生，或和合，或變異。」[41]

十二味之中，依性質區分有苦、酢、甘、辛、鹹、澀六者；依利害區分有可意、不可意、俱相違三者；依所依區分，有俱生、和合、變異三者。後三者的事例為：俱生味如青藏果之味，和合味如麵條之味，變異味如柿子成熟之味。

此外，聖地天竺的醫明教典裡說到六味各自的形成之理及其作用。阿闍黎月喜（ཟླ་བ་ལ་དགའ་བ།）《伺醫八支心要註釋——月光論》（སྨན་དཔྱད་ཡན་ལག་བརྒྱད་པའི་སྙིང་པོའི་རྣམ་འགྲེལ་ཟླ་ཟེར།）云：

「由增上地水大種生起甘味；由增上火地大種生起酸味；由增上水火大種生起鹹味；由增上空風大種生起苦味；由增上火風大種生起辛味；由增上地風大種生起澀味。此等皆由兩大結合所生，『增上』——謂諸味皆屬大種所造。」[42]

此論說到六味的形成之理。

有關六味之作用，《伺醫八支心要註釋——月光論》云：

---

41 德格版，論，唯識，ཤི卷，第一品，46背頁；對勘本版，書號76，122頁。漢譯原文：（T.31.1605.663c.11）：「謂苦、酢、甘、辛、鹹、淡，或可意，或不可意，或俱相違，或俱生，或和合，或變異。」

42 德格版，論，醫明，ཀོ卷，第十品，132正頁；對勘本版，書號113，316頁。漢譯大藏經內並無此譯。

「甘味去風疾、膽疾，卻生液疾；酸味去風疾，卻生液疾及膽疾；鹹味去風疾，卻生液疾及膽疾；辛味去液疾，卻生風疾及膽疾；苦澀二味去膽疾及液疾，卻生風疾。」[43]

乙五、觸處

身識所行境，或是身識之觸，稱為觸處，例如：四大。

阿闍黎安慧（Sthiramati ཙློ་གྲོས་བརྟན་པ།, 475-555）所著《大乘廣五蘊論》云：

「觸處二相：諸大種及其所造色。」[44]

論中說到觸主要分為「因觸大種」及「果觸大種所造」兩類。前者將於後文細說。所謂大種所造是指：由大種所形成，或是所生。

某些《集論》的註釋中，將大種所造分為三類：大種為因的大種所造、名言際大種為因的大種所造、依所緣大種而顯現的大種所造。

---

43 德格版，論，醫明，ཀ卷，第一品，10背頁；對勘本版，書號113，23頁。漢譯大藏經內並無此譯。

44 德格版，論，唯識，ཤི卷，第一品，202正頁；對勘本版，書號77，540頁。藏譯與漢譯不同，漢譯原文：（T.31.1613.854c.19）：「觸處謂諸大種及一分觸。」

一、大種爲因的大種所造，是以四大爲因所生的色法，例如：瓶、柱等。

二、名言際大種爲因的大種所造，如：微塵。由於色法的施設是由大種所立，施設色法方能施設微塵，微塵的施設最終由大種所立，所以稱爲名言際大種爲因的大種所造。如同法處所攝色的極迥色（མངོན་པར་སྐྲངས་ཡོད་ཀྱི་གཟུགས།）與受所引色（ཡང་དག་བླངས་པ་ལས་བྱུང་བའི་གཟུགས།）可被安立爲大種所造的道理，也是與此相同。這種大種所造與瓶等大種所造並不相同。

三、依所緣大種而顯現的大種所造，如：定所生自在色（དབང་འབྱོར་བའི་གཟུགས།）。《攝決擇分》云：

> 「法處所攝勝定果色，當知此色唯依勝定不依大種，然從緣彼種類影像三摩地發故，亦說彼大種所造，非依彼生故名爲造。」[45]

論中說明「定所生自在色」因從「緣取大種而顯現」所引發，而被名爲「大種所造」，實非依賴大種而安立的大種所造。

《阿毘達磨俱舍論自釋》列出七項大種所造之觸：

45　德格版，論，唯識，ཤི卷，第六品，53背頁；對勘本版，書號 74，125 頁。漢譯來源：（T.30.1579.599b.16）。

「滑性、澀性、重性、輕性，及冷、飢、渴。」[46]

七者的性質，如功德光所著《大乘廣五蘊論釋》：

「滑性謂光柔可壓性，以皮磨蹭亦可得知。澀性謂凹凸性，僅屬觸性亦持性。重性及輕性可以天平秤量得知。冷性謂以風集所觸，欲求暖性。飢性謂欲食性。渴性謂欲飲性。」[47]

大種所造之七觸，是依四大的個別觸性而區分，與一般「大種觸」的性質並無不同。一切觸皆可被滑、澀、非滑非澀三種所含攝。關於大種所造之七觸如何由「自因大種」所生的道理，《大乘廣五蘊論》中有所說明：

「滑性等皆由各別因而作區分：增上水火成滑性，增上地風成澀性，增上地水成重性，增上水風成輕性，此故死屍具增上重性，增上水成冷性，增上風成飢性，增上火成渴性。」[48]

---

46 德格版，論，阿毘達磨，꒫卷，第一品，30背頁；對勘本版，書號79，76頁。漢譯來源：（T.29.1558.2c.23）。

47 德格版，論，唯識，ꡆ卷，6背頁；對勘本版，書號77，682頁。漢譯大藏經中無此譯。

48 德格版，論，唯識，ꡯ卷，203正頁；對勘本版，書號77，543頁。漢譯原文內無此段落。

此外，下述二十二大種觸皆被七觸所概括。如《大乘阿毘達磨集論》中說：

「謂滑性、澀性、輕性、重性、軟性、鬆、緊、冷、飢、渴、飽、壯、弱、倒、癢、黏、病、老、死、疲、息、力。」[49]

「軟」指舒柔絲綿般的觸；「鬆」謂雖擰不固，如羊毛般的觸；軟、鬆二者，可被滑性及輕性所攝。「緊」指擰後不縮，如鐵石般的觸；「飽」指飲食飽足之後，四大均衡的觸處。「壯」謂身強體壯時的觸處。「弱」指身體衰弱時的觸處。緊、飽、壯、弱四者可被澀、重其中一者所攝。「倒」指停止粗分心及心所的運轉，如身體被擊中要害般的觸處，可被澀、滑其中一者所攝。「癢」謂損壞血液所生的心不忍，如鐵磨於鐵的聲音所發起的觸處，被澀所攝。「黏」指水地結合所生，由重所攝。「病」如難受頭疾，被澀所攝。「老觸」指身感笨重，被重所攝。「死觸」如斷肢般；「疲」指身體疲倦後，身不堪能時的觸處；死、疲二者可被澀、重其中一者所攝。「息」謂遠離疲、身堪能時的觸處，被輕所攝。「力」謂

---

49 德格版，論，唯識，ㄢ卷，第一品，47正頁；對勘本版，書號76，122頁。
漢譯原文：（T.31.1605.663c.15）：「謂滑性、澀性、輕性、重性、軟性、緩、急、冷、飢、渴、飽、力、劣、悶、癢、黏、病、老、死、疲、息、勇。」

身強力壯、容光煥發時的觸處，可被輕、重其中一者所攝。

《大乘廣五蘊論》云：

「他處雖說倒、壯、弱等別觸處，於此可被含攝，故不作另說。倒僅屬滑性，不屬他性。[50]壯屬澀、重性，不屬他性。如是由他出現之諸觸處支分，亦於此中隨宜含攝之。」[51]

下部阿毘達磨教典說：二十色處、八聲處、四香處、六味處、四大種及七大種所造等十一觸處。

上部阿毘達磨教典說：二五色處、十一聲處、六香處、十二味處、四大種及二二大種所造等二六觸處。

甲四、眼等五根

眼等五根如光一般，極爲透澈，不可分割，也無法以天平秤量的清淨內色性質。五根各依其所依之內根，各自可生「自果根識」。眼根反映出境的顏色形狀，如鏡中映像一般，並進

50　譯者註：若問，《大乘廣五蘊論》說倒僅屬滑性，但之前卻說倒有澀、滑二性，這不矛盾嗎？答覆為，《大乘廣五蘊論》是以已倒未醒的狀態而說。昏倒、醉倒、迷倒時，無有粗覺，不會心煩，故無澀性。但西藏大師們是出於快要倒、正在倒、已倒的狀態而說二性。因解讀的出發點不同，說法自然也不同。

51　德格版，論，唯識，ཅི卷，第一品，203 正頁；對勘本版，書號 77，542 頁。漢譯原文內無此段落。

而產生眼識。眼根的定義是：能生自果眼識的不共增上緣，亦是此類別中的清淨內色。其他耳根等四的定義依此類推。

《大乘阿毘達摩集論》云：

> 「何等眼根？謂四大種所造眼識所依清淨色。何等耳根？謂四大種所造耳識所依清淨色。何等鼻根？謂四大種所造鼻識所依清淨色。何等舌根？謂四大種所造舌識所依清淨色。何等身根？謂四大種所造身識所依清淨色。」[52]

阿闍黎滿增的《俱舍滿增注》云：

> 「於浩瀚眼根極微塵中，某些屬具能依者，如欲求際會，見得所持事物，此皆全具能依者。某些屬相同者，如睡時、閉眼所見。若無欲際會，隨意所見，此時有具依者，亦有相同者。」[53]

論中說到眼根可分「具依」（ཏེན་བཅས།）及「相同」（དེ་མཚུངས།）兩類，正在看色法時候的眼根爲具依，睡眠或閉眼時的眼根爲相同。其他四根依此類推。

52　德格版，論，唯識，ཤི 卷，第一品，46 正頁；對勘本版，書號 76，120 頁。漢譯來源：《大乘阿毘達摩集論》（T.31.1605.663b.24）。

53　德格版，論，阿毘達磨，ཥི 卷，第一品，95 正頁；對勘本版，書號 81，234 頁。漢譯大藏經內並無此譯。

　　有關五根性質、作用、形狀等，如阿闍黎地親所著作的
《五蘊釋》：

「眼根之境如青、黃、白、赤等。鏡、晶石、水等映出
明顯色法田地之影像般，眼根亦可明顯色法田地。與色
法際會之時，映出同色法性質之色法影像，唯此為因而
生眼識，故稱清淨內色。眼根微塵於眼珠之中，其形狀
如開放的胡麻花。

問，眼根的性質，只須說『清淨』就夠了，何須說
『色』呢？

答，若不說色只說清淨，恐怕會誤以為心所法裡面的
『信』也是眼根。心所法裡面，說『信』謂『心清淨
故』；但是心所『信』雖清淨，心所並非色性，然而眼
根則是色性，亦是清淨性。

問，只須說『色』就夠了，何須說『清淨』？

答，若不說清淨只說色，恐怕會誤以為石木等亦是眼
根；另外，也恐怕會誤以為有眼翳病以及天生盲目等亦
有眼根，因此有必要說眼根的性質清淨。石、木、眼翳
病、天生盲目等雖是色法，然無清淨，並非眼根。

又問，只須說『清淨色』就夠了，何須說『境顏色』？

答，有二目的故，不得不說境顏色。一，若只說清淨色

不說境顏色，耳根等亦為清淨色，恐怕會誤以為耳根等亦是眼根。二，鏡、晶石、水等亦是清淨色，也恐怕會誤以為這些亦是眼根。鏡、晶石、水等都是清淨色，但並非境顏色。此故，眼根的性相謂：具境顏色、屬色、亦屬清淨。其他四根的性相，亦可以相同的道理推及。

為顯示耳根性相，問，何為耳根？為顯其性相，故言境聲清淨色。耳根之境有悅意聲、不悅意聲等；此色清淨，有如鏡、晶石、水等，清淨故生耳識。耳根形狀如擰扭樺樹後形成的繩結，在耳朵內。

為顯示鼻根性相，問，何為鼻根？答，言境香清淨色。鼻根之境有好香、惡香等；此色清淨，有如鏡、晶石、水等，清淨故生鼻識。鼻根形狀如塗上眼藥的鐵湯匙，覆蓋鼻部。

為顯示舌根性相，問，何為舌根？答，言境味清淨色。舌根之境有甘味、酸味等；此色清淨，有如鏡、晶石、水等，清淨故生舌識。舌根形狀如半形月亮，覆蓋舌頭。舌頭中央上，約髮根大小般的地方不被舌根遍佈，若被舌根遍佈，將會長期遺漏腦水，由此要義，造成反胃。

為顯示身根性相，問，何為身根？答，言境觸清淨色。身根之境有滑性、澀性等觸；此色清淨，有如鏡、晶石、水等，清淨故生身識。身根形狀如表皮，遍佈身

體。」[54]

此教典說，五根的形狀依次爲：胡麻花（眼根）、擰扭樺樹後形成的繩結（耳根）、眼藥匙（鼻根）、牛形月（舌根）、表皮（身根）。

甲五、法處所攝色

如上所述，色法可分爲：一、根識境的色法；二、僅屬於意識境的色法；法處所攝色屬於後者。以一個由微塵所組合的粗糙聚合物體爲例，當該粗糙聚合物體的別別支分被個別解析到極微塵時，由於過於微細，並非根識所能見，但仍屬於色法，像這樣的色法，並不是色等五境，也不是眼等五根，便安立爲「法處所攝色」。

法處所攝色的定義是「僅存於意識所見、非根界、堪成色法」。由「僅存於意識所見」可看出，其屬於前五根識之境的可能性已被排除；由「非根界」則可看出，眼等五根雖然是僅存於意識所見之色，但非法處所攝色。關於法處所攝色「僅存於意識所見，且非根界」之安立需求，參見阿闍黎世親菩薩所著《釋軌論》（Vyākyāyukti རྣམ་བཤད་རིགས་པ།）：

---

54 德格版，論，唯識，ཤེ། 卷，37正頁；對勘本版，書號77，763頁。漢譯大藏經內無此譯。

「意之境謂法處，僅是意境，唯境非根。」[55]

此外，阿闍黎無著菩薩在《大乘阿毘達摩集論》中，將法處所攝色分為五種，論云：

「何等法處所攝色？有五種應知，謂極略色、極迥色、受所引色、遍計所起色、定自在所生色。」[56]

分別說明如下：

一、極略色：當粗分色法的別別支分被一一解剖，最後僅存意識所見的極微塵，此乃以意識解剖聚色，直至最小單位的色法，故稱極略色。

二、極迥色：僅存意識所見的天空本色清澈影像之色法。一般來說，當眼識看山時，肯定會看到的天空清澈影像也屬於極迥色，但與這裡所說不同。眼識所見的天空清澈影像是色處，此處所說的極迥色僅屬意識所見的天空清澈影像。

三、受所引色：如無表色，包括受別解脫戒所攝的律儀（ཁྲིམས་པ）無表色、非律儀（ཁྲིམས་མེད）無表色、非律儀非不律儀

55　德格版，論，唯識，ཤེ卷，第一品，36正頁；對勘本版，書號77，98頁。漢譯大藏經內無此譯文。

56　德格版，論，唯識，རི卷，第一品，47正頁；對勘本版，書號76，122頁。漢譯來源：《大乘阿毘達磨集論》（T.31.1605.663c.15）。

（ བརྡ། ）無表色。以其引發動機不能被他識所了知，故稱「無表色」。以其係在戒師座前，以儀軌正行受持別解脫之戒體而引發產生，故從正受律儀的角度而名「受所引色」。或說應加一「等」字，故稱「受所引等色」。

四、遍計所起色：如修習不淨觀時，由意識作意而明現起大地遍佈爲白骨的相狀，或在夢中由意識明現起馬、象、房子等五欲的影像等。實際上，大地並沒有被白骨遍佈，夢境中現起的馬、象、房子等也非眞實存在。這類由意識作意而現起的影像，稱爲「遍計所起色」。

五、定自在所生色：依無盡水火三摩地之力，在定中清楚見到的水火等色法，係由三摩地自在力變現出生之遍佈的水火，或轉爲水火等之色法，稱爲「定自在所生色」。

《大乘阿毘達磨集論釋》中也提到：

「極略色謂最微塵，極迥色謂遠離他觸，受所引色謂無表色，遍計者謂影像色法，自在者謂諸解脫三摩地所行境。」[57]

以上說五種法處所攝色僅存於意識所見。在此的意識指的是無分別意識；分別意識的「所見分」（ སྣང་བའི་ཆ། ）是常法的緣

---

57 德格版，論，唯識，ཏི། 卷，第一品，123 正頁；對勘本版，書號 76，1278 頁。漢譯來源：漢譯大藏經內並無此譯。

故，很難安立爲法處所攝色。

總體來說，古早的佛教學者們，對於法處所攝色被安立爲「僅屬無分別意識的所行境色法」的論點一致，但是對於「法處所攝色是否分爲五種」、「該五種是否都是具相的色法」則有著不同的主張。

毘婆沙部認爲，法處所攝色僅能安立爲無表色，並非其餘色法。如《阿毘達摩俱舍論》云：

> 「色者唯五根、五境及無表。」[58]

論中是說色者唯有五根、五境及無表色，總共十一種色蘊。除了第十一種無表色之外，並不安立其他的法處所攝色。《俱舍滿增注》也說：

> 「無表色被法處所攝，不被五境所攝，不爲五根之境，故另作別說。『唯』字謂決定，僅屬無表。其餘法處所攝色皆屬遍計，被經部等破斥。」[59]

這是「法處所攝色唯屬無表色而已」之論點。

---

58 德格版，論，阿毘達磨，गु卷，第一品，第 9 句偈頌文，2 正頁；對勘本版，書號 79，4 頁。漢譯來源：《阿毘達磨俱舍論》（T.29.1558.2b.7）。

59 德格版，論，阿毘達磨，गु卷，第一品，26 正頁；對勘本版，書號 81，63 頁。漢譯來源：漢譯大藏經內並無此譯。

可是，阿闍黎世親菩薩在親著的《俱舍論自釋》則認為，以經部的立場來看，無表色似乎不是真正具相的色法。如《阿毘達磨俱舍論自釋》云：

「經部亦說：此非實有。由先誓限唯不作故，彼亦依過去大種施設，然過去大種體非有故，又諸無表無色相故。毘婆沙說，此亦實有。云何知然？頌曰：說三無漏色增非作等故。」[60]

經部宗對此的立場，也可從韓國大師圓測所著的《解深密經疏》中看到，即：

「然此八色，薩婆多宗：八中四大，觸處所攝。青等四種，色處所攝。彼宗法處所攝色中，唯無表故。依經部宗，如成實論，無表唯是非色非心。」[61]

唯識宗則認為，受所引色的戒體，只能安立為思心所或思的種子，並非具相的色法，正如阿闍黎世親著作的《大乘成業論》（ལས་གྲུབ་པའི་རབ་བྱེད།）所說：

「若身業僅有思，心散或無心時怎有律儀、非律儀？思

---

60 德格版，論，阿毘達磨，ཀུ卷，第四品，169 正頁；對勘本版，書號 79，416
頁。漢譯來源：《阿毘達磨俱舍論自釋》（T.29.1558.68c.26）。

61 德格版，論，經典，ཟི卷，第 36 卷，103 背頁；對勘本版，書號 68，979 頁。
漢譯來源：《解深密經疏》（X.21.369.304c.9）。

熏不壞故，仍有律儀、非律儀。」[62]

中觀應成的阿闍黎月稱菩薩在所著《入中論自釋》則說：

「意識所取法處所攝色，夢中亦有。」[63]

意思是說，在夢境中由意識明顯看見的馬、象等遍計所起色，也是法處所攝色。此外，傳說為阿闍黎月稱菩薩所著的《五蘊品類論》中也說：

「何謂無表？某法處所攝色不被顯示、無有障礙、唯意識所知，如律儀、非律儀、非律儀非不律儀所攝之善惡續流之性質，皆屬無表。」[64]

由此看來，阿闍黎月稱的主張似是「律儀、非律儀等無表色皆是法處所攝色。其他三種的法處所攝色[65]也都是具相的色法。」

---

62 德格版，論，唯識，ཤི卷，144 背頁；對勘本版，書號 77，379 頁。漢譯來源：《大乘成業論》（T.31.1608.781a.11）：「若身業中要有思者異心無心，爾時無思，云何而得有怖不怖思熏不壞，得怖不怖思議最勝。」

63 德格版，論，中觀，འ卷，第六品，265 正頁；對勘本版，書號 60，708 頁。

64 德格版，論，中觀，ཙི卷，242 背頁；對勘本版，書號 60，1543 頁。中文來源：漢譯大藏經內並無此譯。

65 譯者註：由上述兩個引文，明顯地看到阿闍黎月稱對遍計所起色及受所引色的主張。此處的三法謂：極略色、極迥色、定自在所生色等三者。

甲六、大種因

在佛教的眾多典籍教授中，詮釋色法的時候，一般都會介紹大種因的相關義理，譬如《大乘阿毘達磨集論》說：

> 「云何建立色蘊？謂諸所有色，若四大種及四大種所造。」[66]

意思是說，色法可分為兩種，即因大種與大種所造；後者係由因大種所生之果。一切的色法，都含攝於這兩類大種之中。因色法有地、水、火、風四大種；依彼聚集所形成的「果色法」或大種所造之色，有色聲香味觸等五境，以及眼耳鼻舌身等五根。

色法經由細分聚集會形成粗分色法，也就是說，透過眾多微塵聚集會呈現出各種不同的粗色；此一論述乃是吉祥那爛陀阿闍黎們的共同主張。為了易於了知色法是如何形成的，首先應當仔細認知有關大種因論述之要義；這是極為重要的。以下廣泛引用印度佛教論典中介紹大種因的內容，並概略解說。

一般而言，大種如何產生大種所造？論中述及數種成因如下：

---

66 德格版，論，唯識，引卷，第一品，46正頁；對勘本版，書號76，120頁。漢譯來源：《大乘阿毘達磨集論》（T.31.1605.663b.19）。

一、生因：如同「沒有種子，就不會長苗芽」一樣，若沒有因大種，就不會形成果色或是大種所造之色。

二、依因：如同「沒有碗，就不能吃到碗中的食物」一樣，若沒有因大種，果色或大種所造之色無力獨立存在。

三、住因：如同「沒有了樹，樹蔭也會隨之消失」一樣，若因大種衰敗了，果色也會隨之衰敗。

四、傍因：如同年邁的老者必須依靠拐杖行走一樣，果大種所造的續流得以相續無間斷地形成下一剎那的續流，都是依傍因大種。

五、增因：若因大種增長廣大，果色也會隨之廣增。

阿闍黎地親尊者所著《五蘊釋》云：

「四大種係『由五因而生大種所形成』之因。五因謂生、依、住、傍、增。如無種則無苗，若無四大種，由該因所生之色不生，故作生因。不依大種，果色無力依他處而住，故作依因。如樹砍之，則無樹陰，四大種衰敗或受害，果色亦受衰敗，故作住因。如老人傍仗而行，傍大種力，生起後者剎那續流，令果色剎那續流無有間斷，故作傍因。若大種增熟，果色亦能增上、成熟，故作增因。」[67]

---

67 德格版，論，唯識，श卷，35 正頁；對勘本版，書號 77，758 頁。漢譯大藏經內並無此譯。

關於「大種」的詞義，《俱舍滿增注》說：

> 「大種成各種色法、色法行相，故稱大種。」
> 「由大種力，增上事物性質，令事物存在，形成眾生，故稱大種。」[68]

前者說到大種形成如堅硬等各果色行，故稱「種」[69]。後者是說，大種本身具有後續的增上動力，令有情得以廣增，故稱「種」。以上從「種」字說明大種的絕對詞義及解文詞義。

至於大種之所以安立為「大」，乃是因為地、水、火、風四者依序於持、攝、熟、增時，分別具有強大增上力量之故。阿闍黎功德光《大乘廣五蘊論釋》：

> 「或由增上地、水、火、風蘊，使持、攝、熟、動業增上故。」[70]

此外，阿闍黎安慧論師《大乘廣五蘊論》云：

> 「大種乃諸果色之所依，故稱廣大；或色等攝法皆具堅

---

68 德格版，論，阿毘達磨，ཆ卷，第一品，34正頁；對勘本版，書號81，82頁。漢譯大藏經內並無此譯。

69 譯者註：藏文中，大種的「種」字直譯漢文為「形成」。

70 德格版，論，唯識，ཧྲི卷，4正頁；對勘本版，書號77，675頁。漢譯大藏經內並無此譯。

硬等,所在寬廣,故稱大。」[71]

這是有關大種詞義的另一種解釋。總言之,構成色聲香味觸等五境粗色的因素,稱為四大種。而安立四大種,顯然需要依賴粗色的依、攝、熟、增的作用。

這些大種也可稱為「界」。地大等的聚界,各自具有堅硬等性質,亦是粗色的構成基礎,故稱為界;隨彼各自的性質,再生成眼色等,亦稱為界。阿闍黎佛子稱友論師《阿毘達磨俱舍論釋──明義論》云:

「持有依性、因所作之色,故稱界。隨自性堅硬等,又隨果色眼等,故稱界。就以十八界持有自相、共相而言,界謂性。就以六界乃輪迴種子而言,界謂增廣輪迴有。」[72]

如論中所說,「界」的解讀可從體性及因兩種角度切入。

依照是否為士夫相續所攝,大種可分為二:一、非士夫相續所攝的外大種;二、士夫相續所攝的內大種。二者又各分為粗分四大種與細分四大種兩類。一般世間所說的地水火風,可

---

71 德格版,論,唯識,剎卷,第一品,197背頁;對勘本版,書號77,528頁。藏譯與漢譯不同,在漢譯原文裡未見有此段落。

72 德格版,論,阿毘達磨,句卷,第一品,28背頁;對勘本版,書號80,68頁。漢譯大藏經內並無此譯。

直接稱爲地水火風；至於經論典籍裡說到的果色因的地水火風四大種，則加上「界」字加以區別，稱爲地界、水界等。《阿毘達磨俱舍論自釋》云：

> 「云何地等地等界別？地謂顯形色處爲體，隨世間想假立此名。由諸世間相示地者，以顯形色而相示故，水火亦然。風即風界，世間於動立風名故。或如地等隨世間想，風亦顯形，故言亦爾，如世間說黑風團風。」[73]

論中說明地水火風四大種各自的差異，並依彼區別眼等果色。論中又說，加上「界」字，否定了世間共稱的顏色及形狀等色法爲大種。而且，教典內部區分「觸別（或觸之差別）」時，也以四大種來顯示。以世間共稱來說，通常地色及地形等皆可歸爲「地」，例如「綠地」、「四方的廣場」等。

就大種的性質來說，可區分爲地水火風等四大，這是基於果色的作用而安立的；大種的數目因此決定爲四。四大種的作用必須圓滿具足依、攝、熟、增四種作業，缺一不可；任何的大種作用，如果缺少了其他三者之一，作用將無法圓滿。對此，《大毘婆沙論》有云：

73　德格版，論，阿毘達磨，𝄐卷，第一品，32正頁；對勘本版，書號79，79頁。漢譯來源：《阿毘達磨俱舍論》（T.29.158.3b.13）。

「有餘師言，若減四者功用便闕，若過四者則亦無用，如方床座唯有四足。問，何故名大種？答，能減、能增、能損、能益體有起盡，是為種義。體、相形、量遍諸方域，成大事業，是為大義。」[74]

又，《俱舍滿增注》也說：

「任何一者的缺失，則不生大種所造，故無減、無過，說唯有四。」[75]

阿闍黎安慧論師著作的《大乘廣五蘊論》亦云：

「僅此四者，否則將有無能及無需之過，故無有過減。大種作用僅謂持、攝、熟、動（增）。由彼等成一切業，又無他者，故僅此四者。」[76]

---

74 中國和尚洛桑卻帕或法尊大法師的手稿。第一百二十七品，935頁。藏譯與漢譯稍有不同，漢譯原文（T.27.1545.663a.9）：「有餘師言，若減四者功用便闕，若過四者則亦無用，如方床座唯有四足。問，何故名大種？答，大而是種，故名大種，如言大地，如言大王，義別體同，應持業釋。問云何大義？云何種義？答，能減、能增、能損、能益體有起盡，是為種義體、相形、量遍諸方域，成大事業，是為大義。」

75 德格版，論，阿毘達磨，ｷ卷，第一品，34背頁；對勘本版，書號81，83頁。漢譯大藏經內並無此譯。

76 德格版，論，唯識，ｷ卷，第一品，197背頁；對勘本版，書號77，529頁。藏譯與漢譯不同，在漢譯原文裡未見有此段落。

大種的個別性質，可由名稱顯示出來，誠如阿闍黎世親的《大乘五蘊論》（ཕུང་པོ་ལྔའི་རབ་བྱེད།）等論所言，地的性質爲堅硬、水的性質爲流濕、火的性質爲溫燥、風的性質爲輕動。此中，前三大種——地水火——的性質明確，在此不需另加說明。風大種則須具備「輕」與「動」兩種性質：爲了避免將大種所造的「輕」誤認爲風，故而說「動」；又爲了避免將心所中的「思」誤以爲風，故而說「輕」。誠如阿闍黎地親的《五蘊釋》云：

「為顯四大種性相，言何謂地界？問地界性相為何？堅、硬、重謂地界性相。何謂水界？問水界性相為何？濕、滑、潮謂水界性相。何謂火界？問火界性相為何？燥、溫、炙謂火界性相。何謂風界？問風界性相為何？輕、動謂風界性相。『輕』謂搖晃；『動』謂物續由他處移動。議論已示地、水、火之個別性相，風界謂輕及動。為何說此二性？答，若僅說輕，不說動，果色中有滑、澀、重、輕等，恐誤果色輕為風界。若僅說動，不說輕，於心所論述時，言思乃動心，又恐思誤以為風界。此故，具輕動二相者亦具風界性相。」[77]

簡單歸納四大種的性相、作用如下表：

77 德格版，論，唯識，ཤི卷，35背頁；對勘本版，書號77，759頁。漢譯大藏經內並無此譯。

名相	體性	作用
地大種	硬	持
水大種	濕	攝
火大種	溫	熟
風大種	輕、動	增

　　如何區分四大種的粗細呢？聖者無著說，前前者比起後後者更爲粗顯。如阿闍黎無著《攝決擇分》云：

　　「復次地等諸四大種，隨其次第麤顯應知，謂地界及果能持最勝水火風等流潤燒燃動搖等業，依止彼故，方得流轉。」[78]

　　有關四大種的作用，如阿闍黎地親的《五蘊釋》：

　　「四大種性相已示，今示其業。其業謂堅、攝、熟、增。地界作堅業、水界作攝業、火界作熟業、風界作增業。為何言界？界謂持有，持十一果色，故說地界、水界、火界、風界。」[79]

78　德格版，論，唯識，ཤི卷，第六品，52背頁；對勘本版，書號74，124頁。漢譯來源：《攝決擇分》（T.30.1579.599a.20）。

79　德格版，論，唯識，ཤི卷，35背頁；對勘本版，書號77，760頁。漢譯大藏經內並無此譯。

　　若總結四大種的性質及作用，地謂亦堅亦硬，水謂亦潮亦濕，火謂亦溫亦炙，風謂亦輕亦動。

　　依據下部阿毘達磨的教典，如阿闍黎世親的《阿毘達磨俱舍論》所說，任一大種只要存在，其中都必須聚集著其他大種，只因該大種的力量過於凸顯，以致其餘大種無法顯現罷了。譬如存在地面上的石頭，主要有地大種的堅性，然亦聚集著具有攝、乾（熟）、動（增）等作用的水、火、風大種。又如水大種中聚集著能夠浮木、成熟果實、動等作用的地、火、風大種；火大種中聚集著焰端的堅、攝、動等作用的地、水、風大種；風大種中聚集著有抬舉、冷觸、暖觸等作用的地、水、火大種。

　　因此，一切地等聚色都圓滿具足四大種的作用，都是「具相四大種」[80]，只因其中某一大種展現的作用特別凸顯，而安立其名。例如火正在燃燒的時候，雖然也有聚集其他三大種的作用，但因火大種凸顯著強烈的作用，故取名爲火。如《大毘婆沙論》：

> 「問：云何得知此四大種恒不相離？答：自相作業一切聚中皆可得故。謂堅聚中地界自相現可得故有義極成，於此聚中若無水界金銀錫等應不可銷。又水若無彼應分

80　譯者註：具足圓滿爾之性相的四大種，簡單地說，就是真正的四大種。

散；若無火界石等相擊火不應生。又火若無能成熟彼應腐敗。若無風界應無動搖。又若無風應無增長。於濕聚中水界自相現可得故有義極成。於此聚中若無地界至嚴寒位應不成冰。又地若無船等應沒。若無火界應無煖時。又火若無彼應腐敗。若無風界應不動搖。又風若無應無增長。於煖聚中火界自相現可得故有義極成。於此聚中若無地界燈燭等焰應不可迴。又地若無不應持物。若無水界應不生流。又水若無焰不應聚。若無風界應不動搖。又若無風應無增長。於動聚中風界自相現可得故有義極成。於此聚中若無地界觸牆等障應不折迴。又地若無應不持物。若無水界應無冷風。又水若無彼應分散。若無火界應無煖風。又火若無彼應腐敗。」[81]

依下部阿毘達磨教典所說，毘婆沙部認為在單一的極微塵中，必須具有四大種及色、香、味、觸四質，總共有八塵質，而且八塵質是具相的地、水等。

經部宗則認為，聚色雖然具有八塵質，但八塵質是以「能力」或以「種子」的形態，隱藏存在著，唯有當眼識去看聚色的時候，八塵質才會顯現。因此，一切聚色雖然具有地水等八塵質，但僅以能力或種子形態存在而不一定顯現，故非具相地

81　中國和尚洛桑卻扎或法尊大法師的手稿。第一百三十一品，196頁。漢譯來源：《大毘婆沙論》（T.27.1545.683a.28）。

水等。阿闍黎佛子稱友論師的《明義論》說：

> 「有論師說，彼等皆以種子行相而有，彼論師乃經部宗
> 師；『以種子行相』謂以能力而有，與以力而有同義；
> 非自相有與非質體有同義。」[82]

在聖者無著及跟隨者所著的教典裡說，當某一大種的能力
較為強烈時，便安立彼大種之真名，其餘能力較弱的大種則稱
為界；以此差別區分大種及大種界。論中並說，一切聚色都具
有四大種界，但不一定具有具相四大種。如《瑜伽師地論・本
地分》云：

> 「又於一切色聚中，一切時具有一切大種界，如世間現
> 見乾薪等物鑽即火生，擊石等亦爾。又銅鐵金銀等極火
> 所燒即銷為水，從月愛珠水便流出。」[83]

阿闍黎地親的《五蘊釋》也說：

> 「於何處有地，便有水、火、風；於何處有水，便有
> 地、火、風；於何處彼力為勝，於此處取地真名，並稱

---

82 德格版，論，阿毘達磨，��卷，第二品，113背頁；對勘本版，書號80，270
   頁。漢譯大藏經內並無此譯。

83 德格版，論，唯識，��卷，第三品，28背頁；對勘本版，書號72，736頁。漢
   譯來源：《瑜伽師地論・本地分》（T.30.1579.290c.17）。

劣力水、火、風為界；又如麵鹽的混體中，鹽力過勝故
稱為鹽，然非無麵之界。」[84]

《五蘊釋》又說：

「以理觀察時，應顯得一者則得一切。石、木等相互連
結，不能分開，顯地界中有水界。石木等動搖，故有風
界。兩石觸碰生火，故有火界。水界持舟、瓣葉等，顯
水界中有地界。見水中草葉腐敗，水溫仍在，故顯水界
中有火。水往下流動，故顯有風。風界持舉草葉，故顯
地界。見風有溫，風乾濕物，故顯火界。塵與風聚，
故顯水界。火界持火尖，火尖上亦持草葉等，故顯地
界。火尖不離，聚集為一，故顯水界。火尖動搖，故
顯風界。」[85]

此外，一切聚色有法又可區分為具有單一大種、具有二大
種……乃至具足四大種等區別；或具有單一色處……乃至具足
色聲香味觸等五處之區別。《大乘阿毗達磨集論》云：

「當知此聚，唯有此大種非餘。或有聚唯一大種，或有

---

84 德格版，論，唯識，ཤ1卷，36正頁；對勘本版，書號77，760頁。漢譯大藏
經內並無此譯。

85 德格版，論，唯識，ཤ1卷，36正頁；對勘本版，書號77，761頁。漢譯大藏
經內並無此譯。

二大種，或有乃至一切大種。」[86]

同時，阿闍黎佛子稱友論師的《明義論》也說：

「如何瑜伽行者言，聚中有大種及大種所造？聚唯一大
種如乾石。聚有二大種如濕石。聚有三大種如濕溫石。
聚一切大種如移動的濕溫石。當知於何聚有何因色，且
緣取何因色。聚唯一因色如光。聚有二因色如帶香具聲
之風。聚有三因色如煙。彼三果色依色、香、觸而立，
當知此煙屬輕之別觸。聚有四因色如沉香木。聚有五因
色如出聲的沉香木。」[87]

中觀典籍裡，亦有宣說聚色具足四大種界，如龍樹菩薩
《寶鬘論》云：

「故大如我妄，地水火及風，
一一無自性，三無一亦無，
一無三亦無，若三無一無，
一無三亦無，各各非自有，

---

86 德格版，論，唯識，ㄐ卷，第二品，77 正頁；對勘本版，書號 76，195 頁。漢
  譯來源：《大乘阿毘達磨集論》（T.31.1605.675b.20）。

87 德格版，論，阿毘達磨，ㄕ卷，第二品，115 正頁；對勘本版，書號 80，274
  頁。漢譯大藏經內並無此譯。

合豈自性生。」[88]

如論所云，安立諸大種等無有自性、假相存在的時候，地等各自大種都必須具足其餘三大種界。倘若四大種界中有任何一界不同時俱存，或未圓滿具足四大種界，聚色等將無法合理成立。如阿闍黎月稱菩薩《四百論釋》（ བཞི་བརྒྱ་པའི་འགྲེལ་པ།）：

「羯羅藍下有一墜處，亦由地界持有。若無水界，將不能聚；水界聚合，後成團聚，各自微塵非似散沙。若無火界，則壞羯羅藍；火界令羯羅藍乾枯，不令其腐敗。若無風界，羯羅藍則不能變大，不能增長；以風界力，增長羯羅藍。」[89]

總之，下部阿毘達磨教典認為大種與大種界並無差別，一切聚色都必須圓滿具相四大種的存在。上部阿毘達磨教典及中觀教典，則區別大種與大種界之間的差異，認為雖然一切聚色都必須圓滿四大種界的存在，但不需要具足具相四大種，並說極微塵聚中的水質並非真水，僅屬水界或是能力。又說，每一大種之間彼此是互相依賴而存在的，如《佛說佛母寶德藏般若

---

88 德格版，論，本生及信箋，ཀ 卷，第一品，第84-85句偈頌文，110正頁；對勘本版，書號96，295頁。漢譯來源：仁光法師譯《寶鬘論》。

89 德格版，論，中觀，ཡ 卷，第二品，52正頁；對勘本版，書號60，1058頁。漢譯大藏經內並無此譯。

波羅蜜經》（འཕགས་པ་ཤེས་རབ་ཀྱི་ཕ་རོལ་ཏུ་ཕྱིན་པ་སྡུད་པ་ཚིགས་སུ་བཅད་པ།）云：

> 「風依虛空水依風，大地依水情依地。」[90]

阿闍黎佛子稱友論師所著的《阿毘達磨俱舍論釋——明義論》中，也引用了經文來闡明其義，如：

> 『梵志即復問曰：「瞿曇！地何所依住？世尊答曰：「地依水住。」梵志即復問曰：「瞿曇！水何所依住？」世尊答曰：「水依風住。」梵志即復問曰：「瞿曇！風何所依住？」世尊答曰：「風依空住。」梵志即復問曰：「瞿曇！空何所依住？」世尊答曰：「空無所依，無相無緣。」』[91]

有些宗義論師認爲：豆子是圓的、刺是尖的等現象，都是無因所成、自性而有的。爲了遮破這樣的論述，阿闍黎聖者提

---

90 德格版，經，各式慧，ཤ卷，11 背頁；對勘本版，書號 34，26 頁。藏譯與漢譯不同，原文（T.8.229.681b.1）：「譬如虛空無所有，風水火地皆依住，世間眾生得快樂，虛空無意住非住。」

91 德格版，論，阿毘達磨，ཅ卷，第一品，12 背頁；對勘本版，書號 80，30 頁。雖然漢譯大藏經內無有《明義論》，與此類似的引文可在《中阿含經》的第四十卷看到，卻與藏譯稍有不同。原文：『梵志即復問曰：「瞿曇！地何所依住？」世尊答曰：「地依水住。」梵志即復問曰：「瞿曇！水何所依住？」世尊答曰：「水依風住。」梵志即復問曰：「瞿曇！風何所依住？」世尊答曰：「風依空住。」梵志即復問曰：「瞿曇！空何所依住？」世尊答曰：「空無所依，但因日月，故有虛空。」梵志即復問曰：「瞿曇！日月何所依住？」……』

婆著作了《摧壞迷亂正理因成就》（འཁྲུལ་པ་བཟློག་པའི་རིགས་པ་གཏན་ཚིགས་གྲུབ་པ།）一書，來譴除此說。書中云：

「虛空若無依，豆及尖刺等，
應視無因性，然彼依地生。
若實無因生，水亦朝上流，
太陽四方昇，然水依地流。」[92]

意思是說：圓圓的豆子依著大地而生，水依地力而向下流，皆非無因而有。

時輪教典宣說五大種，即：地、水、火、風、空。有些藏醫典籍的教授中說到外六大種，即：木、地、水、火、風、空，且六大種失調會讓有情患疾。例如，有情體內若被木大種的毒入侵經脈，身體便會有僵硬、捲曲縮緊等症狀。若被地大種的毒病侵入骨肉，身心便會有感到昏昧、沉重等狀況。若被水大種的毒病侵入血液或黃水，身體便會患寒病。若被火大種的毒病侵入，體溫會上升而發高燒。若被風大種的毒病侵入氣息，體內便會感染風病。若被空大種的毒病侵入，內心便會生起種種的幻化影像、妄想雜念等症狀。

總結來說，我們應當了知教典中關於大種的性質，以及大

---

92 德格版，論，中觀，ཆི卷，20正頁；對勘本版，書號57，827頁。漢譯大藏經內並無此譯。

種數目決定的各種不同說法。

此外，在佛教大乘無上密續的教典，例如密集金剛續中，不僅談到了外大種的粗細差別，更提到內大種地水火風空五大種的相關論述，尤其在吉祥時輪金剛的教典裡，至為明顯地說到內外大種之間的關聯性，以及外在的日月星辰與有情肉體變化的關聯，特別是外在的日月星辰與有情內在氣息運轉之間的關聯，更談論到如何透過瑜伽修習力改變內在的大種，獲得自在，而去影響外在的大種等等。

以上談及了所知境等五者中之初者，在色的論述中說到了色法的性質、具礙的十者色法、法處所攝色的安立之理、大種與大種所造之色的差別等，並且談到大種質不一定要理解為聚色，也可安立為具潛伏能力的性質等義理，這些關要都是必須了解的。

甲七、不相應行法

如上所言，有為法可分色法、識法、不相應行法三種類別。不相應行法的定義是「非色、識其中一者的有為法」，意思是，不相應行非色法，亦非心法，卻依色、心其中一者而施設；因為屬於與心法不相應之行蘊，故稱「不相應行」，其事例如：時間、年、月、日、補特伽羅、隨眠、事物、無常、東西南北方向，以及瓶子的生、滅、住、盛水功能等。

瓶子的生、滅、住等三性相，是指新產生先前未有之瓶子的「生」、瓶子存在時的「住」、瓶子在下一剎那不會存在的「滅」。瓶子與瓶子的生、住、滅皆由同一因聚所作之果，故稱「有為」[93]。瓶子的生、滅、住若屬色法，應為附屬瓶子的色法，而非其他色法，然此三者並非附屬瓶子的色法；既然並非附屬瓶子的色法，又非識法，所以瓶子的生、滅、住只能屬於依瓶子特徵施設的不相應行法。

時間、年、月、日也屬於不相應行法，以下將會解說。

補特伽羅也是不相應行。因為，補特伽羅依五蘊或四蘊施設而有，其施設處有色、識、不相應行三者。若將補特伽羅歸屬為色、識其中一者，皆有困難，只能安立為不相應行法，細節以下再述。

隨眠也是不相應行。例如：意識認識某人後，雖然其識已滅，但其識會留下回憶此人的能力；此能力屬於隨眠。隨眠並非色法，也非意識，僅屬意識所留下的能力，故屬不相應行。

所作性、無常、事物皆有色、識、不相應行三者，但本身屬於非色非識的有為法，故屬不相應行。

此外，木匠伐木的動作、因果先後形成的次第、人具有的功德等皆屬非色非識的有為法，故亦屬不相應行。

---

93 譯者註：「有為」的藏文直譯為「聚作」。

毘婆沙宗將不相應行分爲十四類：得、非得、同分、無想、無想定、滅盡定、命、四種有爲性相（生、住、壞、滅）、名聚、句聚、文聚。如《阿毘達磨俱舍論本頌》云：

「心不相應行，得非得同分，無想二定命，相名身等類。」[94]

毘婆沙宗認爲其他類別的不相應行並非施設而有，而是本身獨立的；此觀點不同於其他上部宗派。

以下解釋十四類不相應行。

一、得（ཐོབ་པ།）：謂某種質體（རྫས།），令所得物可在相續中獲得。[95]如捆綁包袱的繩索與包袱有別，「得」與所得物也有差別。

二、非得：謂某種質體，令不得物無法獲得。

三、同分：謂某種與有情的行爲、想法、性質相似的質體。

四、無想：謂某種質體，暫時遮擋非想非非想天人的心及心所，不令現起。

---

94 德格版，論，阿毘達磨，ཉ卷，第二品，第35句偈頌文，5正頁；對勘本版，書號79，11頁。漢譯來源：《阿毘達磨俱舍論》（T.29.1560.312c.18）。

95 譯者註：「相續中獲得」之物如內在器官、皮膚、長在皮肉上的指甲等。「非相續中獲得」之物如已經摘掉的器官、瓶柱、不長在皮肉上的指甲等。

五、無想定：謂入定成辦有頂的三摩地後，從入定起乃至未出定前的遮擋心與心所的質體。

六、滅盡定：謂聖者心續中的三摩地，依三界最細微的心識——非想非非想天之心——遮擋心與心所的質體。

七、命：謂士夫或補特伽羅之壽，屬煖或識的所依。《阿毘達磨俱舍論本文頌》：

「命根體即壽，能持煖及識。」[96]

《阿毘達磨俱舍論自釋》也說：

「何法名壽？謂有別法能持煖識，說名為壽，故世尊言：壽煖及與識，三法捨身時，所捨身僵仆，如木無思覺。故有別法，能持煖識相續住因，說名為壽。」[97]

古老的學者們對「壽」、「命」各有不同解讀。《阿毘達磨大毘婆沙論》：

「有說：由此故活名命行，由此故死名壽行。有說：所留名命行，所捨名壽行。有說：可生法名命行，不可生

96　德格版，論，阿毘達磨，ཁུ卷，第二品，第 45 句偈頌文，5 背頁；對勘本版，書號 79，12 頁。漢譯來源：《阿毘達磨俱舍論本文頌》（T.29.1560.313a.9）。

97　德格版，論，阿毘達磨，ཁུ卷，第二品，78 背頁；對勘本版，書號 79，195 頁。漢譯來源：《阿毘達磨俱舍論》（T.29.1558.26a.26）。

法名壽行。有說：暫時住名命行，一期住名壽行。有
說：同分名命行，彼同分名壽行。有說：修果名命行，
業果名壽行。有說：無漏業果名命行，有漏業果名壽
行。有說：明果名命行，無明果名壽行。有說：新業果
名命行，故業果名壽行。有說：與果業果名命行，不與
果業果名壽行。有說：近業果名命行，遠業果名壽行。
尊者妙音作如是說：順現受業果名命行，順次生受、
順後次受、順不定受業果名壽行。命行、壽行是謂差
別。」[98]

經部反駁毘婆沙部立宗時言道，若問：「身、識依命，命
將無依，命依何者？」若答：「命亦依身、識。」經部駁：
「如是，壽未盡，餘者亦不盡；餘者未盡，壽亦不盡故，將成
永無止盡，不應相互依賴。」如《阿毘達磨俱舍論自釋》云：

「若爾此壽何法能持？即煖及識還持此壽。若爾三法更
互相持，相續轉故，何法先滅，由此滅故餘二隨滅，是
則此三應常無謝。」[99]

此論述乃持有經部立場後，破斥毘婆沙部宗時所說。經部

---

98 中國和尚洛桑卻扎或法尊大法師的手稿。第一百二十六品，874頁。漢譯來
源：《阿毘達磨大毘婆沙論》（T.27.1545.657c.13）。

99 德格版，論，阿毘達磨，？卷，第二品，78背頁；對勘本版，書號79，195
頁。漢譯來源：《阿毘達磨俱舍論》（T.29.1558.26b.2）。

自宗說法如《阿毘達磨俱舍論》：

> 「若爾何法說名壽體？謂三界業所引同分住時勢分說為
> 壽體。由三界業所引同分住時勢分相續決定隨應住時，
> 爾所時住故，此勢分說為壽體。」[100]

論中的意思是：命根謂依業力故，與意識及其種子為同類
相處者。另有一派則說命為風。如《阿毘達磨俱舍論》云：

> 「息風名生，依身心轉。」[101]

《釋迦慧論著》也說：

> 「命謂吐氣。等字涵攝吸氣等。」[102]

《瑜伽師地論・攝決擇分》：

> 「復次云何命根？謂由先業於彼彼處，所生自體所有住
> 時限量勢分，說名為壽、命、命根。」[103]

---

100 德格版，論，阿毘達磨，ༀ卷，第二品，79 正頁；對勘本版，書號 79，196
　　頁。漢譯來源：《阿毘達磨俱舍論》（T.29.1558.26b.15）。

101 德格版，論，阿毘達磨，ༀ卷，第四品，203 背頁；對勘本版，書號 79，500
　　頁。漢譯來源：《阿毘達磨俱舍論》（T.29.1558.86c.7）。

102 德格版，論，量，ༀ卷，第一品，第三十三卷，18 正頁；對勘本版，書號
　　99，42 頁。漢譯大藏經內並無此譯。

103 德格版，論，唯識，ༀ卷，第三品，22 背頁；對勘本版，書號 74，52 頁。漢
　　譯與藏譯稍有不同，漢譯原文（T.30.1579.587a.21）：「次云何命根？謂由先業
　　於彼彼處，所生自體所有住時限量勢分，說名為壽、生氣、命根。」

　　《大乘阿毘達磨集論》說，由業力故與阿賴耶識同類相處者稱爲「命」。

　　如上述，這些大教典中談到「命」的不同論述包括：命屬煖及識之所依、趨入身心之風爲命、命屬與生存續流意識同類相處者。

　　有些醫典區分魂（ᢌ）、命、壽三者。身光澤的最佳狀態是魂，身心同俱是命，心氣無二是壽。以油燈爲例，魂如油，命如芯，壽如光。

　　八～十一、有爲性相。有爲法的定義是「可象徵有爲的某法」。有爲性相有四，謂能成之生、能續之住、能變之壞、無常之滅四者。四者雖與其所依的有爲法同時產生，但其性質與有爲法卻屬質體別異。

　　十二～十四、名、句、文三聚：如上述能詮聲時所言，名的定義謂「僅示其性質」，如言「色」。句謂「顯示其特徵」，如言「色無常」。文謂名、句之基礎，如言「A」。聚謂集聚其法。毘婆沙部認爲名、句、文三聚皆屬不相應行法。如《阿毘達磨俱舍論自釋》云：

　　「此三非以語爲自性。語乃音聲，[104]非唯音聲即令了

---

104 此段話參考北京版及奈塘版，稍做修改。

義。云何令了？謂語發名，名能顯義，乃能令了。」[105]

言「瓶子」的時候，內心會映現瓶相，瓶子也能被意會，稱為「名」。聲音並非都能被意會，如牛畜所發之聲即無法被意會。因此毘婆沙部認為，名、句、文及此三聚皆屬分別心所映現的「總相」（ཀ），故為不相應行；經部認為，此三聚為從口發出的自相聲音，故屬色法。

如《大乘阿毘達磨集論》等上部典籍認為，在上述的不相應行十四法上，再添增了流轉、定異、相應、勢速、次第、時、方、數、和合等九法，總共二十三類不相應行法，全都依他者而施設存在；其中「異生性」即是「非得」，「同等分」即是「同分」。如《大乘阿毘達磨集論》：

「何等名為心不相應行？謂得、無想定、滅盡定、無想、異熟、命根、同等分、生、老、住、無常、名身、句身、文身、異生性、流轉、定異、相應、勢速、次第、時、方、數、和合等。」[106]

分別說明如下：

---

105 德格版，論，阿毘達磨，ཀུ卷，第二品，84背頁；對勘本版，書號79，210頁。漢譯來源：《阿毘達磨俱舍論》（T.29.1558.29a.25）。

106 德格版，論，唯識，རི卷，第一品，52正頁；對勘本版，書號76，134頁。漢譯來源：《大乘阿毘達磨集論》（T.31.1605.665b.28）。

一、依某法的增減而施設的「得」。

二～四、依遮擋識、明而施設的「無想定」、「滅盡定」、「無想」。

五、依壽而施設的「命根」。

六、依相似而施設的「同分」。

七～十、依性相而施設的「生」、「老」、「住」、「無常」四者。

十一～十三、依名言而施設的「名聚」、「句聚」、「文聚」三者。

十四、依未得聖道而施設的「異生性」。

十五～二十三、依因果而施設的「流轉」、「定異」、「相應」、「勢速」、「次第」、「時」、「方」、「數」、「和合」。

《大乘阿毘達磨集論》：

> 「何等為得？謂於善不善無記法，若增若減假立獲得成就。何等無想定？謂已離遍淨欲，未離上欲出離想，作意為先故，於不恒行心、心所滅，假立無想定。何等滅盡定？謂已離無所有處欲，超過有頂暫息想，作意為先故，於不恒行諸心、心所及恒行一分心、心所滅，假立滅盡定。何等無想異熟？謂已生無想有情天中，於不恒行心、心所滅，假立無想異熟。何等命根？謂於眾同分先業所引，住時決定假立命根。何等眾同分？謂如是如是有情，於種種類自體相似，假立眾同分。何等為生？

謂於眾同分諸行本無今有，假立為生。何等為老？謂於
眾同分諸行相續變異，假立為老。何等為住？謂於眾同
分諸行相續不變壞，假立為住。何等無常？謂於眾同分
諸行相續變壞，假立無常。何等名身？謂於諸法自性增
言，假立名身。何等句身？謂於諸法差別增言，假立句
身。何等文身？謂於彼二所依諸字，假立文身。此言文
者能彰彼二故。此又名顯，能顯彼義故。以此名字，無
異轉故。何等異生性？謂於聖法不得，假立異生性。何
等流轉？謂於因果相續不斷，假立流轉。何等定異？謂
於因果種種差別，假立定異。何等相應？謂於因果相
稱，假立相應。何等勢速？謂於因果疾速流轉，假立勢
速。何等次第？謂於因果一一流轉，假立次第。何等為
時？謂於因果相續流轉，假立為時。何等為方？謂於
東、西、南、北、四維、上、下因果差別，假立為方。
何等為數？謂於諸行一一差別，假立為數。何等和合？
謂於因果眾緣集會假立和合。」[107]

此二十三法並非不相應行的決定分類，因此其他的不相應
行法亦應知曉。毘婆沙部認為非色非識的不相應行，並非與彼
的施設處——身與心兩者——質體別異。唯識派認為不相應行
是依色、心、心所三者所施設的。如上述《阿毘達磨集論》所

---

107 德格版，論，唯識，引卷，第一品，52 正頁；對勘本版，書號 76，135 頁。漢
　　譯來源：《大乘阿毘達磨集論》（T.31.1605.665c.2）。

言，不相應行是施設而有，《大乘五蘊論》亦云：

> 「云何心不相應行？謂依色、心、心法分位，但假建
> 立，不可施設決定異性及不異性。」[108]

甲八、因與果的論述
乙一、因的論述

先前說到任何色、識、不相應行等，只要是有為法，都得由因緣所生，因此本篇將簡略介紹因果的論述。因的定義是能生自果，換句話說，果從何者出生之處稱為因。《釋量論》：

> 「若此有彼生，若此變彼變，說此是彼因。」[109]

教典中多處使用各種「因」的詞彙，包括：一、三緣聚合後，識將會形成的「成因」。二、依四食讓身體維持的「住因」。三、大地為事物所依的「依因」。四、炬火令色明顯的「顯因」。五、火令木產生變化，或鐵匠令金子改變等的「變因」。六、藥物去除疾病的「除因」。七、藥物不只去除

---

108 德格版，論，唯識，ཤི卷，14背頁；對勘本版，書號 77，42頁。漢譯來源：
　　《大乘五蘊論》（T.31.1612.849b.29.）。

109 德格版，論，量，ཅེ卷，成量品，第183句偈頌文，114背頁；對勘本版，書號 97，516頁。漢譯來源：法尊法師譯《釋量論》。

疾病，也令獲取安樂的「得因」。八、如直接因的「近因」。
九、如間接因的「長因」。十、依煙因得知有火，或由成立語
令他人會意的「能知因」等。雖然「能知因」就是理由，但有
時候某因也可兼為「能知因」及「因」兩者。中觀應成的教典
提到，燈油耗盡不只是燈火熄滅的「能知因」，也是「因」，
兩者皆是。

　　有時佛教典籍說到因、緣二法的區別為：「因」謂形成某
法的主因，又稱「近取因」；「緣」謂形成此法的助緣，又稱
「俱生緣」。[110]如聖者阿闍黎蓮花戒所著的《廣說佛說大乘稻
芉經釋》（Śālistambasūtra སཱ་ལུའི་ལྗང་པའི་མདོ་སྟེའི་རྒྱ་ཆེར་འགྲེལ་བ།）：

　　「於此，因謂取因，不共故。緣謂俱生緣，共故。」[111]

　　一般因與緣同義，但依此分類的角度詮釋因、緣的話，因
與緣並非同義。

　　在因緣分類上，毘婆沙宗說有六種因。其他眾多典籍也說
到了因緣、所緣緣、增上緣、等無間緣等四緣。六因的說法是

---

110 譯者註：又有人用「俱有緣」一詞。漢文古譯中，使用「俱生緣」的譯詞之教
　　典如：《阿毘達磨順正理論》、《阿毘達磨藏顯宗論》、《阿毘達磨大毘婆沙
　　論》等。

111 德格版，論，量，ཏེ 卷，第 155 句偈頌文，5 正頁；對勘本版，書號 67，403
　　頁。漢譯大藏經內並無此譯。

毘婆沙宗的不共主張，在講解「宗義」的章節會做解釋。四緣
的論述又與識有著極為密切的關聯，所以在以下討論具境──
識──的時候會做解釋。

因的分類，可依時間分為直接因與間接因兩者，又可依形
成的模式分為近取因及俱生緣兩者。

直接因的定義是「直接產生自果」。如：火是自果煙的直
接因，因為火與煙之間沒有其他法的介入，火可直接產生自果
煙的緣故。界定其他的直接因可依此類推。

間接因的定義是「間接產生自果」。如：木柴是自果煙的
間接因，因為木柴無法直接產生自果煙，中間必須有火介入。

近取因的定義是「在自己的質體續流上，形成自己近取果
的主要因」，或是「在果的性質及特徵兩者間，屬於產生性質
的主因」。例如：種子是自果小苗的近取因，泥土是陶瓶的近
取因。《釋量論》：

> 「親因無變異，則諸有因者，不能使變異，
> 如泥無變者，則瓶等無異。」[112]

俱生緣的定義是「與自己的質體續流無關，主要產生自己

---

112 德格版，論，量，列卷，成量品，第61句偈頌文，109背頁；對勘本版，
　　書號97，505頁。漢譯來源：法尊法師譯《釋量論》。

的俱生果」，或是「在果的性質及特徵兩者間，屬於產生特徵的主因」。例如水是苗的俱生緣，因為與種子同俱產生苗的因緣，故稱俱生緣。《釋量論》：

「彼從俱有因，生果則共住，如火與熔銅。」[113]

論說，現有身心兩者的個別近取因，因為互相成為另一方的俱生緣，使得身與心同俱存在。如火及銅兩者都是因緣聚合而有，且其個別的近取因——火及熔銅——互相成為另一方的俱生緣。

如是，近取因生自果時，會依賴著俱生緣而產生自果，兩者除了在「與自己的質體續流有無關係」上有區別之外，近取因是不共的因，俱生緣則是共同的因，兩者有所不同。例如：青稞的種子是青稞苗的不共因緣，不會產生大米的苗；同樣地，大米的種子只會產生大米的苗，無法產生青稞的苗。因此，這些種子屬於不共因，至於水及肥料則都是青稞及大米的共同因緣。近取因主要產生自果的性質，俱生緣主要產生自果的特徵，例如：會長出青稞的苗或是大米的苗由近取因決定，但是苗會長多高多大、長得好不好，則主要是看俱生緣。

---

113 德格版，論，量，ཚ卷，成量品，第63句偈頌文，109背頁；對勘本版，書號97，505頁。漢譯來源：法尊法師譯《釋量論》。

如何安立何者爲何者之因呢？若何者具足能力形成某果時，則此法即爲該果之因。《釋量論》：

「能生苗地等，性轉變是因，若彼善修治，見彼差別故。」[114]

論說，如冬季農田雖不具備生苗的性質，但是若透過善加修治農土，將其田地性質轉變爲生苗農地，方能見到有豐盛農作物之差別。

內外諸事物都必須依賴近取因及俱生緣，兩者聚合後才會產生。例如苗的產生需得依賴自己的近取因——種子，及俱生緣——水、肥料等，透過多種因緣的聚合才能產生。只有種子不會生苗，若沒有種子，只有水及肥料也不會產生苗。同樣的道理可以類推到其他的有爲法。《般若八千頌》云：

「善男子！譬如箜篌，依止種種因緣和合而有聲生。是聲因緣，所謂槽、頸、繩、棍、絃等人功作意，如是一一不能生聲，要和合時其聲方起，是聲生位無所從來，於息滅時無所至去。善男子！諸如來身亦復如是，依止種種因緣而生。是身因緣，所謂無量福德智慧，及諸有情所修見佛善根成熟，如是一一不能生身，要和合時其

身方起……」[115]

帝釋慧的《量釋》（ རྣམ་འགྲེལ་དགའ་འགྲེལ། ）：

「從一物不能生多物。為何？因多物從多物生乃自宗見。如是故，一物定不能生一物，然『和合可生一切』與『從一聚可生一聚』乃同義詞。」[116]

乙二、果的論述

果的性質：從自因所生。如種子的果為苗，火的果為煙。吉祥法稱《釋量論》：

「煙是火之果，果法隨轉故，若無彼有此，越出其因理。」[117]

煙觀待火，若無火則不生煙，因此煙是火的果。若謂無火仍可生煙，將違因果律。論說果觀待因。

---

115 德格版，經，八千頌，ཀ 卷，第三十一卷，278 背頁；對勘本版，書號 33，667頁。漢譯來源：《大般若波羅蜜多經》（T.6.220.1069b.21.）。

116 德格版，論，量，ཞེ 卷，第三品，第三十五卷，266 背頁；對勘本版，書號98，647頁。漢譯大藏經內並無此譯。

117 德格版，論，量，ཅེ 卷，自義比量品，第 36 句偈頌文，96 正頁；對勘本版，書號 97，472 頁。漢譯來源：法尊法師譯《釋量論》。

　　果的分類可依時間分類爲直接果與間接果二者，又可依續流而分爲近取果及俱生果二者。

　　直接果的性質：直接所生。例如：煙是火的直接果，因爲二法之間沒有其他法的介入，又煙是直接從火產生的緣故。

　　間接果的性質：間接產生自果。例如：煙是木柴的間接果，因爲煙無法直接從木柴產生，中間要有火的介入。

　　近取果的性質：於自己的質體續流上存在的主要果。例如：陶瓶是泥土的近取果，因爲泥土的性質逐漸轉爲陶瓶的性質。

　　俱生果的性質：並非源於自己的質體續流，主要來自俱生因的所生。例如：陶瓶是陶匠的俱生果，但陶瓶絕非由陶匠的性質改變後產生。

　　同理，羊毛與毛線織成氆氌，泥土塑成陶瓶，黃金打造成金瓶，種子轉變爲小苗等，都是由近取因轉爲近取果的例子。紡織者、陶匠、金匠、農夫、水、肥料等，都是俱生因產生俱生果的例子。

　　因與果的差別爲何？總的來說，「因」、「果」二者可說是同義。事例如：以瓶子本身而言，因爲能生自果，所以是因；因爲從因所生，所以也是果。同樣地，今天早晨是昨夜的果，也是今夜的因，所有的有爲法也是如此。若以單一事例而言，因與果相違。例如：火是自果煙的因，非自果煙的果；煙

是自因火的果，非自因火的因，以此類推他法。

甲九、無為法

如上已言，「有」可分兩種類別，一種是因緣法或具有變化的，另一種則是非因緣法或不具變化的，前者是有為法，後者是無為法。無為法的性質：無法堪成生滅住三者。無為法與常法同義。依據下部《阿毘達磨俱舍論》，無為法有三：虛空、擇滅、非擇滅。

何謂虛空？毘婆沙部認為「與礙分離，與色分開」乃虛空，虛空是種常質，不會阻礙色法，也不被色法阻礙，六界內的空界乃明、暗其中一性的色處。經部以上認為所謂的虛空乃「僅遮觸礙的無遮法」。

何謂擇滅？「以擇慧力滅除個別所斷的煩惱」乃擇滅，如依道力徹底斷除瞋心。

何謂非擇滅？由於因緣未具，導致恆久阻礙將來所斷的產生乃「非擇滅」。例如，雖然依靠修道並未徹底斷除瞋心，只因現起瞋心的因緣不可能具足所安立的「滅」。

《阿毘達磨俱舍論》提到：

「及三種無為，謂虛空二滅，
此中空無礙，擇滅謂離繫，

隨繫事各別，畢竟礙當生，別得非擇滅。」[118]

論說，虛空與色分離，屬風所依。擇滅乃除該所斷有漏之滅；非擇滅乃阻礙該所斷之生。毘婆沙部說此三是「無爲非凡質體」（ འདུས་མ་བྱས་རྫས་གྲུབ་ཆད་པར་བག ）。

世親阿闍黎的《大乘五蘊論》說四種無爲：虛空、擇滅、非擇滅、眞如。論云：

> **「云何無為？謂虛空無為、非擇滅無為、擇滅無為及真如。云何虛空？謂若容受諸色。云何非擇滅？謂若滅非離繫。此復云何？謂離煩惱對治而諸蘊畢竟不生。云何擇滅？謂若滅是離繫。此復云何？謂由煩惱對治故諸蘊畢竟不生。云何真如？謂諸法法性、法無我性。」**[119]

依據《大乘阿毘達磨集論》，無爲法分八：一、善法眞如；二、不善法眞如；三、無記法眞如；四、虛空；五、擇滅；六、非擇滅；七、不動；八、想受滅。論云：

> **「此無為法復有八種，謂善法真如、不善法真如、無記法真如、虛空、非擇滅、擇滅、不動及想受滅。何等善**

---

118 德格版，論，阿毘達磨，ཀུ卷，第二品，第56句偈頌文，2正頁；對勘本版，書號79，4頁。漢譯來源：《阿毘達磨俱舍論本頌》（T.29.1558.1c.2）。

119 德格版，論，唯識，ཤི卷，16正頁；對勘本版，書號77，45頁。漢譯來源：《大乘五蘊論》（T.31.1612.850a.18）。

法真如？謂無我性。亦名空性、無相、實際、勝義、法界。何故真如說名真如？謂彼自性無變異故。何故真如名無我性？離二我故。何故真如名為空性？一切雜染所不行故。何故真如名為無相？以一切相皆寂靜故。何故真如名為實際？以無顛倒所緣性故。何故真如名為勝義？最勝聖智所行處故。何故真如名為法界？一切聲聞獨覺諸佛妙法所依相故。如善法真如，當知不善法真如、無記法真如亦爾。何等虛空？謂無色性容受一切所作業故。何等非擇滅？謂是滅非離繫。何等擇滅？謂是滅是離繫。何等不動？謂已離遍淨欲，未離上欲苦樂滅。何等想受滅？謂已離無所有處欲，超過有頂暫息想，作意為先故，諸不恒行心、心所滅。及恒行一分心、心所滅。」[120]

八者的前三者同樣都是真如，只是在所依有法上有不同。煩惱及感受兩者中，消滅煩惱的是擇滅；感受又分影響身心的苦樂及不影響身心的捨受二者，斷除前者的不動，以及斷除後者的想受滅。

「不動」謂「依世間道，遠離三禪天以下的貪執，並未遠離四禪貪執時候的遮擋苦樂之滅」。此滅遠離八患，尤因不

---

120 德格版，論，唯識，ㄒ卷，第一品，53 背頁；對勘本版，書號 76，138 頁。漢
　　譯來源：《大乘阿毘達磨集論》（T.31.1605.666a.20）。

被苦樂所動搖，故稱不動。「想受滅」謂「遠離無所有天以下的貪執，依有頂心遮滅想受」。《阿毘達磨集論》所說的「遮滅想與受之定」是不相應行，也是非遮。此處「遮滅想與受之定」是無遮。

依據佛教量學的大教授師們，僅屬分別心安立而有的法，例如：有法及特徵、同屬（ གཞི་མཐུན། ）[121]及共、性相及名相、一與異、所立與能立等共相，皆是遍計執及無爲法。《釋量論》：

> 「法有法建立，如異非異等，
> 是不觀實性，如世間所許，
> 唯依如是許，遍立能所立，
> 爲入勝義故，諸智者所說。」[122]

論說，無爲法不一定是《阿毘達磨集論》所言的八種無爲法之一，應當了知。

甲十、與所量相關的其他論述

---

121 譯者註：Z是X，又是Y，Z就是「X與Y的同屬」。

122 德格版，論，量，ཏེ 卷，自義比量品，第87-88句偈頌文，98正頁；對勘本版，書號97，477頁。漢譯來源：法尊法師譯《釋量論》。

乙一、性相、名相、事例

如前述引用《釋量論》所言，說理者在尋求眞相的時候，所採用的了知勝義的方法，就以世俗或名言諦而言，事物的所立能立、有法特徵、名相性相等論述都與心如何趨入境有關。因此在古老的典籍中，上述論述都在「心如何趨入境」的章節中才會述及。然而，在這部《總集》裡，爲能使初學者更容易理解，故在「所知——境——的論述」中就開始略述這些論題。

首先是性相、名相與事例的論述。慈尊聖者在《大乘莊嚴經論》說道：

「所相及能相，如是相差別，
爲攝利眾生，諸佛開示現。」[123]

論說性、名、例三者：一、所顯示的名相。二、能顯示的性相。三、顯示處之事例；「瓶子」是事例，「所知」是名相，「可爲心之境」是性相。知道瓶子是「可爲心之境」後，就可了解瓶子是所知。依性相力，顯示事例乃名相，令識通達

---

123 德格版，論，唯識，त्टि1卷，第十二品，第36句偈頌文，14背頁；對勘本版，書號70，834頁。漢譯來源：唐波羅頗蜜多羅大師譯《大乘莊嚴經論》（T.31.1604.613b.29）。

「瓶子乃所知」。

性相這個詞彙出現於多處：一、火本身的性相：如火的炙性是別於他者、顯示火的不共性質。二、火的共相：如無常顯示遍佈諸火與非火的有為法。三、類別性相：就以單一的瓶子而言，因為非常而安立為無常；因為非無作性而安立為所作性等。四、除異類性相：如「腹鼓、縮底、且具有盛水作用者」乃瓶子的性相，這種性相的安立斷除了不遍與過遍的過患。五、除邪分別性相：為斷疑惑而說該性相。在此的性相主要以除異類性相為主，此中也包括除邪分別性相。[124]

「除異類性相」須除三種條件：一、不遍過患。二、過遍過患。三、事例不對應。

不遍過患：若將「具柏樹枝葉者」安立為樹木的性相，將有不遍或狹遍的過患，因為「具柏樹枝葉者」無法遍佈樹木的所有例別（གསལ་བའི་དབྱེ་བ）。

過遍過患：若將「從大地生」安立為樹木的性相，將有過遍的過患，因為「從大地生」不只遍佈樹木，也包含其他事物。

---

124 恰巴所著的《驅意闇量論》說，以除異類性相為主的性、名、例三者的論述中，為何名相必須具足施設三法（བཏགས་ཡོད་ཆོས་གསུམ），以及性相必須具足質有三法（རྫས་ཡོད་ཆོས་གསུམ）等理由。參考《驅意闇量論》，第二品，12-32頁，與正量性相相關的內容。

事例不對應：若將「腹鼓、縮底、且具有盛水作用者」安立爲樹木的性相，將有事例不對應過患，因爲「腹鼓、縮底、且具有盛水作用者」無法對應樹木的事例，如柳樹等。

上述過患都使樹木性相無法成立。

一般安立性相的途徑有：一、以作用安立。二、以作用及性質兩者安立。前者如「具舉樑作用者」是柱子的性相；「能生自果」是「因」的性相。後者如「燒熱性」是火的性相；「亦明亦觀」[125]乃識的性相。熱是火的性質，燒是火的作用；明是識的性質，觀是識的作用。

「具足施設三法」乃名相的性相。三法謂：一、彼乃名相。二、對應彼事例。三、除彼之性相外，不屬其他法的名相。以事例爲喻，事物乃名相、事物也與其事例相對應，如瓶子等、除其性相「具足能力引發作用者」外，不屬其他法的名相。

「具足質有三法」乃性相的性相。三法謂：一、彼乃性相。二、對應彼事例。三、除彼之名相外，不屬其他法的性相。以「具足能力引發作用者」爲例，「具足能力引發作用者」乃性相，而「具足能力引發作用者」也與其事例相對應，

---

125 譯者註：藏文的 ﾘｪ 字雖有「知」及「觀」等解讀，但考慮到「知」字不能周遍邪見等所有心識，因邪見等顛倒識不能知境卻能觀境，故譯「觀」。

如瓶子等、除其名相「事物」外，不屬其他法的性相。

總之，「具足能力引發作用者」是事物的能相或性相，事物是「具足能力引發作用者」的所相或名相。瓶子因為是「具足能力引發作用者」，所以顯示爲事物的例子。所有性相與名相，如「具足能力引發作用者」與事物兩者，都具兩種屬等遍、兩種非等遍、兩種有等遍、兩種無等遍，共具八門遍相。正量認知性相及名相兩者的順序上有先後之別，先了知性相，才會了知名相。

乙二、一與異

所知可分「一」與「異」二種。「一」的性質是「非個別之法」；「非個別」指的是分別心中不會顯現可被各各分開的影像，或其聲音不會發出可被各各區分的音韻。例如：說「柱子」時，聲音不會發出說「瓶子」的聲音；執柱的分別心只會顯現柱子的影像，不會顯現瓶子的影像。同樣地，地、水、火、風等，以個別的角度而言，個個都是「一」。「兔角」則並非「一」，因爲，雖然說「兔角」的聲音與執「兔角」的分別心不會產生個別的音韻或影像，但是兔角並不存在。

「異」的性質是「個別之法」。「個別」謂分別心顯現其個別相，以及聲音發出其個別音，如「地與水二者」，或「所作性與無常二者」等。所作性與無常兩者雖是體性一，但執取

此二的分別心會顯現其個別的義總，且其二眞名會產生個別的
會意，故爲「個別」。

以上說明「一」與「異」由執其之分別心及言其之聲音做
區別，一與異又稱「返體一」及「返體異」。

量論中還提到體性一異（རྡོ་བོ་གཅིག་དང་བ་དང་།）、質體一異（རྫས་
གཅིག་དང་བ་དང་།）、返體一異（ལྡོག་པ་གཅིག་དང་བ་དང་།）等論述。

「體性一」謂「體性非個別之法」，如所知及有、所作性
及無常、柱子及所知；從柱子存在起，柱子已經成爲了所知，
所以柱子與所知體性一。「與其體性非個別之法」乃「與其體
性一」的定義；體性一、自性一、性質一等同義，而且同義
必定都是體性一；其法之別（ཆེ་བག）必定與其法體性質一。126
「體性異」指「體性個別之法」，如地與水、瓶與柱兩者。有
說無爲法不存在體性異。127所謂的「體性異」，不只是由執其
分別心及言其聲音區別其體性異，還須兩者互相不附屬彼
此。因此，體性異一定是異，但異不一定是體性異，如所作
性及無常。128「無」等沒有自己的體性，自然不會有體性一

---

126 譯者註：如亞洲人是人的「別」；人是亞洲人的「總」。這段話的意思是，
　　「別」一定與「總」體性一。

127 譯者註：例如經部認爲，常法或無爲法不能被現識所見，故其區別體性亦不能
　　被現識所見，因眼識無法見其體性異，故無個別體性。

128 譯者註：因爲一與返體一同義；異與返體異同義，所以體性一不等於返體一，
　　同樣地，返體異也不等同體性異。

異的論述。

質體一、成住質體一（གྲུབ་བདེ་རྫས་གཅིག）、成住無二質體一
（གྲུབ་བདེ་དབྱེར་མེད་རྫས་གཅིག）、成住一（གྲུབ་བདེ་གཅིག）、質種一（རྫས་རིགས་
གཅིག）等各皆不同。

質體一的性質：非體性個別之生法，如柱與金柱、所作性
與無常；有爲法的體性一與質體一同義。於見其現識中不見個
別，這種有爲法皆是質體一。無爲法雖可安立體性一，但不安
立質體一，所以體性一不一定是質體一，但質體一則一定是體
性一。

「成住質體一」謂「既是質體一，生滅住亦同時」，如柱
子跟柱子和合體的八塵。質體一不一定是成住質體一，例如今
天的瓶子跟瓶子兩者都是質體一，但因非同時生滅住，所以並
非成住質體一。

「成住無二質體一」的意思是什麼呢？《釋量論》：

「故由見於法，見一切功德。」[129]

如論所說，「成住無二質體一」的意思是「其二的生滅住
必須同時、見一方現識須見另一方、其二是質體一」。如柱子

---

129 德格版，論，量，ཅེ卷，自義比量品，第47句偈頌文，96背頁；對勘本版，
　　書號97，473頁。漢譯來源：法尊法師譯《釋量論》。

跟柱子的無常。見柱的無分別現識必須見到柱子的無常；見柱子無常的無分別現識必須見到柱子。不只此二的生滅住是同時外，此二還是質體一，故是成住無二質體一。然而，成住質體一不一定是成住無二質體一，例如瓶子跟瓶子和合體中的風塵，此二雖無個別質體，但見到瓶子的現識不需要見到瓶子和合體中的風塵，故非成住無二質體一。

「成住一」指「同成、同滅、同住」。雖是成住一但非成住質體一的例子，例如瓶子和合體內的八塵，這八塵雖同時生滅住，是成住一，但具個別質體，故非質體一。

「質種一」乃「從同個近取因所生的個別有爲法」，如從同顆近取青稞種子所生的大小青稞。「質種一異」的「質」指的是近取因或質體續流的前者。

《釋量論》云：

「果異由因異。」[130]

《釋迦慧論著》云：

「此故，論述個別同類或非同類的續流皆因近取而

---

130 德格版，論，量，ই卷，自義比量品，第184句偈頌文，125背頁；對勘本版，書號97，542頁。漢譯來源：法尊法師譯《釋量論》。

立。」[131]

質種一不一定是質體一，例如從同顆近取青稞種子所生的大小青稞，雖是質種一，但有個別眞名，故非一；於眼識中有個別顯現，故非質體一。

「質體異」指「由個別體性所生之有爲法」，如柱與瓶，因爲此二在無分別識中皆是個別顯現的有爲法，故爲質體異。

理聖法稱論師所著的《釋量論》也談及一異、體性一異、返體一異等論述。此論（第一卷）言：

「諸法由自性，住各自體故，
從同法餘法，遮回爲所依，
故從彼彼遮，此因緣類別，
以彼差別故，即善能通達，
是故某差別，由某法了知，
其餘則無能，故別異而住。」[132]

論說，因諸事物具有自己的獨特性，自然會有從同類及異類返回後的體性。如「聲」則從同類瓶子所返，亦從異類虛空

---

131 德格版，論，量，引卷，第三品，第四十六卷，125背頁；對勘本版，書號99，312頁。漢譯大藏經內並無此譯。

132 德格版，論，量，引卷，自義比量品，第42-44句偈頌文，96正頁；對勘本版，書號97，423頁。漢譯來源：法尊法師譯《釋量論》。

所返，分有眾多返體。聲之所作性與聲之無常性皆是返體異，其別異之基礎是「聲」。因為「聲」從無作性及常等返回後，依自因所生，所以才在「聲」上區分所作性跟無常的返體。

依此理由，安立聲、所作性、無常三者爲體性一，返體異。聲從「非聲」、「無作性」、「常」等異類法返回，有多少返回，自有多少返體。透過言「所作性」之聲，只能會意所作性卻非會意無常的獨特表述，其餘返體也是如此。總之，「聲」上的所作性及無常等法雖是體性一，但在發聲上或是分別心的顯現中卻是個別體。

丙一、附帶：「倒是倒非」之論述

「倒非」與「是」同義；「倒是」與「非」同義。所以，雖有倒非「可能存在所屬之所知」，[133]卻沒有一法是倒非「不可能存在所屬之所知」。

以事例爲喻，「是事物」與「倒非事物」同義；「倒非事物」與「是事物」同義。同樣地，「倒非瓶子」與「是瓶子」同義；「是瓶子」與「倒非瓶子」同義。倒是的雙數，如「倒是倒是瓶子」，與「是瓶子」同義，但無論多少次的倒非，皆

---

133 譯者註：X 是 Y 的緣故，X 就是 Y 的「所屬」，所以 Y 就是「可能存在所屬的所知」。同理，因為沒有單一事例既是瓶子也是柱子，所以「瓶柱」沒有所屬，故是「不可能存在所屬的所知」。

與單一的倒非瓶子同義。

　　總之，「倒是」某法單數次與倒是某法雙數次，所得之結果不同：倒是單數次意味著「非此法」；雙數次意味「是此法」。但再多的倒非，無論是單數次或雙數次，結果都屬「是」。這觀點與成立及遮遣的論述有著極大的關聯。

　　《釋量論》云：

「其言從他遮，及言從他返。」[134]

　　這種詮釋在「排他」（གཞན་སེལ།）的論述上經常可以見到。

乙三、總與別

　　古老印度推理者們的另一個深入研究的議題是：「總」與「明例」體性是一是異？何謂「總」的性質？如何定義「總」與其所遍佈的「明例」兩者之間的關聯？與此相關的內容會在詮釋「佛法宗義」的「排他」、「趨入聲境」（བརྗོད་ཡུལ།）時，依據陳那及法稱所釋加以闡述。為使初學者更容易學習，此處先依據恰巴的著作，進行「總與別」的簡略說明。

　　「總」的定義是「隨行其明例之法」，明例意指其法之

別，事例如柱子、事物、所知、有、執瓶識見瓶等。爲何柱子隨行 135 其明例呢？旃檀柱子、柏樹柱子、石柱子等都是柱子的別或明例，柱子也遍佈這一切別，故說柱子隨行其明例。柱子總的定義爲「隨行柱子之法」，事例如色、無常、所知等。

「總」又可從言詮分類 136 爲：類總（རིགས་སྤྱི།）、聚總（ཚོགས་སྤྱི།）、義總（དོན་སྤྱི།）三者。類總的定義是「隨行其類別」，事例如柱子、人、存在、事物。「隨行其明例」與「隨行其類別」基本相同，「類總」與「總」同義。

「聚總」的定義是「聚合支分後的粗色」；「聚總」與「粗色」同義，事例如瓶子、樹木、河流。瓶子是由腹鼓、縮底、瓶嘴等眾多粗細部分組合而成，故稱聚總。

何謂「義總」？以木而言，「雖非與木爲一，然執木分別心卻見與木爲一的影像」是木的義總性質。因爲分別心以總相僅現木本身的內義，而稱義總；又似人雖在家外，仍可由自心憶現家中影像。

「被能遍所含攝之其類別法」是「別」的性質，事例如常、無常、地、水、火、風等。以水而言，水被其類事物所

---

135 譯者註：「隨行」或「隨後而行」是因爲凡有石柱或木柱在，柱子就如爾等形影般，隨行不離，故稱「隨行」。

136 譯者註：分類可分許多種，如「數量決定分類」及「言詮分類」等。像涅槃分爲四種的分類法，因爲自性涅槃並非真正的涅槃。

遍佈，事物是能遍，水被其含攝；事物是其類，水是事物的類別。

能夠成為其法之別必須具足三種條件，以所知及其別柱子為例：一、柱子是所知。二、柱子與所知具同性相屬。三、具有不少同屬是「屬所知、非柱子」。因此，柱子是所知之別，餘法應也依此類推。

是「總」非「別」，例如所知；是「別」非「總」，例如瓶柱二；總別兩者皆是，例如柱子；總別兩者皆不是，例如兔角。瓶子既是金瓶的總，也是事物的別，故總別兩者都是。色是瓶的總；事物是色的總，所知是事物的總等。總遍佈的範圍大，別遍佈的範圍小。

乙四、質法與返法

在印度佛教的量學典籍裡，所謂的「質法」主要指的是自相法；與此相反的「返法」則是指「安立其法的差別，來自從聲音與分別心排斥非其法，返回而立該法」。或者亦可理解成，「質」意味著「質體有」；「返」意味著「施設有」。可是，阿闍黎恰巴的攝類典籍中的質、返法，卻以「八質返」的論述去做解讀。

其中「四質」是：一、彼是所知。二、彼是彼。三、非彼不是彼。四、彼之返體與質法無有相違。如瓶子是所知，瓶

子也是瓶子，非瓶也不是瓶，瓶之返體與瓶無有相違。不具上述條件的事例如「性相」：性相雖是所知，但性相本身並非性相，因爲「性相」本身是名相，因爲性相具有自己的性相。

此外，「非己四返」則是指：一、彼是所知。二、彼非彼。三、非彼不是彼。四、彼之返體與非彼返法無有相違。性相不是性相，非性相也不是性相，因而性相滿足了「非己四返」的四個條件。

因爲這是個提升理路的新主題，爲使讀者更能容易理解諸法「返體」與「返例（གཞི་ལྡོག）」的區別，特於此處做簡略介紹。若想進一步明瞭此主題的細節內容，請參閱攝類學相關典籍。

乙五、相屬與相違
丙一、相違

「相違」的性相：不可能存在同屬[137]之異法。可分二：不並存的相違，及互相牴觸的相違。如阿闍黎蓮花戒的《中觀明論》（Madhyamakāloka དབུ་མ་སྣང་བ）：

「如是事物等之相違可分兩者：不並存相違及互相抵觸

---

137 譯者註：某法既是甲又是乙，此法就是甲與乙的同屬。

相違。」[138]

「何者存在的緣故，使某具足因緣者必定滅無，此二法謂初相違，有如冷熱。」[139]

「由立何者即斷彼者，此乃第二相違。如同在同一處上事物的有及事物的無兩者。」[140]

此論的第一句引文顯示相違的兩種分類。第二句引文顯示「不並存相違」的性質。第三句引文明顯詮釋了「直接相違」或稱「互相牴觸相違」的性質。[141]

如論所言，當某一破壞者以其強大之毀力，令使某事物之因緣無法具全，而導致其無法持續，便是所謂的「不並存相違」。也就是說，由於二法能力相當而互相抵消，使得此二法不能同時俱存，此乃是論中述及之第一相違。其事例如：冷與熱為「直接不並存相違」，而瀰漫的濃煙與冰寒觸感則是「間

---

138 德格版，論，中觀，ཤ 卷，135 背頁；對勘本版，書號 62，1119 頁。漢譯大藏經內並無此譯。

139 德格版，論，中觀，ཤ 卷，135 背頁；對勘本版，書號 62，1119 頁。漢譯大藏經內並無此譯。

140 德格版，論，中觀，ཤ 卷，135 背頁；對勘本版，書號 62，1119 頁。漢譯大藏經內並無此譯。

141 譯者註：不並存相違又分「直接不並存相違」及「間接不並存相違」兩者。「直接不並存相違」與「直接相違」兩者有異，前者屬不並存相違，後者與互相牴觸相違同義。

接不並存相違」。瀰漫的濃煙雖然無法直接毀壞冰寒觸感，但能間接地抵消，因為當有瀰漫濃煙的地方理應有火，而火可直接抵消冰寒的觸感，所以煙與寒觸兩者屬「不並存相違」。

　　構成直接抵消的熱觸與寒觸，指的是持續的熱與寒觸，也就是具足連續眾多熱、寒觸剎那支分的和合體。阿闍黎法上所著的《正理滴論大疏》（ རིགས་ཐིགས་རྒྱ་ཆེར་འགྲེལ། ）云：

> 「因屬所生事物及能生事物，故說兩者相違，並非兩者
> 剎那而立相違。」[142]

　　明暗更替的方式則與冷熱抵損不同：「有明」與「滅暗」兩者同時產生。換句話說，在某處光明快要現起的時候，同時間同一處所的黑暗就快被消滅；在某處光明已經現起的時候，同時間同一處所的黑暗續流已經被消滅。亦即在明暗續流能力相當的基礎上，同一個處所的明暗兩法以此方式互相更替，無法俱存。

　　以冷熱來說，熱觸會牴觸寒觸的最短時間點是第三剎那。第一剎那時，熱溫度的熱量與冷溫度的熱量互相消抵；第二剎那時，熱使冷失去了效應；第三剎那時，冷溫度才停止延續而

---

142 德格版，論，量，ཆེ 卷，76 背頁；對勘本版，書號 105，204 頁。漢譯大藏經
　　內並無此譯。

告消失。雖然以上是針對最短時間而言，但在延續的過程中，當一者的力量越加強大，另一者的力量則會越被削弱。

此現象又如阿闍黎法上的《決定量論疏》（Pramāṇa viniścaya ṭīkā ཚད་མ་རྣམ་ངེས་ཀྱི་འགྲེལ་བཤད་འབད་ལྡན།）所言：

「此故，由何者遮除何者時，急時於第三剎那遮除。」[143]

這裡的剎那算法，並非以「時邊際剎那」為標準，而是以眾多剎那的和合體——「成事剎那」——作為標準。《決定量論疏》：

「此故，此相違非以剎那具境，而續流具境。」[144]

「不並存相違」又可分為「色法的不並存相違」與「識法的不並存相違」兩種。前者如冷與熱二者或明與暗二者，後者則如瞋與慈二者。

此處要注意，「不並存」不一定就是「不並存相違」，如：有因果關係的種子與其苗芽，二者雖無法同時俱存，卻具備「所生及能生」的作用，因此並不屬於「所害及能害」關係

---

143 德格版，論，量，ཆེ卷，第二品，205 正頁；對勘本版，書號 104，1263 頁。
　　漢譯大藏經內並無此譯。

144 德格版，論，量，ཆེ卷，第二品，205 背頁；對勘本版，書號 104，1263 頁。
　　漢譯大藏經內並無此譯。

的「不並存相違」。前述「冷與熱的不並存相違」是指冷與熱的續流互相抵損以致無法並存。

《般若二萬頌》：

「善現！譬如日出現時闇冥旬義實無所有。」[145]

經中以喻明顯說到：明暗兩者乃「不並存相違」。因此在不並存相違的論述中，了知識與識之間的所害以及能害極為重要，下面的敘述將詳細說明。

接著解釋「互相牴觸相違」：某識若已認定此方，其識立即除去他方，如有與無、常與無常、所作性與非所作性、一與異、瓶與非瓶、有火及無火。

以有與無為例，某識認定瓶子的「有」，此識就會同時除去瓶子的「無」；某識知道「非瓶無」，此識就會同時間知道瓶子的有。因此，從瓶子本身可以知道有與無是直接相違。

以常與無常為例，某識認定虛空是常，此識就會除去虛空是無常；某識知道虛空的「非無常」，此識就會知道虛空的常，這種的相違稱為「認定除去」（ངེས་བཅད་ཡོངས་གཅོད།）的相違。

相違有直接相違及間接相違兩種：前者有如常與無常，後者有如瓶、柱兩者。常與事物不是直接相違，雖然二者之間沒

---

145 德格版，經，二萬，ག卷，第八品，184正頁；對勘本版，書號26，406頁。
　　漢譯來源：《大般若波羅蜜多經》（T.7.220.468b.3）。

有「非常」亦「非事物」的第三例（ཡིན་ལུགས），但不代表此二法是直接相違，也就是說，在同一個點上，必須是藉由除去一方之力，就能認定另一方，才是直接相違；而因為常與事物無法以此方式消除第三事例存在的疑點，所以並非直接相違。

丙二、相屬

相屬之性相是指：「彼法與此法為異之基礎上，此法被滅故彼亦被滅」。可分「同性相屬」與「生起相屬」二者。

「相屬」有不同類別如下：和合體與分支間的相屬，如瓶子及瓶子的支分；所遍與能遍間的相屬，如檜樹與樹；等遍與同義法間的同性相屬（ཁྱབ་མཉམ་དོན་གཅིག་པའི་ཚོས་ཀྱི་བར་གྱི་བདག་ཉིད་གཅིག་པའི་འབྲེལ་བ），如所作性與無常。

同義、共別、具支與支、和合體與分支、方分與具方分等相屬，都是「同性相屬」；某法與某法之間的因果都是「生起相屬」。

同性相屬之性相是：「彼與此法為體性一、返體異的基礎上，此法被滅故彼亦被滅」。《釋量論》：

> 「性亦無不生，與唯有系屬，
> 無彼則有體，應無無異故。」[146]

---

146 德格版，論，量，ཇ卷，自義比量品，第39句偈頌文，96正頁；對勘本版，書號97，473頁。

論說，形成所作性的當下，就與無常無法分離；當無常性被滅時，所作性也同時被滅，故說所作性與無常性具「同性相屬」。

「生起相屬」之性相是：「彼與此法為體性相異的基礎上，此法被滅故彼亦被滅」。《佛說大乘稻芉經》：

「此有故彼有，此生故彼生。」[147]

《釋量論》：

「由隨轉隨遮，見某隨某轉，
彼性彼具因，故異因不生。」[148]

這段文詞之義是：形成某果之前必須透過某因的存在，故稱「隨轉」；當此因被滅時，彼果也被滅，故稱「隨遮」。以理見到某後果即隨某前因而轉，具足如是的性質者，也就是果，又被稱之為「具因」。如煙隨火而遮轉故，是指煙非由異因而生，亦非由無因而生，煙定屬火之果。

---

147 德格版，經，經典，ঙ৷卷，116 正頁；對勘本版，書號 62，315 頁。漢譯來源：《佛說大乘稻芉經》（T.16.712.823c.6）。

148 德格版，論，量，ঙ৷卷，自義比量品，第 38 句偈頌文，96 正頁；對勘本版，書號 97，473 頁。藏文與法尊法師的漢譯稍有不同，漢譯原文：「由隨轉隨遮，見某隨某轉，彼性彼為因，故異因不生。」

乙六、遮遣與成立

　　在此說明「遮遣」與「成立」的理由，是因為我們若要無誤地了解境的本質、識的趨入法等，必須先正確了知「遮他趨入」（或稱「遮遣趨入」）所指為何，也需要正確了解依理遮遣或成立的時候，遮遣的標準為何……等重要內容；故遮遣與成立的論述極為重要。

　　任何一法都是如此，當安立該法的性質時，都得安立非此法的返體。在這個基礎上，安立根識境中的瓶、柱、木、花等性質時，主要以成立的角度而安立。但如安立「倒非瓶」、「倒非柱」等性質時，則主要以遮遣非己方、返回自體而安立。又如「負負得正」般，言「非非瓶、非非柱」時，所言的內容乃是指瓶子及柱子，其中第一個「非」字，是遮遣了「非瓶」及「非柱」，所以是「遮遣法」。

　　同樣地，當要安立「沒有瓶子」時，必須透過遮遣「瓶子」來安立，並無法以「沒有瓶子」自身的性質而安立。反之，「瓶子」則不需要透過某種形式的遮遣，而能依據瓶子自己的性質來安立。所以，「沒有瓶子」是以遮遣法安立，「瓶子」則是以成立法安立。

　　「遮遣」與「成立」的定義如下。

　　遮遣的性相是：了知爾之識，經由直接遮遣爾之所遮後，

方知爾法。其中遮遣（དགག་པ）、遮擋（སེལ་བ）、遮他（གཞན་སེལ）同義。如「沒有瓶子」、「不是柱子」、「沒有人的房間」等，都是以識直接遮遣爾等的所遮後，方知爾法。意即由心先去呈現瓶相，再滅去瓶相，或遮遣瓶相，方能了知「沒有瓶子」。所以，這些例子在識中，都會呈現遮相。

「成立」的性相是：了知爾之識，並非經由直接遮遣爾之所遮而了知之法。如：柱子、色、識、所作性等。以「柱子」為例，了知「柱子」之識，並非經由遮遣任何所遮，就能了知柱子、成立柱子，故稱「成立」。

接著簡略說明「遮遣」的分類：遮遣可分「無遮」及「非遮」兩大類。二者的差別在於：「無遮」是遮擋後不會牽引出其他法；「非遮」則是在遮擋後會牽引出其他法。如清辨論師《般若燈論釋》中引用阿闍黎龍樹《觀世間》之引文：

「遮有言非有，不取非有故，
如遮青非青，不欲說為白。」[149]

如論中談到「那不是黑色」時，此句僅僅顯示「那不是黑色」而已，並不會牽引出「那是白色」等其他內容。同樣地，當談到「彼無自性」時，這句話僅僅會遮除自性、僅僅顯示無

---

149 德格版，論，中觀，ཤ 卷，第五品，94 正頁；對勘本版，書號 57，1032 頁。漢譯來源：《般若燈論釋》（T.30.1566.72c.3）。

自性，而不會成立「無自性的存在」等其他內容。假設言「無自性」時並非僅有遮擋，而會牽引出其他內容，則「無自性」這句話將會成爲「非遮」。由此例子可知「無遮」與「非遮」的差別。

我們可以說所有「遮遣」都可被「無遮」與「非遮」所概括。如寂護的《眞如集論》：

> 「遮擋有二相，非遮與無遮。」[150]

其中，「無遮」的性相是指：爾識了知爾法時，直接遮擋所遮，又無牽引他者，其事例如：「這裡沒有大象」。

若問：「這裡有沒有大象？」答：「這裡沒有大象。」這個回覆僅遮「這裡有大象」，除此外並不會牽引出「有沒有老虎」等其他內容，故稱「無遮」。同樣地，「僅遮觸碰」的眞名是「虛空」；在此眞名之中，並無否定詞，因爾識僅遮觸碰，全無牽引他者，故屬「無遮」。如《思擇焰論》中：

> 「無遮只會遮擋事物的性質，不會成立與此相似、或非此之法等其他事物。例如，言『婆羅門不飲酒』僅遮此

---

150 德格版，論，量，ᢅ卷，二十品觀聲品，第139句偈頌文，37背頁；對勘本版，書號107，92頁。漢譯大藏經內並無此譯。

人飲酒，並無意味飲他物或不飲他物。」[151]

此論搭配著比喻，而做了此一解釋與說明。

「無遮」亦可分二：一、所遮可能存在的無遮。二、所遮不可能存在的無遮。前者如「沒有柱子」、「沒有房子」；前者的所遮是「有柱子」，後者的所遮是「有房子」。所以，前後兩者的所遮都存在。「所遮不可能存在的無遮」則是例如：「沒有兔角」，其所遮「兔角」不可能存在。

「非遮」的性相是：爾識了知爾法時，不僅直接遮擋所遮，也會牽引出他者。其事例如：「倒非瓶」。爾識了知「倒非瓶」時，不僅直接遮擋「非瓶」，也會牽引出或了知到「瓶子」，故稱「非遮」。如《思擇焰論》中：

「非遮：因遮擋事物本性，故立與此相似、非爾之其他性。如，言『此人非婆羅門』遮擋此人為婆羅門故，成立與婆羅門相似，或非婆羅門的苦行者及學徒等劣下平民種性。」[152]

此論搭配著比喻，做了解釋與說明。

---

151 德格版，論，中觀，ᵉ卷，第三品，第三卷，59背頁；對勘本版，書號58，150頁。漢譯大藏經內並無此譯。

152 德格版，論，中觀，ᵉ卷，第三品，第三卷，59背頁；對勘本版，書號58，149頁。漢譯大藏經內並無此譯。

　　「非遮」會牽引出他者的方法有四種：一、直接牽引。如：沒有山的平地。二、間接牽引。如：肥胖婆羅門白天不吃飯。三、直接牽引與間接牽引，兩者同俱。如：肥胖婆羅門白天不吃飯，但體形不瘦喔。四、當下牽引。如：此人一定是婆羅門族或王族其中的一員，但不是婆羅門族。

　　當說到「沒有山的平地」時，遮擋了山的存在後，會直接顯示出平地。當說到「肥胖婆羅門白天不吃飯」時，遮擋了白天吃飯的同時，但因有「肥胖」二字，則可知此人仍有進食；既然進食時間是晝或夜其中之一的話，又因為進食非在晝時，所以間接可得知是在夜間進食。說到「肥胖婆羅門白天不吃飯，但體形不瘦喔」這句話，遮擋到在白天進食的同時，不只間接牽引出在夜裡進食，又直接顯示了體形不瘦的事實。當說到「此人一定為婆羅門族與王族其中的一員，但不是婆羅門族」這句話，當下便可得知「此人是王族」。

　　觀音禁（Avalokitavrata སྤྱན་རས་གཟིགས་བརྟུལ་ཞུགས།, 西元 700 年）所著的《般若燈論之註釋》（ཤེས་རབ་སྒྲོན་མེའི་འགྲེལ་བཤད།）中的引偈：

　　「實際示遮遣，以一句成立，
　　依字句未顯，具此非餘他。」[153]

---

153 德格版，論，中觀，ཞི 卷，第一品廣大註釋，第七卷，63 背頁；對勘本版，書號 58，1018 頁。漢譯大藏經內並無此譯。

阿闍黎南畢鞀瑪（ནེ་བི་ཇྱམ།）所著作的《示返體攝偈》（བློག་པ་བསྒྲུབས་པ་བསྐྱེན་པའི་ཚིག་ལེཨུར་བྱས་པ།）：

「**實際力得知，一句而成立，**
具此之遮遣，自句不顯示。」[154]

以上偈頌講出四種「非遮」的類別。「實際力得知」是指：那句話遮擋了它的所遮後，間接牽引出他者的「非遮」。「一句而成立」是指：那句話直接牽引出他者。「具此之遮遣」是指：當那句話遮擋了它的所遮後，透過直接以及間接兩種方式牽引出他者。「自句不顯示」則是指：當那句話遮擋了它的所遮後，當下就牽引出他者等。

阿闍黎世親菩薩所著作之《緣起初別釋》（རྟེན་ཅིང་འབྲེལ་བར་འབྱུང་བ་དང་པོའི་རྣམ་པར་དབྱེ་བ་བཤད་པ།）中，將「遮遣」分爲七相：

「**有等分無遮，他遮相似遮，**
詆寡及遠離，對治等遮擋。」[155]

論中述及遮遣七相，包括「無遮」與六種「非遮」。一、

154 德格版，論，聲明，གི卷，第8句偈頌文，252背頁；對勘本版，書號109，1750頁。漢譯大藏經內並無此譯。

155 德格版，論，經釋，ཆི卷，無明別品，7背頁；對勘本版，書號66，730頁。漢譯大藏經內並無此譯。

無遮，如：無人處無人。這句話遮擋在彼處有人，僅僅顯示「無人」且沒有他者的牽引。二、他遮，如：肥胖者白天不吃飯。這句話在遮擋白天吃飯的同時，間接地牽引出晚上吃飯。三、相似遮，如：言「阿修羅」[156]，並非只遮擋天人，所以並非無遮；反之此言可牽引出類似天人道的眾生。四、詆毀遮，如：對壞人說：「你不是人！」此言並非遮擋此人是人，而是詆毀此人。五、少寡遮，如：說「你沒有頭髮」這句話，並非遮擋此人有髮，而是說此人的頭髮很少。六、遠離遮，如：說「沒有衣服的人」這個詞，並非遮擋此人有衣服，卻是說此人沒穿衣服。以此可類推，「沒水的寺院」等敘述。七、對治遮，如：說到「無貪」，並非只說「不貪」，而是說貪的對治力「無貪」的善。以此可以類推，「無明」以及「非福報」等話的意思。

隨著真名的詮釋方式，又廣說十五種分類。如《示返體攝偈》：

「無他及相似，詆毀及沮劣，
細及少寡疾，小及無剩餘，
僅少非一切，異類及對治，

---

156 譯者註：阿修羅乃梵語音譯。阿謂非，修羅謂天人，意譯乃非天人。

遠離共十五。」[157]

如論中所提及，十五分類如下：

一、「無」：例如說到「無人處無人」。這句話僅遮擋彼處有人外，無有任何他者的牽引。

二、「他」：如肥胖者白天不吃飯。這句話在遮擋白天吃飯的同時，會間接牽引出晚上吃飯。

三、「相似」：如言「非天（即阿修羅）」。此言並非只遮擋天人，所以並非無遮。反之這句話可牽引出類似天人道的眾生。

四、「詆毀」：如對壞人說：「你不是人！」這句話並非遮擋此人是人，而是詆毀此人。

五、「沮」：例如說到「無識之眠」。是說在睡覺時，識取境的粗分作用被此言遮擋後，僅顯識取境的細微作用。

六、「劣」：如稱行動不便的馬為「不會跑的馬」。此言並非遮擋此馬會跑，而是說此馬跑不快。

七、「細」：當說到「無想定」時。此言並非遮擋想的存在，而說沒有粗顯之想，僅具細微之想。

八、「少寡」：如對少走路的人說道：「你沒在走。」此

---

157 德格版，論，聲明，劑卷，第4-5句偈頌文，251正頁；對勘本版，書號109，1749頁。漢譯大藏經內並無此譯。

言並非遮擋此人的行走，而是說此人很少走動。

九、「疾」：如在某處居住不久，急著離開的人，對他說道：「你不住在這裡。」此言並非遮擋此人完全不住在這裡，卻說此人住在這裡的時間很短。

十、「小」：如對身體很矮小的人說道：「沒有身軀！」此言並非遮擋此人的身軀，而是遮擋此人高大的身體，而說此人的身體矮小。

十一、「無剩餘」：如對僅有一件衣服的人，跟他要衣服的時候，此人說道：「我沒衣服。」此言並無顯示此人一件衣服都沒有，而是說此人沒有多餘的衣服。

十二、「僅少非一切」：例如說到「婦女們都不生男孩」這句話，並非遮擋生男孩的婦女的存在，而是說「不生男孩的婦女佔了大多數」。

十三、「異類」：例如說到「非親非故」這句話，非遮擋某人的親眷，而是顯示了非親眷的關係。

十四、「對治」：為了能夠知道光明與黑暗的對立關係，言「非闇」。此句話是指光明乃黑暗的對立，並非僅說光明非黑暗而已。同樣地，「無貪」、「無瞋」、「無癡」等話，也都是屬於顯示對治遮遣的意思。

十五、「遠離」：當對沒穿衣服的人說道「你沒有衣服」，此言並非表示此人沒有衣服，而是表示此人沒有穿衣

服。以此類推「沒水的寺院」、「無人的房子」等言。

第一類是「無遮」，後十四類則都是「非遮」。

十五種遮遣又可簡略分類為八種，甚至更簡略地分為兩種。八種分類如《示返體攝偈》：

「沮劣合低下，細等六為一，故成八遮遣。」[158]

「沮」及「劣」的遮遣合為一者，稱「低下遮遣」。「細」等六種遮遣[159]皆合為一者，稱「細微遮遣」。總之，八種類別為：一、無遮。二、他遮。三、相似遮。四、低下遮。五、細微遮。六、異類遮。七、對治遮。八、遠離遮。

因為「沮」、「劣」、「低下」三者皆遮德相而相同，所以將前兩者合為「低下」。因為細等六種皆遮粗相而相同，所以將此六者合為「細微」。

七種分類如《示返體攝偈》：

「異治合故七。」[160]

---

158 德格版，論，聲明，शे卷，第6-7句偈頌文，251正頁；對勘本版，書號109，1750頁。漢譯大藏經內並無此譯。

159 譯者註：細等六遮是指：細、少寡、疾、小、無剩餘、僅少非一切。

160 德格版，論，聲明，शे卷，第7句偈頌文，251正頁；對勘本版，書號109，1750頁。漢譯大藏經內並無此譯。

若將「異類」與「對治」二者合為一者，則形成七個分類。而分成六類的方式，則有如《示返體攝偈》：

「低下細微合，沮喪共六相。」[161]

如論中所云，七類分法中，若將「低下」及「細微」二者合為一稱「沮喪」，則可得六種類別：一、無遮。二、他遮。三、相似遮。四、沮喪遮。五、對治遮。六、遠離遮。

那五種類別又是如何分的呢？《示返體攝偈》：

「以義示遮遣，以一句立相，
自句不顯示，餘者皆成他。」[162]

五種類別的分法是：一、無遮。二、遮遣所遮後，直接牽引。三、間接牽引他者。四、以直間二法牽引。五、當下牽引。

如何分成四種類別？《示返體攝偈》云：

「遍計執遮遣，沮喪及他遮，相違共四相」[163]

---

161 德格版，論，聲明，列卷，第7句偈頌文，251正頁；對勘本版，書號109，1750頁。漢譯大藏經內並無此譯。

162 德格版，論，聲明，列卷，第8句偈頌文，251正頁；對勘本版，書號109，1750頁。漢譯大藏經內並無此譯。

163 德格版，論，聲明，列卷，第9句偈頌文，251正頁；對勘本版，書號109，1750頁。漢譯大藏經內並無此譯。

四種類別分別是：一、遍計執遮。二、沮喪遮。三、他者遮。四、相違遮。

「無遮」皆屬第一類，該事例如「聲音不在常法中存在」。「聲是常法」乃是遍計所執或增益所執，因此「聲不在常法中存在」乃是遮擋「聲是常法」的「除遍計之遮遣」。以此可以類推所有的「無遮」。

第二類是指從「劣」至「僅少非一切」的遮遣：因為它所遮的皆屬於德相或粗大相，所以這些可整合為「沮喪」一類。第三類，如肥胖者白天不吃飯。這句話是遮擋白天吃飯的同時，也顯示了晚上吃飯。第四類，當說到「無明」、「無貪」、「無瞋」、「無癡」等，這句話顯示了「不並存相違」的狀況，故稱「相違」。

如何分成三種類別？《示返體攝偈》：

「無遮以及他，對治共有三。」[164]

三者謂：一、無遮。二、他者遮。三、對治遮。

如何分成兩種類別？如《示返體攝偈》：

164 德格版，論，聲明，ཤེ卷，第10-11句偈頌文，251正頁；對勘本版，書號109，1750頁。漢譯大藏經內並無此譯。

「遮遣之分類，無非二所攝。」[165]

分成兩類是指：一、無遮。二、非遮。這兩類的性相及事例，前面已經介紹過。

在佛教典籍中，尤其是中觀及量學的教典，會將「遮遣」及「成立」的論述獨立出來仔細講解，主要是爲了正確了解「識如何趣入境」，無誤地區分「聲及分別心如何以遮遣或成立的方式趣入境」，以及了解「以正理安立遮遣及成立的論述時，所遮遣的類別與正理遮遣的標準」等眾多重要內容，故教典中非常重視遮遣及成立的論述。因此之故，本書亦在此確立這些論述的重點。

乙七、三種所量

談到三種所量，因爲一切所量可被「現前分」、「略隱蔽分」、「極隱蔽分」三者涵蓋在內。「現前分」是指能被現識所見者。若無法被現識所見，必須經由理由來了解的「隱蔽分」則有兩種：一、可被事勢理所成立的略隱蔽分。二、必須經由言量（ཡིད་ཆེས་མ།）的極隱蔽分。一切所量一定是這三者其中一種，佛教典籍早已確立此一論述。如《解深密經》云：

---

165 德格版，論，聲明，ནེ卷，第11句偈頌文，251正頁；對勘本版，書號109，1750頁。漢譯大藏經內並無此譯。

「謂一切行皆剎那性，他世有性，淨、不淨業無失壞性。由彼能依粗無常性，現可得故。由諸有情種種差別，依種種業現可得故，由諸有情苦樂、苦苦，淨、不淨業以為依止，現可得故。由此因緣，於不現見可為比度。」[166]

雖然凡夫能以覺受了知色等，卻無法以覺受了知色法上的剎那轉變、無常等特徵，因此經說若要了知這些特徵必須透過比度。如《阿毘達磨俱舍論自釋》云：

「如餘有法，若無障緣，
應現量得，如六境意。」[167]

當現識見到某種境時，若無有障礙的話，就代表此境能被現識所緣取。

大教典中對此三者的詮釋為：能被現識緣取的存在，稱為「現前分」。雖不能被現識緣取，但在現識安立的基礎之上，能以事勢比度去了知的存在，稱為「略隱蔽分」。當下雖然無法以事勢比度去了解，但可經由無誤的他語而了知的存在，稱

---

166 德格版，經，經典，訶卷，第十品，51背頁；對勘本版，書號49，120頁。漢譯來源：《解深密經》（T.16.676.709b.28）。

167 德格版，論，阿毘達磨，訶卷，第九品，82正頁；對勘本版，書號79，876頁。漢譯來源：（T.29.1558.3b.24）。

之爲「極隱蔽分」。《釋量論》云：

「除現不現外，餘所量非有。」[168]

凡是量的所量，一定是屬於現前分或隱蔽分兩者其中之一。若屬於隱蔽分，則一定屬於略隱蔽分或極隱蔽分兩者之一，故說這三者爲決定所量。

現前分的性相是：不需依賴正因，可被現識所了知的存在。例如：我們現識覺受可以知道的色、聲、香、味、觸等外境，以及樂、苦、粗顯思惟等內境。

略隱蔽分的性相是：依賴事勢理方能得知的存在。例如：色等剎那壞滅的性質。雖然色等可由現識得知，但色等的剎那壞滅性無法從現識得知，而必須從事勢理去推理了解。此處的事勢理是指：色等皆是隨因緣而變化，所以色等本身的壞滅，是不需經由後起他緣就會自然形成。

又如正在行走的某人，因爲看到對面山頂濃煙滾滾，以此理由推理彼處有火。這個推理來自過去「無火不生煙」的認知，以及現識看到「彼處濃煙」的存在。換個角度來說，如果是在夜間，則遠處雖可見火，但無法見煙。因此某人也可以以

---

168 德格版，論，量，ㄐ卷，現量品，第63句偈頌文，121正頁；對勘本版，書號97，531頁。

不見火的理由，去推理無煙的事實。按照這兩個不同時點的狀況，正因為當時彼山有火、夜時無煙的事實，對此人而言是種隱蔽分，所以此人無法以現識見到彼山有火或夜時無煙。

極隱蔽分的性相：無法以現識及事勢比度得知，卻依賴符合三察清淨教言（དཔྱད་གསུམ་དག་པའི་ལུང་།）的正因所成立的存在。三察清淨教言是指：一、此言在詮釋現前分的內容時，不會被現量違害。二、此言在詮釋略隱蔽分的內容時，沒有被事勢比度違害。三、此言在詮釋極隱蔽分的內容時，沒有文句的前後矛盾。

如同佛教自宗的說法般，因造業感得同類果報的緣故，建立了所謂的因果論──同類因感同類果。這個論述雖可被事勢比度所了解，但極細微的因果關聯，如：如何得知個別的哪個果是由個別的哪個因而生等，這種相當複雜的細微內容，屬極隱蔽分，所以只能依賴三察清淨教言而理解。

在第三極隱蔽分中，有許多內容是與「世間共許」有關，如：透過歷史的敘述了解曾經發生過的許多事實，或透過父母等可信的第三者，得知自己的生日等。極隱蔽分也會在某些特別的情況下，透過佛陀的教言而成立。《釋量論》云：

「比度自行境，說不待於教，

彼成彼善成，爾時不待論。」[169]

很明顯地，論中說到，若某境為事勢比度的所行境，則被事勢比度了知，無須依賴正言。

如果某境是第三要義，極隱蔽分的話，如《釋量論》云：

「轉於第三處，受論則應理。」[170]

某所量若與極隱蔽分有關，則須依賴正言，這是種合理的作法。

如何了知言量？如「布施得財富」的教言內容之所以無誤，並非因為它是教言，而是以三淨正言的原因，說到此教言的內容無誤。《釋量論》云：

「繫屬順方便，說士夫義語。」[171]

此偈是說到與三淨正言因相關的有法。《釋量論》又說：

---

169 德格版，論，量，कऻ卷，利他品，第48句偈頌文，141正頁；對勘本版，書號97，578頁。藏譯與漢譯稍有不同，法尊法師的漢譯原文為：「比量自行境，說不待於教，彼成彼善成，爾時不待論。」

170 德格版，論，量，कऻ卷，利他品，第51句偈頌文，141正頁；對勘本版，書號97，578頁。

171 德格版，論，量，कऻ卷，自義比量品，第216句偈頌文，102背頁；對勘本版，書號97，488頁。

「於見及不見，有事諸義理，
現識比度二，無害此不欺。」[172]

此偈說到認知三淨正言之因。

另一個理由是透過三觀，得知導師教言中的初者「現前
分」，以及四諦等略隱蔽分的內容皆無謬誤，以此為例，間接
成立導師教言中的極隱蔽分也亦無謬。《釋量論》云：

「可信語不欺，由總而比度。」[173]

聖天的《四百論》云：

「若於佛所說，深事以生疑，
可依無相空，而生決定信。」[174]

《釋量論》又說道：

「救護見道說，無果不妄語，

---

172 德格版，論，量，引卷，自義比量品，第217句偈頌文，102背頁；對勘本版，書號97，488頁。藏譯與漢譯稍有不同，法尊法師的漢譯原文為：「於見及不見，有事諸義理，現量二比量，無害此不欺。」

173 德格版，論，量，引卷，自義比量品，第216句偈頌文，102背頁；對勘本版，書號97，488頁。

174 德格版，論，中觀，引卷，第十二品，第5句偈頌文，13正頁；對勘本版，書號57，809頁。漢譯來源：玄奘大師譯《廣百論》（T.30.1570.184a.13）。

悲故所作事，為利他行故。」[175]

　　如論所云，完全慈愛我等的大悲導師，在宣說極隱蔽分的內容上，根本不需妄語，也沒有需要的理由。加上導師教言的隱蔽分內容又可依理認證無謬的緣故，而成立言量。在學佛的體系中，偶爾會發生「承許言量」的情況，但這種情況是有前提條件的。如上已言，教言內容無有現識及正理的違害，教言的文句間無有前後矛盾，說法者沒有其他特殊目的或需求等，在這些條件皆成立的情況下才能承許。這是必須要知道的重點。

---

175 德格版，論，量，ཤེ 卷，成量品，第146句偈頌文，113正頁；對勘本版，書號 97，513頁。藏譯僅有四句，與法尊法師的譯本稍有不同。法尊法師的原譯為：「救護者宣說，親自所見道，無果不妄語，具足悲心故，凡一切所作，為利他行故。」

第三品
能聚合成色法之
微塵的論述

甲一、總說

色的粗細層次，依據體形的大小及於根顯現的方式加以區分，不像粗細無常般，透過了知的難易來區別。粗分的色法，大至器世間，小至日光的光塵等，有著各式大小的種類。細分的色法內部也有繁多種類，最細微的是「極微塵」。粗色最終源自極微塵；微塵的累積形成粗色。雖然古印度學者們對於「極微塵可否被根識所見」、「有否無方分的色法」等論述，各自持有不同的立場，但是對於「粗聚由細微所積、所成」之論述，卻是過去印度內、外道雙方共同承許的宗義。

歷史上，印度宗見者中，很早就持極細詮釋微塵論述者，乃印度兩大外道宗見師：勝論師及吠陀師。

甲二、最小的色法——極微塵

外道勝論師及吠陀師主張一切所知皆被六句義所概括。六句義是指：一、質。二、德。三、業。四、有。五、同異。六、和合。[1]

1　譯者註：目前普遍可見的六句義漢文翻譯可分二：一、實。二、德。三、業。四、有（或稱「大有」）。五、同異。六、和合。這種說法來自《俱舍論記》第五卷及《因明入正理論直解》等。第二種是：一、實。二、德。三、業。四、同。五、異。六、和合。這種說法來自《佛光電子大辭典》。在此除了「實」字無法對應《佛法科學總集》的主要內容，故而改為「質」外，其餘翻譯以前者大藏經的普遍用法為主。

一、質：獨立自主不需依賴他者，又是他德的所依，稱為「質」。質有三個特徵：具用、具德、合因。具用如行動，具德如多德相，合因謂令事物互相接觸。質分為遍佈質及非遍佈質兩種，前者如四大及意，後者如：我、時、方、虛空。另一種分法，將質分為常質與無常質兩類。我、時、方、虛空四者永遠是常質；四大中，有粗體及極微塵兩類，極微塵是常質，粗體是無常質。極微塵若是無常質，其構成因素將應有其他微塵，然無此因素，故極微塵非無常。此兩派主張，微塵積聚的粗體等皆是無常質。

他們主張，上個世界滅空的時候，四大的極微塵仍然存在。理由是，如果因為粗塵滅空，極微塵也隨之滅空的話，將會斷除再次構成粗色的基礎。然當時極微塵雖在，但非具因，乃是常法；四大極微塵皆是常法，亦無方分，各自安立。初次形成情器世間的時候，係大自在天有意造作有情，以此欲力逐漸形成情器。他們主張情器的究竟因乃極微塵無方分常法。此義在阿闍黎月稱所著的《四百論釋》談到勝論師等所主張的極微塵時明顯說道：

「極微等唯是常，因不離形成粗顯之種子性質。若非如此，粗顯亦可無種而生。初劫中，大種所造粗顯[2]等壞

滅之際，離散諸質支分，僅剩極微，絕無粗顯。若爾，彼時極微塵等，是否如粗顯般消失無存？若是如此，粗顯等則可無因而生。不僅決定具支質因極微等存在，爾等更是常法，無因而有故。」[3]

阿闍黎蓮花戒的《真如集論釋》亦云：

「地等極微塵性乃常，因極微塵僅屬常故。由爾等成者乃無常，具因為無常乃合理故。」[4]

這兩派主張四大及其極微塵等，依次可安立為具四德、具三德、具二德、具一德。具四德指：地與地塵具有色、香、味、觸四性。具三德指：水及水塵具色、味、觸性，卻不具香性。具二德指：火及火塵具色、觸性，卻不具香、味性。具一德：風及風塵僅具觸性。《思擇焰論》云：

「地、水、火、風等微塵乃常，其數如下：具四德、具三德、具二德、具一德。」[5]

3　德格版，論，中觀，ཚ 卷，第九品，153 背頁；對勘本版，書號 60，1296 頁。漢譯大藏經內並無此譯。

4　德格版，論，量，ཟེ 卷，第十五品觀質句，257 背頁；對勘本版，書號 107，669 頁。漢譯大藏經內並無此譯。

5　德格版，論，中觀，ཙ 卷，第七品，242 背頁；對勘本版，書號 58，590 頁。漢譯大藏經內並無此譯。

《思擇焰論》又云：

「地質具色香味觸。具色香觸的水乃濕潤性。火具色觸。風具觸」[6]

佛教典籍中，七部阿毘達磨說到色等皆從四大因所生。西元二世紀左右，阿毘達磨論師法勝（Dharmaśri ᢌ᪤᪤）所著《阿毘曇心論》（Abhidharmasāna ᢌᢌᢌᢌᢌᢌ）[7]與廣說安立一切有部的《阿毘達磨大毘婆沙論》兩部論典，都有詳細解釋微塵論。其後，阿闍黎世親著《阿毘達磨俱舍論》及其自釋，善說攝略《阿毘達磨大毘婆沙論》的要義。

下部阿毘達磨教典如何解說粗塵、微塵呢？

他們主張，地水火風四大與色香味觸等大種所造，共稱八質。八質合聚，形成色等，才有所謂的粗細色法。逐漸將具支色等支解分割，最終分到極微塵的體性。眾多極微塵聚合後，再逐漸形成粗顯色法。

色法由八質同具而生。以水為例：因具有地塵，可使木漂浮水上；因具火塵，水令草樹增長；因具風塵，水可流動；屬水性故俱生水塵；眼識可見水有色塵；鼻識嗅水有香；舌識嚐

---

6 德格版，論，中觀，ᢌ卷，第十七品，243背頁；對勘本版，書號58，593頁。漢譯大藏經內並無此譯。

7 雖然這部極早期的阿毘達磨教典未翻成藏文，卻已翻成漢文。

水有味；身識知水有觸。以此類推，其他色法也都是由色塵、香塵、味塵、觸塵等同俱而生。

極微塵在各種塵中是最細微的。下部阿毘達磨論典說到，極微塵不只是構成色法的基礎，也是無方分、多者環繞的單一性，以及相互隔離的不觸碰性。意思是說：一、極微塵的方分無法被切割。二、雖是位於中央的單一極微塵，但旁邊有其他眾多的極微塵環繞。三、若觸碰他者，將會全方位觸碰，而非局部觸碰；因為，若能局部觸碰，則成方分。

這些教典中又說，極微塵有兩類：質極微塵（རྫས་རྡུལ་ཕྲ་རབ།）以及積聚微塵（བསགས་རྡུལ་ཕྲ་རབ།）。前者是最小單位的色法，後者是最小單位的積聚；前者無方分，後者有方分。

質極微塵的性質是：能被觸碰色法的支分、不被其他色法消滅、識亦無法分割爾支的無方分，也是最小單位的色法。事例如，無方分的地水火風等四大與無方分的色香味觸等大種所造；這八種單一的微質，乃是質極微塵。

積聚微塵的性質是：雖可由識分割爾支，卻不被其他色法消滅，沒有比爾更小的積聚微塵。無方分的地水火風四大微塵，以及無方分的色香味觸大種所造，爾等八種的最小和合體，乃積聚微塵。由八質塵的論述，可安立質塵有大種及大種所造兩種。

如《阿毘達磨大毘婆沙論》云：

「應知極微是最細色不可斷截、破壞、貫穿、不可取捨、乘履、摶掣。非長、非短、非方、非圓、非正、不正、非高、非下、無有細分，不可分析、不可覩見、不可聽聞、不可嗅嘗、不可摩觸，故說極微是最細色。此七極微成一微塵，是眼識所取色中最微細者。」[8]

《俱舍滿增注》亦云：

「極微塵有二相：質極微塵及積聚微塵。質極微塵謂，諸塵中最細、觸碰之支分、他色甚至心念皆不能區分。此故無有方分，故稱色之邊際，如無能解剖剎那方分，故稱時邊際剎那。積聚微塵謂，由某所聚，無有更細積法之聚支，卻無法被他色所壞。」[9]

根據阿闍黎無著等的上部阿毘達磨論典的根本文義，又是如何論述粗細色呢？他們的主張是，粗色雖無論怎樣分解都能繼續被分解，無有止盡，但以心力盡量分解某粗色後，心中所現的最細方分微塵，乃所謂極微塵。如《大乘阿毘達磨集論》云：

8　中國和尚洛桑卻扎或法尊大法師的手稿。第一百三十六品，354頁。漢譯來源：《阿毘達磨大毘婆沙論》（T.27.1545.702a.4）。

9　德格版，論，阿毘達磨，རི། 卷，第二品，131 正頁；對勘本版，書號 81，329 頁。漢譯大藏經內並無此譯。

「又說：『麤聚色極微集所成者』。當知此中極微無體。但由覺慧漸漸分析，細分損減，乃至可析邊際，即約此際，建立極微。為遣一合想故，又為悟入諸所有色非真實故。」[10]

佛子稱友的《大乘阿毘達磨集論釋》云：

「分解後無有止盡、由覺慧可析之邊際，建立極微論述。僅因覺慧細分之邊際，安立極微。」[11]

極微塵有沒有形狀呢？論說，如瓶子的聚合物中，各種極微塵雖然質體互異，但形狀都是圓形。阿闍黎陳那的《觀所緣緣論》云：

「極微等雖質體有別，然皆圓相，無有別異。」[12]

阿闍黎律天（或稱調伏天）（Vinītadeva དུལ་བ་ལྷ།）的《所緣緣論注》（དམིགས་བརྟག་འགྲེལ་བཤད།）云：

---

10 德格版，論，唯識，ཤི། 卷，第二品，77 背頁；對勘本版，書號 76，196 頁。漢譯來源：《大乘阿毘達磨集論》（T.31.1605.675b.25）。

11 德格版，論，唯識，ཤི། 卷，第四卷，38 背頁；對勘本版，書號 76，1048 頁。漢譯大藏經內並無此譯。

12 德格版，論，量，ཅེ། 卷，86 背頁；對勘本版，書號 97，433 頁。藏譯與漢譯不同。漢譯原文：《觀所緣緣論》（T.31.1624.888c.11）：「非瓶甌等能成極微有形量別。捨微圓相故。知別相在假非實。」

「瓶與碗等的極微雖質體別異，但圓相無別故，極微無
有區別。」[13]

極微塵的分類，如《攝決擇分》云：

「略說極微有十五種，謂眼等根有五極微、色等境界亦
五極微、地等極微復有四種、法處所攝實物有色極微有
一。」[14]

論說，從眼根極微塵，乃至法處所攝色的極微塵，共有十
五種。這些都被法處所攝色所概括。

清辨論師認爲，不只是色法等由地水火風色香味觸八塵積
聚而成，構成色法基礎的極微塵也非獨立單一，皆由八塵和合
所成的質體有。《思擇焰論》云：

「極微塵乃八塵合性，故承許爾等質性。」[15]

極微塵乃塵中最細微塵。如阿闍黎觀音禁的《般若燈論之
註釋》云：

13　德格版，論，量，ཤེ卷，181背頁；對勘本版，書號106，483頁。漢譯大藏經
　　內並無此譯。

14　德格版，論，唯識，ཞི卷，第六品，50正頁；對勘本版，書號74，117頁。漢
　　譯來源：《瑜伽師地論》（T.30.1579.597c.22）。

15　德格版，論，中觀，ཚ卷，第五品，209背頁；對勘本版，書號58，510頁。
　　漢譯大藏經內並無此譯。

> 「極微塵謂極細微塵。無餘塵比爾更為細微，故稱極微
> 塵。」[16]

依據阿闍黎提婆及月稱等論著，爾等論師主張，極微塵的
所在處上，若有他塵將會形成阻礙，所以極微塵等具觸碰性。
只要是觸碰性的事物，就與粗色瓶等無有差別，絕對不可能成
為常法。極微塵乃僅因依賴而安立的施設有，也是八質和合所
成。如《四百論》云：

> 「不見有諸法，常而是有對，
> 故極微是常，諸佛未曾說。」[17]

月稱論師的《四百論釋》云：

> 「較爾極細非常，為何？論說：『不見有諸法，常而是
> 有對』。於極微之上，無法存在諸餘他微塵，故極微具
> 觸，與具觸性之瓶等相同，爾等常性不合理故，爾等非
> 常。『故極微是常，諸佛未曾說』謂，某者不顛倒見，
> 如實所見，如實所覺。八質的極微因無常故，極微僅於

16　德格版，論，中觀，ꡳ 卷，92 背頁；對勘本版，書號 58，1089 頁。漢譯大藏
　　經內並無此譯。

17　德格版，論，中觀，ꡰ 卷，第九品，第 19 句偈頌文，11 正頁；對勘本版，書號
　　57，803 頁。漢譯來源：《廣百論》（T.30.1570.182c.4）。

無常性在。[18]**極微亦施設而有，因待八質而施設，如瓶子。」**[19]

甲三、如何由極微塵累積成粗色

根據下部阿毗達磨論典，如何由極微塵累積成粗色呢？

他們主張，形成粗色時，所謂的「累積」是從最小單位開始，如：最小色法的「極微塵」、最短名字的「文」、最短時間的「時邊際剎那」。七個極微塵累積後，成為一微塵；七微塵累積後，成為一金塵；七金塵累積後，成為一水塵；七水塵累積後，成為一兔毛塵；七兔毛塵累積後，成為一羊毛塵；七羊毛塵累積後，成為一牛毛塵；七牛毛塵累積後，才能成為一光塵[20]。只有光塵才可被眼睛所見，眼睛無法見到光塵之前的微塵。總之，毗婆沙部及經部的學者們主張：構成粗色的基礎來自無方分微塵的累積。

如阿闍黎善護的《成外境義》（ཕྱི་རོལ་གྱི་དོན་གྲུབ་པ།）云：

---

18 譯者註：不顛倒見者「佛」如實所見為何呢？佛所見的是「八質的極微因無常故，極微僅於無常性在」，故不見「極微是常」。

19 德格版，論，中觀，སྱ 卷，第九品，154 正頁；對勘本版，書號 60，1298 頁。漢譯大藏經內並無此譯。

20 譯者註：藏文 ཉི་ཟེར་གྱི་རྡུལ། 譯成漢文為光塵或日光塵。玄奘大師譯為隙塵、遊塵，或隙遊塵。

「互相不觸碰，住無方分性，
故由地壇等，累積所形成。」[21]

《阿毘達磨俱舍論自釋》云：

「極微字剎那，色名時極少，」

此謂最小色法乃「極微塵」，最短之名乃「文」，最短時
間乃「時邊際剎那」。何謂微塵呢？該自釋又云：

「『極微微金水，兔羊牛隙塵，蟻虱麥指節，後後增七
倍。』論曰，極微為初，指節為後，應知後後皆七倍
增。」[22]

其他論典如《聖廣大遊戲大乘經》（Lalitavistarasūtra འཕགས་
པ་རྒྱ་ཆེར་རོལ་པའི་མདོ། 古譯《方廣大莊嚴經》）云：

「菩薩答言：凡七極微塵成一阿耨塵，七阿耨塵成一都
致塵，七都致塵成一隙遊塵，七隙遊塵成一兔毛上塵，
七兔毛上塵成一羊毛上塵，七羊毛上塵成一牛毛上塵，
七牛毛上塵成一蟣，七蟣成一芥子，七芥子成一麥，七

---

21 德格版，論，量，ཆེ卷，第56句偈頌文，191背頁；對勘本版，書號106，514
頁。漢譯大藏經內並無此譯。

22 德格版，論，阿毘達磨，ཀུ卷，第三品，154背頁；對勘本版，書號79，381頁。
漢譯來源：《阿毘達磨俱舍論》（T.29.1558.62a.17）。

麥成一指節，二十四指節成一肘，四肘成一弓」[23]

聖者目犍連的《立世間論》（འཇིག་རྟེན་བཞག་པ།）云：

「日光塵四十九分之一乃極微塵。凡七極微塵成一阿耨塵，七阿耨塵成一都致塵，七都致塵成一隙遊塵，七隙遊塵成一兔毛上塵，七兔毛上塵成一羊毛上塵，七羊毛上塵成一牛毛上塵，七牛毛上塵成一蟣，七蟣成一芥子，七芥子成一麥，七麥成一指節，二十四指節成一肘」[24]

佛經中的《律分別》（འདུལ་བ་ལུང་རྣམ་འབྱེད།）云：

「凡六極微塵成一微塵，六微塵成一水塵，六水塵成一金塵，六金塵成一兔毛上塵，六兔毛上塵成一羊毛上塵，六羊毛上塵成一牛毛上塵，六牛毛上塵成一蟣，六蟣成一蝨，六蝨成一麥，六麥成一指節，三十六指節成

---

23 德格版，經，經典，ཁ卷，第十二品，77正頁；對勘本版，書號46，185頁。藏譯與漢譯稍有不同。漢譯原文：《方廣大莊嚴經》（T.3.187.563b.16）：「菩薩答言：凡七極微塵成一阿耨塵，七阿耨塵成一都致塵，七都致塵成一牖中眼所見塵，七眼所見塵成一兔毛上塵，七兔毛上塵成一羊毛上塵，七羊毛上塵成一牛毛上塵，七牛毛上塵成一蟣，七蟣成一芥子，七芥子成一麥，七麥成一指節，十二指節成一搩手，兩搩手成一肘，四肘成一弓。」

24 德格版，經，阿毘達磨，ཤེ卷，第4句偈頌文，9背頁；對勘本版，書號78，650頁。漢譯大藏經內並無此譯。

一肘。」[25]

阿闍黎功德光的《律經根本》（འདུལ་བ་མདོ་རྩ་བ）云：

「極微塵、微塵、水、金、兔毛、羊毛、牛毛、日光
塵、蟣、蝨、麥、指等，凡前六成後一者。」[26]

以上所引，《阿毘達磨俱舍論自釋》說一粒日光塵由
823,543 極微塵積聚而成，《律分別》說了六倍增法，所以一
粒日光塵裡面有 279,936 極微塵，《聖廣大遊戲大乘經》說一
粒日光塵裡面有 343 極微塵，《立世間論》說一粒日光塵裡面
有 49 極微塵。這些說法是否相違呢？一些俱舍論的註釋裡面
對此做了解釋：不同論典雖然採用相同名稱，但它們所指並非
都是動物的毛尖，所以並不互相矛盾。

還有一種解釋說到，沾在兔毛尖上的塵埃稱兔毛塵，沾在
綿羊毛尖上的塵埃稱羊毛塵，沾在牛毛尖上的塵埃稱牛毛塵。
隨著兔毛、羊毛、牛毛的粗細不同，這些毛尖上的塵埃大小也
都不同。

時輪教典說到，八極微塵連串起來為一微塵。八微塵連串

---

25 德格版，經，律，ཕ 卷，239 正頁；對勘本版，書號 8，562 頁。漢譯大藏經內
並無此譯。

26 德格版，論，律，ཕ 卷，26 正頁；對勘本版，書號 88，898 頁。漢譯大藏經
內並無此譯。

起來為一髮尖圓。八髮尖圓連串起來為一黑芥子。凡八黑芥子成一蝨。凡八蝨成一麥。凡八麥成一指節。凡二十四指節成一肘。凡四肘成一弓。凡兩千弓成一俱盧舍。凡四俱盧舍成一踰繕那。[27]

根據下部阿毘達磨的觀點，如瓶子等粗色，需藉由同時累積地水火風色香味觸八質所形成，只要缺乏其中一種就無法產生。阿闍黎滿增的《俱舍滿增注》云：

「此言謂八質生，顯示缺乏一者則不能成。」[28]

至於五根本質，則有別於外境本質。當五根開始形成時，不只需要上述八質，還要加上「身根塵」的聚合，共有九質。眼根形成時，還得加上「眼根塵」的聚合，一共十質。耳、鼻、舌三根的形成，也都分別要加上該等根塵，各都需要十質。《阿毘達磨俱舍論》云：

「欲微聚無聲，無根有八事，
有身根九事，十事有餘根。」[29]

27　德格版，經，續，ℸ卷，第一品，第 13 句偈頌文，23 背頁；對勘本版，書號 77，60頁。漢譯大藏經內並無此譯。

28　德格版，論，阿毘達磨，ℨ卷，第二品，131背頁；對勘本版，書號 81，329 頁。漢譯大藏經內並無此譯。

29　德格版，論，阿毘達磨，ℸ卷，第二品，第 22 句偈頌文，4 正頁；對勘本版，書號 79，10 頁。漢譯來源：《阿毘達磨俱舍論》（T.29.1558.18b.20）。

論中說，無聲的外境，如瓶子等的微塵聚合，是八質的和合體，但在母親胎中的名色二者，名支緣起還未形成之前，要加上身根微塵的聚合，故屬九聚。我們的眼耳鼻舌等根微塵乃構成十聚的極微塵。

構成具聲的極微塵，在八質上要添加聲塵，若離根塵，則共有九；若具根塵，則共有十；若具舌根等其中一者，則共十一。這一切都是同時產生。阿闍黎滿增的《俱舍滿增注》云：

「若極微塵等，具聲則廣，無根則九，具身根十，具他根則十一質。這等偶時離聲，因聲由大種撞擊所生，非似色等一直存在。」[30]

構成具聲及具風色聚的極微塵，都是九質聚的塵性。以兩手擊拍的掌聲為例，需添身根塵共十。以舌頭與上顎觸碰的聲音為例，需添身根塵及舌根塵兩者共十一。[31]

或問：雖有俱生八質之說，但此說若依處質而言，地水火

30　德格版，論，阿毘達磨，ŋ 卷，第二品，131背頁；對勘本版，書號81，330頁。漢譯大藏經內並無此譯。

31　第十四世尊者的著作裡說道：「在俱舍論中，從『凡七牛毛塵成一日光塵』至『凡七微塵成一金塵』以及『凡七極微塵成一微塵』等，此論談及有關極微塵的論述。這種說法比起現代科學解釋的話，過於粗略。我覺得，從地水火風之四大種，以及色香味觸之四處共八質同俱，方可產生色法等論述，是依據當時普遍的說法而建立的粗略解釋。」

風皆屬觸之處質，只需說四種質，八質說法將有過多之患；若
以一般質為主，仍有形狀、輕重等多質，八質說法將有過少之
患。

答曰：此中除了聲質與根質外，所有其他極微塵八質是以
「所依大種質」（དེན་འབྱུང་བའི་རིགས་ཀྱི་རྫས།）以及「能依四處質」（བཏེན་
པ་སྐྱེ་མཆེད་ཀྱི་རྫས།）為主，並非概括所有色法的塵質。如《阿毘達磨
俱舍論自釋》云：

> 「二俱無過。應知此中所言事者，一分依體說，謂所依
> 大種，一分依處說，謂能依造色。若爾大種事應成多，
> 造色各別依一四大種故。應知此中依體類說，諸四大種
> 類無別故。」[32]

上部阿毘達磨的主張又是如何呢？除了不認同毘婆及經部
二派所主張「極微塵乃無方分」與「累積此塵的色法外境有」
之論述，在「色聚的構成來自極微塵的累積及結合兩者」的論
述上，上部阿毘達磨是持有相同立場的。如《大乘阿毘達磨集
論》云：

> 「積集者謂極微已上。」[33]

---

32 德格版，論，阿毘達磨，ཀུ 卷，第二品，64 正頁；對勘本版，書號 79，159 頁。
  漢譯來源：《阿毘達磨俱舍論》（T.29.1558.18c.22）。

33 德格版，論，唯識，རི 卷，第二品，77 背頁；對勘本版，書號 76，196 頁。漢
  譯來源：《大乘阿毘達磨集論》（T.31.1605.667c.15）。

又說色聚可分十四種，謂地水火風、色聲香味觸、眼等五根，但不包括法處所攝色。如《本地分》云：

> 「復次於諸色聚中，略有十四種事。謂地水火風、色聲香味觸、及眼等五根，除唯意所行色。」[34]

阿闍黎清辨將累積（ བསགས་པ། ）及聚合（ འདུས་པ། ）做了區分。在同一處上集合諸多同質種類的極微塵，稱「累積」；在某一處上集合諸多異質種類的所依極微塵，稱「聚合」。前者如，將構成瓶子的同質種類極微塵結合起來，累積成瓶。後者如，集合象馬車等，聚合形成軍隊，或集合多種異質種類的蘗木及檀木等木，聚合成林。如清辨論師的《思擇焰論》云：

> 「累積及聚合的差別為何？謂於一處上集合同類極微塵。集合異類所依的象馬等施設為戰，集合蘗檀等施設為林，故稱聚合。」[35]

粗色等皆由構成基礎的極微塵所形成。構成基礎的極微塵非無因而生，也是由無始質體續流輾轉而成，所以誰都無法指

---

34 德格版，論，唯識，ཉ卷，第三品，27 正頁；對勘本版，書號 72，733 頁。漢譯來源：《瑜伽師地論》（T.30.1579.290b.6）。

35 德格版，論，中觀，ཚ卷，第五品，210 正頁；對勘本版，書號 58，512 頁。漢譯大藏經內並無此譯。

出任何一果的初因。如《四百論》云：

「若時隨一果，初因不可見。」[36]

總之，古印度佛學大師們都一致主張「色法的構成根本來自極微塵的累積，由此逐漸形成粗分色法」、「構成根本被安立為大種極微塵」、「由集合極微塵後才會產生微塵」、「集合眾多微塵才能產生各式粗色」等論述。

甲四、觀察有沒有無方分的微塵

外道勝論派等認為，極微塵皆無方分，具支質等皆為因，且其形狀為圓。由無方分極微塵構成粗分色法時，極微塵間不會互相觸碰。阿闍黎月稱的《四百論釋》談到外道勝論派等說的極微塵云：

「極微塵質之性相謂：因、圓、無方分。」[37]

阿闍黎菩提賢（བྱང་ཆུབ་བཟང་པོ）的《慧心要集論釋注》（ཡེ་ཤེས་སྙིང་པོ་ཀུན་ལས་བཏུས་པའི་བཤད་སྦྱར）也云：

---

36 德格版，論，中觀，ཚ卷，第七品，第10句偈頌文，8背頁；對勘本版，書號58，798頁。漢譯來源：法尊法師譯《四百論》。

37 德格版，論，中觀，ཡ卷，第九品，152背頁；對勘本版，書號60，1294頁。漢譯大藏經內並無此譯。

「另外，外道勝論言，此世間滅時的地水火風之極微塵
等，皆各自獨立，常且無方分。」[38]

無方分極微塵互不碰觸的論述，如《思擇焰論》云：

「爾等互不碰觸，依同類者形成同類及異類作用。」[39]

自派毘婆沙宗論師認為，構成基礎的極微塵因為是無方
分，不會相互碰觸。由眾多圍繞的單一極微塵與其他極微塵間
有間隙隔離。若會相互碰觸的過患為：如果是全面觸碰，將會
相互融合；如果是單面觸碰，將成為有方分。

問：聚色的極微塵之間沒有觸碰的話，不會瓦解嗎？

答：不僅以風力持有，以質力也會令極微塵互相依賴，不
會分散。阿闍黎善護的《成外境義》云：

「方位差別故，眾多環繞中，
然非極微塵，乃有方分性。」[40]

---

38 德格版，論，中觀，নি卷，38背頁；對勘本版，書號57，883頁。漢譯大藏經
　內並無此譯。

39 德格版，論，中觀，ཚ卷，第七品，242背頁；對勘本版，書號58，590頁。漢
　譯大藏經內並無此譯。

40 德格版，論，量，ཅེ卷，第46句偈頌文，191正頁；對勘本版，書號106，513頁。
　漢譯大藏經內並無此譯。

此論又說：

「猶如相互間，助益令連結，
杵等諸微塵，彼等不間斷。
如以咒語力，治鬼及毒蛇，
質力使微塵，互益令存在，餘力甚微弱。」[41]

《阿毘達磨俱舍論自釋》云：

「又諸極微為相觸不？迦濕彌羅國毘婆沙師說不相觸。
所以者何？若諸極微遍體相觸，即有實物體相雜過；若
觸一分成有分失，然諸極微更無細分。」又說：「不相
觸者聚色相擊云何不散？風界攝持故令不散。」[42]

此論也做了詳細的說明。

經部論師阿闍黎大德（བཙུན་པ།）認為，雖然極微塵互相觸
碰將會成為有方分，但有間隙的話，又會有光塵或暗塵進入間
隙。所以做出了「雖無間隙但也不碰觸」的結論。如《阿毘達
磨俱舍論自釋》云：

---

41 德格版，論，量，ཆེ卷，第57-58句偈頌文，191正頁；對勘本版，書號106，514
頁。漢譯大藏經內並無此譯。

42 德格版，論，阿毘達磨，ཀུ卷，第一品，49背頁；對勘本版，書號79，122頁。
漢譯來源：《阿毘達磨俱舍論》（T.29.1558.11c.4）。

「大德說，一切極微實不相觸，但由無間作相觸想。」[43]

阿闍黎蓮花戒的《中觀莊嚴疏》（དབུ་མ་རྒྱན་གྱི་དཀའ་འགྲེལ།）云：

「另有人說，雖不相觸亦不具隙，僅相擊時存在相觸具隙。大德回，塵等不相觸亦不具隙故，作相擊思。」[44]

若疑：如果極微塵不會互相觸碰，熱觸如何傷害冷觸，光明又如何消滅黑暗呢？

答：當熱觸及光塵接近時，就會停止了冷觸及暗塵的持續，這種現象被稱為冷觸與暗塵的減損，但不代表塵埃間會互相碰觸。阿闍黎善護的《成外境義》云：

「接近何者故，止某之持續，
此謂某之治，支分非餘者。」[45]

雖然有經二部一致認同極微塵是無方分、互不相觸，但似乎毘婆沙部認同存在間隙的說法，經部卻不認同這個說法，有

---

43 德格版，論，阿毘達磨，ཅུ卷，第一品，49背頁；對勘本版，書號79，123頁。藏譯與漢譯稍有不同。漢譯原文：《阿毘達磨俱舍論》（T.29.1558.11c.23）：「大德說，一切極微實不相觸，但由無間假立觸名。」

44 德格版，論，中觀，ས卷，第一品，92背頁；對勘本版，書號62，1002頁。漢譯大藏經內並無此譯。

45 德格版，論，量，ཟེ卷，第52句偈頌文，191背頁；對勘本版，書號106，514頁。漢譯大藏經內並無此譯。

此差異。

　　無方分的想法是，分解土石等粗色時，可將某部分切割為半，然後再將一半切割成半，如此繼續切割，最終一定會解剖到無法再切成更小的、最小微塵。假如這個微塵還有方分，就能再被切割，果真如此的話，將會有否定此為「最小微塵」的過患。既然只有無方分或分解無有止盡這兩個選項，若選後者，則一滴極小水滴也將可無止盡地被切割，所以認為除了前者之外，並沒有其他選項。

　　外道勝論派、毘婆沙部、經部等論師雖一致認同，分解粗色的最後將是究竟構成微塵——無方分極微塵，但外道勝論派認為，這種極微塵是常；自部毘婆沙及經部二派認為是無常。

　　中觀及唯識的論師不主張無方分微塵的存在。在這些論師的典籍中，多次出現破斥無方分微塵的理由。阿闍黎世親在《唯識二十論》中破滅無方分微塵論述的理由是，分析這些所謂被承許為無方分的最小極微塵時，被四方塵及上下二塵所圍繞的中間微塵必須承許為有方分，因為中間微塵朝向東邊的那一面並非朝向南邊或西邊的那一面，如果不是的話，朝向東邊的那一面上將會存在朝向其他五邊的極微塵，而且朝向六邊的六面將會成為一體。這樣一來，中間極微塵將無法擴大，或是聚色將會與極微塵的大小相同。如《唯識二十論》（ཉི་ཤུ་པ།）云：

「極微與六合，一應成六分，

若與六同處，聚應如極微。」[46]

《唯識二十論自釋》（ཉི་ཤུ་པ་རང་འགྲེལ།）也說道：

「以一極微六方分異，多分為體，云何成一？若一極微
無異方分，日輪纔舉光照觸時，云何餘邊得有影現？以
無餘分光所不及。又執極微無方分者，云何此彼展輪相
障？以無餘分他所不行，可說此彼展轉相礙，既不相
礙，應諸極微輾轉處同，則諸色聚同一極微量。」[47]

論說，若極微塵六方無法各自觸碰，極微塵將不會累積變
大，而且只要有單面朝向日光的話，將不會有朝向陰影的另一
面，因此極微塵是有方分，其六方也有各自的觸碰面。

阿闍黎無著說，極微塵雖有方分，但極微塵卻非具支者。
《本地分》云：

「又色聚亦有方分，極微亦有方分，然色聚有分非極
微。何以故？由極微僅是支分，支分乃聚色所有，極微

---

46 德格版，論，唯識，ཤེ卷，第12句偈頌文，3背頁；對勘本版，書號77，9
頁。漢譯來源：《唯識二十論》（T.31.1590.75c.27）。

47 德格版，論，唯識，ཤེ卷，7背頁；對勘本版，書號77，20頁。漢譯來源：《唯
識二十論》（T.31.1590.76a.17）。譯者註：藏文大藏經會把《二十論本文》及
《二十論自釋》區分，但漢譯大藏經將這兩部共稱為《唯識二十論》。

非有餘極微，是故極微非有支分。」⁴⁸

　　極微塵與聚色兩者都是有方分。聚色是具支者，因爲具有極微塵等支分。但極微塵僅屬聚色的支分，本身並非具支者。

　　在瑜伽行中觀阿闍黎寂護父子兩位的典籍中，又是如何反駁無方分論述的呢？《中觀莊嚴論自釋》（དབུ་མ་རྒྱན་གྱི་རང་འགྲེལ།）云：

「食遺米先人⁴⁹說，相觸聚合方能成辦目的。或說，相互力所持故，其性未相觸、具隙、被環繞。有說：『僅是各方位，皆爲眾塵繞，而非說此塵，是有方分性』。多人說，極微塵等不相觸，也不具隙，只作觸思矣。爾等論述僅屬伺察要義，皆不應理。若遍體相觸，質等將成混體，質之單方結合，將結合於他故，單方結合，則有支分，因結合他，他亦結合它塵故。具間隙故，隙縫中才有存在光塵及闇塵的機會，隙性是光闇性故，隙結合光闇。無隙非別異於結合，無隙謂沒有間隙，觸碰非別異於結合，諸大車師已闢大道。」⁵⁰

48　德格版，論，唯識，ཆི卷，第三品，26 背頁；對勘本版，書號 72，732 頁。藏譯與漢譯稍有不同。漢譯原文：「又色聚亦有方分，極微亦有方分，然色聚有分非極微。何以故？由極微即是分，此是聚色所有非極微，復有餘極微，是故極微非有分。」參考《瑜伽師地論》（T.30.1579. 290a.20）。

49　譯者註：勝論派創始者。

50　德格版，論，中觀，ས卷，59 正頁；對勘本版，書號 62，912 頁。漢譯大藏經內並無此譯。

論中說到，有些人主張無方分微塵沒有間隙。有些人主張被多塵圍繞的單一微塵具有間隙。有些人說，雖無相觸但無間隙，故作觸思。上述所有說法僅屬增益添執，皆不應理。主張沒有間隙的爾方，認為也無相觸，但無隙就得相觸。全方相觸將成融合無二；若此面相觸、彼面不觸，則須認同有方分論述。對於主張存在間隙者，復以隙中有光塵及闇塵等他者進入的理由，駁斥無方分。總之，此論明顯地說到，極微塵要有東南等面向，故成具方分。

同樣地，阿闍黎蓮花戒的《成無自性論》（རང་བཞིན་མེད་པ་ཉིད་དུ་གྲུབ་པ།）云：

> 「如極微塵乃具身者般，主張爾具異方，毋庸置疑。若非如此，東北等各方將不處異處，不能累積成山。」[51]

中觀阿闍黎聖天的《四百論》說到，微塵相觸，已成具支質。若全面相觸，體形則不能擴大；若某方相觸、某方不觸，因為觸面為因、不觸面為非因，更應成有方分。極微塵具種種支分，不成常法。若極微塵無方，塵埃應有不住四方處之過；若極微塵有方，或塵埃住東等方處，因具方分，不應承許無方分塵埃。極微塵若無方分，將無有處容納他塵進入，極微

51　德格版，論，中觀，ས་卷，288背頁；對勘本版，書號62，1516頁。漢譯大藏經內並無此譯。

塵等不能與他結合，故不能成具支者的構成微塵。行者進入某處時，是以取前捨後的方式行走，故具取捨二方分，但無方分微塵則有遠離二方分之過等，以眾多理破無方分論。如《四百論》云：

> 「若一分是因，餘分非因者，即應成種種，種種故非常。
>
> 在因微圓相，於果則非有，是故諸極微，非遍體和合。
>
> 於一極微處，既不許有餘，是故亦不應，許因果等量。
>
> 微若有東方，必有東方分，極微若有分，如何是極微。
>
> 要取前捨後，方得說為行，此二若是無，行者應非有。」[52]

吉祥月稱針對上述引用的四百論做出下述的解釋。如《四百論釋》云：

> 「爾時極微塵等不具遍體和合性，與他塵結合故成因；未結合者不成因。某方成因某方不成因乃多性，故稱種種。如繪畫不成常，此顯種種不成常。極微塵因無方分，不能結合方位或完全融合。是故有念，具相觸性然不具方。答覆此念，論說：『在因微圓相，於果則非

---

52 德格版，論，中觀，ཚ卷，第九品，第12-16句偈頌文，10背頁；對勘本版，書號 57，803 頁。漢譯來源：法尊法師譯《四百論》。玄奘大師翻譯的《廣百論》中找不到與此內容相對應的文句。

有，是故諸極微，非遍體和合。』論說，極微塵質之性相謂：因、圓、無方分。若以遍體的方式令極微塵與他塵結合，又不具方分，此時在因位的圓極微，應成果位的第二微塵等。若是如此，諸具支者應離根識所見，爾乃極微塵故。然而，具支者非極微塵，極微塵也非遍體和合。『於一極微處，既不許有餘，是故亦不應，許因果等量。』極微塵非以遍體結合他故，具支者質雖是根識所見，極微塵具方分亦無可動搖。由具方分，故稱種種，故說非常。有說，上述僅屬造果質時之患，造果前之微塵不具方分，故無此患。爾時可分東等方位，彼時定有東之方分。有說具方位故不成極微塵，又如瓶子。『極微若有分，如何是極微？』無方分無行[53]，無行就不能與其他微塵結合，更不能構成具支質。行時具色故，論說：『要取前捨後，方得說為行，此二若是無，行者應非有』。」[54]

由上述，上下阿毘達磨及中觀教典中，對於「構成粗色的極微塵是否有無方分」、「由極微塵累積所成的色法等是否外境存在」等論述雖有不同的立場，但在一般粗細色的說法上並

---

53 譯者註：「行」謂光闇塵的進入。

54 德格版，論，中觀，ਜ1卷，第九品，第12-16句偈頌文，10背頁；對勘本版，書號57，803頁。漢譯來源：法尊法師譯《四百論》。玄奘大師翻譯的《廣百論》中找不到與此內容相對應的文句。

無不同。有經二部所承許的無方分極微塵，以唯識及中觀的立場而言，卻是有方分。他們主張，凡是具觸性的色法就一定有方分；凡是塵性，從其具支者的支分以及支分的支分中，縱使花上數劫尋找第一因及無方分，都不可能獲得，所以只能具有方分。這種分解僅於意識中進行，並非觸碰事物而行分解，這個重點要了解。

總之，根據中觀唯識學者們的觀點，所謂的極微塵，再怎麼被分解都不會到最後。以心盡量分解粗色，將其解剖到極小，這仍是意識所見的色法。這極小微塵不僅有形狀，也會在自處上阻礙其他極微塵介入，故屬具觸。此塵不屬獨自個體，最少也得是四大種塵質的和合體。此塵具有四方之支分，是聚塵的某一部分，所以是支分並非具支者，也是大種所造裡面的法處所攝色。

中唯宗義師們雖同樣不承許無方分，但不承許的究竟理由卻有別異。唯識師認為，所謂的微塵並非一開始外境存在，而是心識影像，由識分割後的極微塵。眾多微塵聚合所成的粗色也僅屬心識影像，並非外境有。上述的觀點與隨瑜伽行中觀師寂護父子的觀點相同。

中觀應成大阿闍黎如吉祥月稱等認為，無論是極微塵或粗色等法，都是依據爾等的支分或施設處，由識去安立「是爾」、「是彼」等。此論師們主張，無論彼法或是此法，都非

從境上成立或尋獲，所以絕對不可能親口認同無方分微塵及無方分心識等論述。上述主張從論師們的著作中顯而易見。

外道勝論師、吠陀師、自派毘婆及經部等宗論中，安立了構成色法的究竟無方分塵。雖說外法的存在是靠覺受正量所成，但以理觀察外法如何存在時，粗法等須由構成爾等的細微支分累積所成；已成的粗法逐漸分析解剖轉爲微塵後，最終得安立不能再被解剖的究竟微塵。這些論師認爲，如果沒有這究竟微塵的話，將無法成立「由微塵累積粗色」的論述。這種觀點的起源，來自「凡是事物必須得尋找後獲得實體」的宗義立場。也因此，怙主龍樹父子說到，這是昧於不明瞭「無自性真相」所產生的後果！無方分的論述尤其被吉祥月稱、佛子寂天等中觀應成論師們所駁斥。

中觀論師們的自宗謂，無論內外任何一法，爾等如何存在的方式，都是藉由名言的力量才能被安立，無法安立在勝義上存在一異、方分及具方分、支及具支等論述，所以主張無法詮釋無方分微塵的性質及特徵。以名言的角度，他師所承許的無方分極微塵，其實也是緣起，完全依賴他者。事物沒有絲毫獨立實體，心識亦無法安立實體的緣故，無論任何法都不遠離依緣所起的性質。

第四品
別說時間的論述

甲一、時間的性質

在此特別專章解說時間[1]，是因為前面所述不相應行的內容中，時間也是一個必須了解的重點。印度的宗義論師們在確立基法真相的同時，通常會好好釐清時間的本質。雖然時間的論述備受重視，但是關於「時間的性質為何」之議題，不同宗義者卻有著不同的主張。以外道勝論師為例，所知六句義可分為二類：非遍佈質及遍佈質。事例如：我、時、方、虛空四者都是遍佈質，或稱不生質、常質。如阿闍黎蓮花戒的《真如集論釋》云：

「時間熟大種，時間攝有情，時間令眠醒，離時間極難。」[2]

此派主張，所謂的「時間」有別於具時之事物。時間是一種常質；一切作用的行者，可由剎那、晝夜、時辰等時間的量度來凸顯或體現。

印度的佛教論師中，毘婆沙部論師主張三世乃所作性故，並非常法，且時間與具時事物質體別異（ངོས་པོ་དད་）。他們說，

1　時間的論述是由上述已說的不相應內容所延伸出來。

2　德格版，論，量，ཤེ 卷，第六品觀質句，192 正頁；對勘本版，書號 107，501 頁。在此，勝論派的主張是依據蓮花戒的《真如集論釋》所引用的內容，而做說明。漢譯大藏經內並無此譯。

一切有爲法都有生、住、滅三者，故有三世；具有三世的一切事物皆爲質有。何謂質有？毘婆沙部認爲，任何法的個別性質都能被獨立認出。毘婆沙部並不懂得如何安立「僅於他支施設而有」，所以主張一切法乃質有。[3]此派尤其「別說」三世，主張三世是質有事物之「別」，其性可被獨立認出，並非於他支所施設；於苗未來時、苗過去時，亦有苗在，故說三世質有。由於此派別說三世質有，又被稱爲「別說部」（毘婆沙部 Vaibhāṣika）。[4]

毘婆沙部主張，某質有事物的三世是某質有事物之別。以苗爲例，「屬苗三世」是存在的；苗是共，屬苗三世是苗之「別」。以瓶爲例，瓶子如何在過去及未來中存在呢？爲何過去式的瓶子及未來式的瓶子也是瓶子？其解釋爲：某人正當要看瓶子之時，此人相續中的見瓶眼根及其境——瓶子——都正在形成，所以二者是未來式；正在看瓶子的時候，此人相續中的見瓶眼根及其境瓶子兩者都是現在式；看到瓶子之後，此人相續中的見瓶眼根及其境瓶子兩者都是過去式。此派主張，瓶

3　譯者註：雖然普遍採用三世實有的用詞，但藏文的ᠨᠵᠢ字並無「實」義，卻有「質」義，故此譯「質」。

4　譯者註：早期由毘婆沙宗分成上座部及大眾部兩派後，再成一切有部、犢子、上座、大眾等四部。雖然現今有多譯師將毘婆沙宗翻成「有部」，倘若「有部」一詞，理解爲「一切有部」，將有不能周遍毘婆沙部之患；若將「有部」一詞理解爲「主張三世質有的佛教派系」，則無謬失。

子雖然存在於瓶子的過去式及未來式中，但是今天的瓶子並不
在昨天或明天。過去式的瓶子是已經存在的瓶子，未來式的瓶
子是將要存在的瓶子；因爲這兩種瓶子與現在式的瓶子種類相
同之緣故，所以都是瓶子。又如，正在森林中的某些樹木，雖
然還未變成柴木，卻與柴木種類相同，所以被稱爲「柴木」；
存於母親體內的乳，雖然還未擠出，卻因爲和已經擠出的母乳
種類相同的緣故，所以被稱爲「乳」。如《阿毘達磨俱舍論自
釋》：

> 「過去未來爲實有物？若實有，於一切時有故，一切有
> 爲法應成常住。若無，於無中由無物，云何具足或分
> 離？毘婆沙師成立一切有爲法非常住，由與行相相應
> 故，彼成立此義分明。謂偈曰：『三世有』釋曰，何因
> 爲證？偈曰：『說故』。釋曰：佛世尊說，比丘，過去
> 色若不有，多聞聖弟子於過去色不應成無所觀惜；由過
> 去色有是故多聞聖弟子於過去色成不觀惜。未來色若不
> 有，多聞聖弟子於未來色不應成無所求欲；由未來色
> 有，是故多聞聖弟子於未來色成無所求欲。復次偈曰：
> 『由二』釋曰：依二識生，此義是經所說。何者爲二？
> 謂眼及色乃至意及法。過去未來若無，能緣彼識不由二
> 生，如此得知過去未來是有。依道理亦復如是，有故，
> 有境故，有識故，非無生。過去未來塵若無，識亦不應
> 有。所緣境無故。復次偈曰：『果』，釋曰：過去法若

無，善惡二業於未世云何有果？何以故，於果報生時。
果報因必不在。是故知過去未來是有，有毘婆沙師立如
此。若說，我是薩婆多部同學，此義必應信受，何以
故？偈曰：『由執說一切，有許』，釋曰：若人說一
切有，謂過去未來現世，許彼為說一切有。復有餘人
說，現世法必有，未生果之過去業是少有；然過去業已
與果，及未來無果此皆是無，如此分別故，是作分別
說。」[5]

簡略整理此論明示的內容與理由，若問：「過去質及未來

5　德格版，論，阿毘達磨，u卷，第五品，239 正頁；對勘本版，書號 79，586 頁。
　　藏譯與漢譯稍有不同。漢譯原文：真諦譯《阿毘達磨俱舍釋論》（T.29.1559.
　　257b.29）：「過去未來為實有物。為假名有。若實有於一切時有故。一切有為
　　法應成常住。若無於無中由無物。云何相應及解脫。毘婆沙師。成立一切有為
　　法非常住。由與行相相應故。彼成立此義分明。謂偈曰。三世有。釋曰。何因
　　為證。偈曰。說故。釋曰。佛世尊說。比丘過去色若不有。多聞聖弟子。於過
　　去色。不應成無所觀惜。由過去色有。是故多聞聖弟子。於過去色成不觀惜。
　　未來色若不有。多聞聖弟子。於未來色不應成無所求欲。由未來色有。是故多
　　聞聖弟子。於未來色成無所求欲。復次偈曰。由二。釋曰。依二識生。此義是
　　經所說。何者為二。謂眼及色。乃至意及法。彼經云。過去未來若無。能緣
　　彼識不由二生。如此由阿含證。得知過去未來是有。若以道理為證。偈曰。
　　有境。釋曰。若有塵識得生非無塵。過去未來塵若無。應有緣無為境識。是故
　　因此義。識亦不應有。所緣境無故。復次偈曰。果。釋曰。過去法若無。善惡
　　二業於未來云何有果。何以故。於果報生時。果報因必不在。是故知過去未來
　　是。有毘婆沙師立如此。若人自說我是薩婆多部同學。此義必應信受。何以
　　故。偈曰。由執說一切。有許。釋曰。若人說一切有。謂過去未來現世。虛空
　　擇滅。非擇滅。許彼為說一切有部。復有餘人說。現世法必有過去業。若未與
　　果是有。若過去業已與果。及未來無果此皆是無。若如此分別故。說三世有。
　　此人非說一切有部攝。是說分別部所攝。」

質存在的話，諸行應成常法。」答覆爲：「具足行相——生等四相——的緣故，不能許常。」

此論又說：時間等並非常法；緣過去及未來的現在識之境是存在的；識賴境根兩者所生；因爲存在過去業之果，所以現在受報；過去與未來皆屬質有，而說一切有。

說有者共有七部，除分別說部以外的其餘派系都主張上述論言。

分別部則說，現在式與未生果之過去式等皆屬質有，然未來式與已生果之過去式等非質有，做此區分。如《俱舍滿增注》云：

> 「於三世而立『一切』之詞，故說三世。它部說，僅屬未生果存在，而作分別。經部僅說現在有。」[6]

甲二、成立時間是觀待及施設而有之法

佛法一般認爲，所謂的「時間」，是觀待色法或識法其中一者之後，施設而存在的。時間是周遍一切有爲法、具壞滅性、不相應行之法。藉由觀待有爲法的未生、已生未滅、已生

6　德格版，論，阿毘達磨，劑卷，第五品，112 背頁；對勘本版，書號 81，1199頁。有關此文，德格版、奈塘版、北京版稍有不同，這段主要依據後兩種版本。漢譯大藏經內並無此譯。

已滅等三階段，時間乃被施設安立。此外，時間絕非是獨立個
體的質有事物。以階段來安立「時間」的意思是，具時的因果
法等，都由已滅、已成、將成，施設而有，或被無常吞噬；以此
緣故，而說時間如此被施設安立。《大乘阿毘達磨集論》云：

> 「何等為時？謂於因果相續流轉，假立為時。」[7]

同理，聖慈尊《辯中邊論頌》（Madhyāntavibhāgakārikā
དབུས་མཐའ་རྣམ་འབྱེད།）云：

> 「如已用果因，未用則它者。」[8]

阿闍黎世親的《辯中邊論述記》（Madhyāntavibhāgakārikā
Bhāṣya དབུས་མཐའི་འགྲེལ་པ།）云：

> 「何為『它者』？謂三世。應知隨應可解因果已用、因
> 果未用、因已用果未用三世。」[9]

7　德格版，論，唯識，ཤེ卷，第一品，53 正頁；對勘本版，書號 76，136 頁。漢
　　譯來源：《大乘阿毘達磨集論》（T.31.1605.665c.27）。

8　德格版，論，唯識，ཤེ卷，第三品，42 背頁；對勘本版，書號 70，908 頁。藏
　　譯與漢譯稍有不同，漢譯原文：《辯中邊論頌》（T.31.1601.479a.11）：「根於
　　取住續，用二淨增上，因果已未用，是世義應知。」

9　德格版，論，唯識，ཤེ卷，第三品，第 20 句偈頌文，14 背頁；對勘本版，書號
　　71，35 頁。漢譯原文：《辯中邊論述記》（T.44.1835.20c.2）：「謂因果已用、
　　因果未用、因已用果未用三世、應知。論曰，應知因果至三世義別。述曰：此
　　總舉所明，於頌上句，隨應可解。」

　　論中明顯說到，因果涵蓋的有爲法的過去、未來、現在三世，依下列三者順序安立：已經存在過的有爲法、會存在的有爲法、正在存在的有爲法，共三「它法」。

　　追隨阿闍黎龍樹的論師們主張，時間的存在完全依靠觀待而成立，絕非不需依賴具時有法的自相。從時間的本身，絕對無法安立年月日，或小時、分鐘、秒數等，必須在世間名言中，依據時段的差異，如年、月、日、小時、分鐘、秒等，藉由觀待各該時段裡的眾多「具時有法」，方可安立共同所許的「時間」。

　　怙主龍樹說，如果三世一一皆是自性存在的話，將會相互混合。如《中論》云：

> 「若因過去時，有未來現在，未來及現在，應有過去時。」[10]

　　現在時與未來時若是自性存在，試問現在時與未來時是否依賴過去時呢？如果此二時依賴過去時，則在過去時中應該要有現在與未來二時。何以故？因爲「能依」自性存在的緣故，所依處與能依物兩者必得同時俱存；能依若不能在所依時中存在的話，依賴便不能成立。然而，如果主張此二時仍在過去時

10　德格版，論，中觀，引卷，第十九品，第1句偈頌文，11正頁；對勘本版，書號57，27頁。漢譯來源：《中論》（T.30.1564.25c.6）。

中存在，則不合理，何以故？於「現在」已過，是「過去」；於「現在」未曾有過，是「未來」故。總之，如果此二時自性存在的話，就沒有理由依賴過去。

如果認為此二時在名言中不需依賴過去式，《中論》又反詰道：

「不因過去時 ，則無未來時，
亦無現在時，是故無二時。」[11]

論中明顯說到，不依賴過去式的話，無法安立未來及現在。依此推論，過去及未來也得依賴現在方可存在，過去及現在也得依賴未來才能成立。三世是一種非常互相依賴的觀待法。聖天的《四百論》云：

「瓶等在未來，即非有過現，
未來過現有，便是未來無。」[12]

對此，月稱的《四百論釋》也說：

「三時互相依賴而住，不待二時豈有單時故。無法安立

---

11 德格版，論，中觀，ঠা卷，第十九品，第3句偈頌文，11正頁；對勘本版，書號57，27頁。漢譯來源：《中論》（T.30.1564.26a.6）。

12 德格版，論，中觀，ঠা卷，第十一品，第1句偈頌文，12正頁；對勘本版，書號57，806頁。漢譯來源：玄奘大師譯《廣百論》（T.30.1570.183b.12）。

不待過去及現在的未來論述，何以故？未來從未來而有，未來本性無疑觀待過去及現在二時，方能產生。無待何者，怎能安立此法為未來？以此推論其餘二時之論述。」[13]

甲三、三時

以上說明，有為法都依賴著各自的因緣，從未來式到現在式，從現在式轉成過去式的本質；這些轉換的階段被安立為未來、現在，以及過去。以樹為例，樹在因時未成的階段，叫作未來的樹；已成未枯的階段，叫作現在的樹；樹木已枯、其性已滅的階段，叫作過去的樹。

各派佛教宗師又是如何安置三世[14]呢？

毗婆沙宗中，眾所皆知，安立三世的論述來自四位論師的主張。四位論師的觀點稍有不同，一般普遍以其中尊者世友（བཙུན་པ་དབྱིག་བཤེས།）的觀點為代表。依其觀點，動作未生是未來，動作已成未滅是現在，動作已滅是過去。例如，種子種於

---

13 德格版，論，中觀，ཚ卷，第十一品，171背頁；對勘本版，書號60，1339頁。漢譯大藏經內並無此譯。

14 譯者註：古譯中，鳩摩羅什大師及玄奘大師雖有採用「三世」一詞，但此詞在今天更容易被理解為前世、後世、今生。此故，本人以「三時」譯詞為主題，但搭配著古譯引文而使用「三世」。

農田後，未生苗前，苗是未來式；苗已生未滅時，苗是現在式；苗已滅時，苗是過去式。主張三世從未來到現在，從現在到過去。

四位論師分別的主張如《阿毘達磨俱舍論》：

「此中有四種，類相位待異。」[15]

四種主張謂：一、類物成異說。二、性相成異說。三、時位成異說。四、待他成異說。

一、何謂類物成異說？此乃尊者法救（བཙུན་པ་ཆོས་སྐྱོབ）之宗。此宗主張，三世隨著能知及能詮的不同而做區別，如苗從未來到現在，從現在到過去時，質體不變，但成異類。如《阿毘達磨俱舍論自釋》：

「尊者法救作如是說，由類不同，三世有異。彼謂諸法行於世時，由類有殊，非體有異。如破金器，作餘物時，形雖有殊，而體無異。又如乳變成於酪時，捨味勢等，非捨顯色。如是諸法行於世時，從未來至現在，從現在入過去，唯捨得類，非捨得體。」[16]

---

15 德格版，論，阿毘達磨，ཉ卷，第五品，第 26 句偈頌文，16 背頁；對勘本版，書號 79，38 頁。漢譯來源：《阿毘達磨俱舍論本頌》（T.29.1560.319c.2）。

16 德格版，論，阿毘達磨，ཉ卷，第五品，239 背頁；對勘本版，書號 79，588頁。漢譯來源：《阿毘達磨俱舍論》（T.29.1558.104c.2）。

二、何謂性相成異說？此乃尊者妙音（བཙུན་པ་དབྱངས་སྒྲོགས།）之宗。在苗的單一事例上，雖過去、未來、現在三相具足，但依何性相力過大，安立彼相。如《阿毘達磨俱舍論自釋》：

> 「尊者妙音作如是說，由相不同，三世有異。彼謂諸法行於世時，過去正與過去相合，而不名為『離現、未相』；未來正與未來相合，而不名為『離過、現相』；現在正與現在相合，而不名為『離過、未相』。如人正染一妻室時，於餘姬媵，不名『離染』。」[17]

三、何謂時位成異說？此乃尊者世友之宗。此宗與上述性相成異之主張略同，依據不同的階段及主要性相，而取名三世。苗從未來至現在，現在至過去的過程中，動作還未發生前叫未來；動作已發生、未滅前叫現在；動作已成亦滅時叫過去。三世只是名稱的替換，自相的質體並未變異。如《阿毘達磨俱舍論自釋》：

> 「尊者世友作如是說，由位不同，三世有異。彼謂諸法行於世時，至位位中，作異異說。由位有別，非體有異。如運一籌，置一名一，置百名百，置千名千。」[18]

---

17 德格版，論，阿毘達磨，ཁུ卷，第五品，239背頁；對勘本版，書號79，588頁。漢譯來源：《阿毘達磨俱舍論》（T.29.1558.104c.8）。

18 德格版，論，阿毘達磨，ཁུ卷，第五品，240正頁；對勘本版，書號79，588頁。漢譯來源：《阿毘達磨俱舍論》（T.29.1558.104c.14）。

　　四、何謂待他成異說？此乃尊者覺天（བཅུན་པ་སངས་རྒྱས་ལྷ།）之宗。此宗主張，三世之名皆待爾前後時方取爾名。詮釋同一件事物的三世時，未來的安立觀待爾前的過去及現在；過去的安立觀待爾前的現在及爾後的未來；現在的安立觀待爾前的過去及爾後的未來。如《阿毘達磨俱舍論自釋》：

> 「尊者覺天作如是說，由待有別，三世有異。彼謂諸法行於世時，前後相待，立名有異。如一女人，名母、名女。此四種說一切有中。」[19]

　　此論搭配著比喻說明。綜上所述，毘婆沙宗主張，時間與有為法同義。如《阿毘達磨俱舍論自釋》云：

> 「說世路言依，有離及有類。釋曰，是諸有為法，有已正當行故名世路，復次無常所食故。」[20]

　　佛教宗義的經部師、唯識師、中觀自續師等，對於三世的論述皆為相似。爾等論師主張，過去式及未來式一定是常及無遮，且現在式與事物同義。舉單一事物，以苗為例，已滅諸苗

19　德格版，論，阿毘達磨，ॡ卷，第五品，240 正頁；對勘本版，書號 79，589 頁。
　　漢譯來源：《阿毘達磨俱舍論》（T.29.1558.104c.17）。

20　德格版，論，阿毘達磨，ॡ卷，第一品，29 正頁；對勘本版，書號 79，71 頁。
　　漢譯來源：《阿毘達磨俱舍論》（T.29.1559.162c.11）。

支性時，並無引獲其他事物，這種的過去式僅屬唯遮，故非事物；苗未來式，也是由於因緣的不齊全，導致仍未產生，並且也無引獲其他事物之事例，故非事物。《釋量論》：

> 「說言是無者，亦是非有事」[21]

如論所言，「已滅」與「過去」皆非事物。

以瓶爲例，瓶子雖是現在式（དུས་ད），但非現在之時（དུས་བའི་དུས།）[22]，因爲時間一定是不相應行。瓶子的過去式與未來式雖是常法，但過去時與未來時卻是事物，更是不相應行。還有要分清楚的是，瓶子的過去式雖是過去式，但對瓶子而言卻是未來式[23]。同樣的，瓶子的未來式雖是未來式，但對瓶子而言卻是過去式。

此等宗師們認爲，過去的定義是「爾之所遮事物的已滅分

---

21 德格版，論，量，ཤེ་卷，自義比量品，第281句偈頌文，105正頁；對勘本版，書號97，494頁。

22 譯者註：藏文原文是「瓶子是現在」，但翻成中文時，「瓶子是現在式」會更爲合適。在這本《佛法科學總集》中，我會根據中文順暢的所需，將དུས་ད翻成現在或現在式。換句話說，除了上述的案例外，如果可用「現在」一詞，我會盡量使用「現在」。另外，當編輯者們詮述經部、唯識、自續的三時觀點時，格西們補充了過去（或過去式）與過去時的區別。同理，現在（或現在式）與現在時也有區別。總之，過去、過去式、未來、未來式主要指向已滅或未生的人、事、物。然而，過去時及未來時卻僅針對已滅或未生的時段。

23 譯者註：瓶子的壞滅是瓶子的過去式，而且此壞滅只會發生在瓶子之後，不可能發生在瓶子之前，所以此文說道：「對瓶子而言卻是未來式。」

（ཞིག་པའི་ཁ）」；24 過去、已遮、已滅等同義，如已滅的樹木，以及瓶子的果時瓶子的不存在等。現在的定義是「已生未滅」；現在、事物、有為法等同義，如瓶子與柱子等。未來的定義是「產生某事物的因緣雖在，然緣不齊全故，爾時未生分」，如冬季時苗的未生，以及瓶子的因時瓶子的未生等。

以苗為例，苗已滅的時段是苗的過去時，在冬季東方的農田中，由於因緣未能齊全，使得秧苗暫時無法產生的時段乃苗的未來時，苗自身正存在的時段乃苗的現在時。因此，某法的過去時與未來時都得觀待此法的現在時方可被安立。《大乘阿毘達磨集論》云：

> 「云何過去？幾是過去？為何義故觀過去耶？謂自相已生已滅故，因果已受用故。」

> 「云何未來？幾是未來？為何義故觀未來耶？謂有因非已生故，未得自相故，因果未受用故。」

> 「云何現在？幾是現在？為何義故觀現在耶？謂自相已生未滅故，因果受用未受用故。」25

24　譯者註：已滅分的「分」字主要指向已滅當下的滅點，如同滅諦是遮擋所斷的遮分般。

25　德格版，論，唯識，ཤི卷，第一品，60背頁；對勘本版，書號76，155頁。漢譯來源：《大乘阿毘達磨集論》（T.31.1605.669a.7）。

中觀應成派主張，過去、未來、現在三者皆是事物，而且過去及未來兩者並非無遮，卻是非遮法，這點與經部、唯識、自續不同。雖許三世乃事物，但在苗未來時及苗過去時中，不承許有苗的存在，故與毘婆沙師的觀點不同。

此宗認為，過去的定義是「某事物的已滅分」，事例如苗已滅。未來的定義是「雖有產生某事物的因緣，但不齊全，故仍未生之未生分」，事例如苗因時苗未生。現在的定義是「非已滅分及未生分，卻已生未滅」，事例如苗。以苗為例，苗本身是現在式；苗已滅是過去式；雖有苗因，然不全故，仍未形成的苗未生，乃未來式。

三時之中，以現在為主，過去及未來為次。因為，觀待某已滅的事物，安立過去；觀待雖有產生某事物的因緣，但不齊全，安立未來。而「現在」不需觀待已滅或未生；已生未滅事物的本身，就是現在。之所以能夠安立苗的未來、現在，以及過去，都是依據苗本身。因為有現在的苗，才說未生的苗；也因為有現在的苗，才說已滅的苗。如《善臂菩薩請問經》（འཕགས་པ་ལག་བཟང་གིས་ཞུས་པའི་མདོ）：

「廣分別已即知三世，所謂過去未來現在。云何過去世？若法生已滅，是名過去世。云何未來世？若法未生未起，是名未來世。云何現在世？若法生已未滅。是名

現在世。」²⁶

月稱的《四百論釋》亦云：

「於現在時還未至乃未來，於此已至乃過去，現在生起謂已生未滅。當下緣故，現在為主；於現在未至或已至，立未來過去二時故，爾二非主。」²⁷

　　有關中觀應成教典所談及的「已滅乃事物」之論述，在另本《佛法哲學總集》中，還會有較爲詳細的解釋。

　　總之，依據怙主龍樹父子的觀點，在如苗等單一的有法上，方可安立三時。已生未滅的苗，在苗時被安立，這時稱爲苗的現在時；觀待爾時，因苗還未產生，而立未來時；觀待爾時，因苗已生亦已滅，而立過去時。故在單一的有法上，隨著三種別異的階段，而置三時。所謂過去、未來、現在，都是隨著各自的觀待處，被心識施設、世間稱許後而置，絕非以自相而安立。觀待某一有法後，方能安置所謂的年、月、日、時辰、分鐘，或秒數；方有所謂「此前乃過去；此後乃未來」可

26　德格版，經，寶積，ཧི卷，第二卷，175背頁；對勘本版，書號43，485頁。漢譯來源：《大寶積經》卷第九十四，善臂菩薩會二十六之二（T.11.310.535b.13）。

27　德格版，論，中觀，ཚ卷，第十一品，171背頁；對勘本版，書號60，1338頁。漢譯大藏經內並無此譯。

言。撇開這種觀待的「現在論」是極難被成立的。

甲四、最短時間的觀察

佛教典籍說，剎那可分二：一、時邊際剎那；二、成事剎那。普遍而言，時邊際剎那就是時間內的最短剎那。[28]時邊際剎那的時間有多長呢？佛教學者們有著不同的說法。阿闍黎世親的《阿毘達磨俱舍論自釋》說，最小的色法是無方分極微塵；最簡的名是文；最短的時間是時邊際剎那。時邊際剎那之量為何？身強力壯者的彈指頃刻間，可分六十五個時段，此六十五分之一的時段就是時邊際剎那。一百二十個時邊際剎那稱「一怛剎那」（དེའི་སྐད་ཅིག་མ་གཅིག）；六十「怛剎那」稱「一臘縛」（ཐང་ཅིག）；三十臘縛稱「一須臾」（ཡུད་ཙམ་གཅིག）；三十須臾稱「一晝夜」；三十晝夜為一月。如《阿毘達磨俱舍論本頌》云：

> 「百二十剎那，為怛剎那量，臘縛此六十，
> 此三十須臾，此三十晝夜，三十晝夜月。」[29]

---

28 譯者註：以唯識及中觀論師們的角度而言，所謂「時邊際剎那是所有時間內的最短剎那」的說法，只是針對古時一般人可接受的範圍而說，否則將會與「無方分」論述相互矛盾。

29 德格版，論，阿毘達磨，ཁུ 卷，第三品，第88-89句偈頌文，10正頁；對勘本版，書號 79，22頁。漢譯來源：《阿毘達磨俱舍論》（T.29.1558.62b.13）。

對此，《阿毘達磨俱舍論自釋》也云：

「分析諸色至一極微，故一極微為色極少，如是分析諸名及時至一字剎那，為名時極少，一字名者，如說瞿名。何等名為一剎那量？眾緣和合法得自體頃，或有動法行度一極微。對法諸師說，如壯士一疾彈指頃六十五剎那，如是名為一剎那量。」[30]

阿闍黎法稱與吉祥月稱也提出了相同的論述。《釋量論》：「一座轉動時，最短時剎那。」[31]謂極微塵的移動，或極微塵上下轉動的時間乃時邊際剎那。吉祥月稱的《四百論釋》：「縮短時間的最小單位稱剎那；壯士彈指頃刻間有六十五剎那，應由剎那得知爾等相乃剎那也。」[32]謂最短單一成事剎那中的六十五分之一乃時邊際剎那。法友（Dharmamitra ཆོས་ཀྱི་བཤེས་གཉེན།）《般若波羅蜜多教授現觀莊嚴論頌釋明句疏》（ཤེར་ཕྱིན་འགྲེལ་བཤད་ཚིག་གསལ།）：「此謂剎那，應如何觀？有說，於彈指頃刻間，壞滅有為法疾

---

30 德格版，論，阿毗達磨，ཀྱ 卷，第三品，154 背頁；對勘本版，書號79，381頁。漢譯來源：《阿毘達磨俱舍論》（T.29.1558.62a.18）。

31 德格版，論，量，ཟ 卷，現識品，第495句偈誦文，137正頁；對勘本版，書號97，570頁。對勘本版雖寫：「ཆུད་པ་ཡི།（攝）」但搭配註解的話，應該是「ཆུང་བ་ཡི།（小或短）」，依此為準。漢譯來源：法尊法師譯《釋量論》。

32 德格版，論，中觀，ཡ 卷，第一品，38 正頁；對勘本版，書號60，1025頁。漢譯大藏經內無有此譯。

剎那，不可量數，作此宗義。聖聲聞等，許此量乃三百六十八分。」[33]謂依聖聲聞宗言，壯士彈指頃刻間的三百六十八分之一乃時邊際剎那之量。其他經典又做另說，如水泡及峭壁瀑流般的苦蘊，每一剎那都正在壞滅，應知每彈指間有三百六十五剎那，因此苦蘊沒有絲毫值得留戀之處。所以也有「彈指間內有三百六十五剎那」之說。

大乘宗義認為，並非時邊際剎那不可能短於三百六十五分之一。譬如，《華嚴經》說，比金翅鳥更快的車乘遊繞一匝時，毒蛇可遊繞七匝；毒蛇遊繞一匝時，聖者阿難陀可說十法，並知其義；聖者阿難陀說一法時，舍利弗可說千法，並知其義；舍利弗說一法時，目犍連可遊八千萬世界；目犍連遊一世界時，如來可於一切世界，以三密示現十二事業，廣渡無邊。在吉祥怙主龍樹聖者的《經集論》（མདོ་ཀུན་ལས་བཏུས་པ།）中，引用了《華嚴經》云：

> 「某人依千幅鐵車，其馬甚疾，過金翅鳥力……此車遊繞一匝之際，毒蛇繞匝剎那之時，比丘阿難陀宣說十法，亦知其義。阿難陀宣說一法剎那之時，比丘舍利弗宣說千法，亦知其義。舍利弗宣說一法之時，比丘目健

---

33 德格版，論，般若，列卷，第七品，89 正頁；對勘本版，書號 52，916 頁。漢譯大藏經內無有此譯。

連住八千萬世界。」[34]

從某動作形成乃至結束之前，則稱「成事剎那」，其量有各式長短。譬如，一月是從一號至三十號結束前的這段時間。或者是，最短的成事剎那，如壯士彈指的時間。對此，教典各有不同說法，如《大方廣菩薩藏文殊師利根本儀軌經》（འཇམ་དཔལ་རྩ་རྒྱུད།）：「十回張閉目，極觀唯剎那。」[35]謂十次張眼、閉眼的時間稱為「一成事剎那」。

同樣地，《金剛空行續》（རྡོ་རྗེ་མཁའ་འགྲོའི་རྒྱུད།）也說：

「閉眼即閉目，六回稱『一支』，或稱『一須臾』，六臾乃「剎那」，六剎稱『臘縛』，此六稱『極小』。」[36]

六次閉目的時間為「一支」或「一須臾」；六須臾乃一成事剎那；六成事剎那乃一臘縛；六臘縛乃一極小。

龍樹怙主的《五次第》（རིམ་ལྔ།）說：「彈指攝剎那，芥轉

34 德格版，論，中觀，ཀི卷，第五卷，213正頁；對勘本版，書號64，595頁。漢譯《華嚴經》中找不到此段落。

35 德格版，經，續，ན卷，第十八品，201背頁；對勘本版，書號88，626頁。漢譯《大方廣菩薩藏文殊師利根本儀軌經》中找不到此段落。

36 德格版，經，續，ཁ卷，第二十六品，64背頁；對勘本版，書號78，152頁。漢譯大藏經內無有此譯。

乃臘縛，入出乃須臾。」[37]謂壯士彈指頃刻乃成事剎那；白芥子轉動的時間乃臘縛；吸氣吐氣的時間乃須臾等多義。

一般而言，由某動作的時間長短決定成事剎那之量，但成事剎那的最短時間可由彈指、閉眼、短音「啊」字，以及普通人的最短敏捷動作的時間而去定論。同樣地，時邊際剎那之量也可由極微塵的移動、極微塵的上下轉動、彈指的六十五分之一的時間而去定論，這是上下部的共同觀點。

佛教典籍中，雖說成事剎那如彈指頃刻，其間的六十五分之一、三百六十五分之一，或三百六十八分之一乃時邊際剎那，但這種最短時邊際剎那的說法並未具決定性，這點可由上述引用的《華嚴經》得知。況且，仔細思惟的話，雖說是時邊際剎那，但不意味否定存在比此更短的時間；雖說是時邊際剎那，但也不一定是所有時間中的最短頃刻。[38]

自部聲聞宗師等說，色法構成的基礎是無方分極微塵般，非色有為心法的前後剎那，最終也會到不可再被分割的無方分時段。唯識及中觀宗師們，否定了無方分的論述，雖說時邊際

---

37 德格版，論，續釋，[?]卷，第二次第，第29句偈頌文，49正頁；對勘本版，書號18，139頁。漢譯大藏經內無有此譯。

38 譯者註：編輯者格西們會這麼說的理由是，時邊際剎那也有前、中、後三端的剎那方分，所以時邊際剎那仍可被分割三段。當然，分割出來的時間會比原先未割前的時間更加縮短。

剎那乃最短時間、極微塵乃最小色法，但所謂的「最短」及「最小」的解讀，若是不可再被分割的話，怎不會成為無方分呢？既然可被一直分割，無有止盡的話，為何又稱為「最短」或「最小」呢？很明顯地，學者們對此有不同的回覆。

龍樹怙主的《寶鬘論》說：「剎那有後際，亦應觀初中，三剎那體故，世剎那非住。」[39]若加以觀察，凡是時間剎那性，皆非自性成立的時間，縱使是時邊際剎那，也應有初、中、後三時分，所以時邊際剎那也必須承許具三時分，絕非「無方分」。如同構成色法的究竟基礎，極微塵無法成為無方分般，最短時間的時邊際剎那也無法成為無方分，這是唯識學者及中觀學者的共同論述。

甲五、細微無常

常與無常以壞不壞滅而分界別，有為法之所以壞滅也是源於因緣；有為法等，每一剎那都正在壞滅、於一切時中無不轉變。之所以有因緣就會壞滅，沒有因緣則不壞滅，主要是因為能生因本身的因素所致。譬如，樹葉產生變化後在寒冷的冬天掉下落葉，這現象並非來自寒風觸碰，突然掉落，而是來自一

---

39 德格版，論，本生，ᠬᡳ卷，第一品，第 69 偈頌文，109 背頁；對勘本版，書號 96，294 頁。漢譯來源：仁光法師譯《寶鬘論》。

週週、一日日的逐漸變化。所以，樹葉形成的當下，就已從壞滅性質中產生。雖然剎那變化無法以肉眼看到，但剎那壞滅的事實的確一直在發生；沒有細微剎那的變化，是無法形成粗顯變化的。

何謂生、住、異、滅等四相呢？

毘婆沙宗認為，以生、住、滅三相詮釋某一有為色蘊時，並非詮釋此色蘊本身乃生住滅等，卻是透過此色蘊的能生因等他法的存在，而去詮釋此色蘊乃有為法。所以在此生住滅三相等，並非指向生等本身的作用，卻被主張為能生者、能住者、能滅者等其他質體。色等事物雖有生住異滅四相同俱，但在事物上發生的順序卻是先有生起，再有安住、後有衰異，終有壞滅。話雖如此，生住異滅四相並非指向生等作用，而是指向能生者、能住者、令變異老化者，以及能滅者的其他質體。就像之所以稱「有為法」（或「行」），是因為結合因與緣的「行為」，這種詮釋也是與「能行者」有關。《阿毘達磨俱舍論自釋》：「此於諸法能起名生、能安名住、能衰名異、能壞名滅。」[40]阿闍梨稱友的《阿毘達磨俱舍論釋明義論》亦云：

---

40 德格版，論，阿毘達磨，ㄒ1卷，第二品，80背頁；對勘本版，書號79，200頁。漢譯來源：《阿毘達磨俱舍論》（T.29.1558.27a.16）。

「於此，許有爲相乃別異質體性。」⁴¹此故，極短刹那無有爾等相，如《阿毘達磨俱舍論自釋》言：

> 「世尊爲斷彼執著故顯行相續體是有爲及緣生性，故作是說：有三有爲之有爲相，非顯諸行一刹那中具有三相，由一刹那起等三相不可知故，非不可知應立爲相，故彼契經復作是說。」⁴²

經部主張，有爲等並非第一刹那生、之後住，最終遭遇滅緣而壞滅，而是從第一刹那生起的同時，就已經成爲了刹那壞滅的本質。第一刹那無法安住於第二刹那的原因是，第一刹那本身就有正在壞滅的性質，所以在下個刹那或第二刹那時，第一刹那自當壞滅、不能安住。爲何第一刹那本身有正在壞滅的性質呢？因爲生起第一刹那事物的能生因本身就有此性，又被此性之因所生起的緣故。

因此經部說，有爲四相應指向色法等本身的生、住、異、滅的作用；以苗爲例，苗未有新生謂生，安住前刹那之續流謂住，前後刹那變異稱異或衰。又說，苗將生起之時乃苗因之

---

41 德格版，論，阿毘達磨，ཅི卷，第二品，158背頁；對勘本版，書號80，378頁。漢譯大藏經內無有此譯。

42 德格版，論，阿毘達磨，ཅི卷，第二品，81背頁；對勘本版，書號79，202頁。漢譯來源：《阿毘達磨俱舍論》（T.29.1558.27c.3）。

時，苗生起之時乃苗的第一剎那，苗之住時乃苗的前中後剎那之時，苗的異滅之時乃苗果第一剎那。生住滅三相不只同俱，並非與有爲法質體別異，如阿闍黎清辨的《思擇焰論》云：「譬如經部師說，由因緣各自之力所生起的續流，於同一時內，未有生起故生、安住前剎那之續流故住、與前剎那不相似、亦衰亦離，故稱滅。」[43]

　　同理，任何有爲法生起的當下，就已成立正在壞滅。吉祥法稱的《定量論》云：「所謂無常絕非後時所成他者。反覆已言，事物住剎那性本身就是無常矣！」[44]所以，與毘婆沙宗不同的是，經部認爲，哪怕僅存於時邊際剎那頃刻的事物，也能俱全三相。《阿毘達磨俱舍論釋明義論》云：「他宗說，聲音及火焰等最終剎那皆有自我安住，別異爾等，因觀待前剎那故，安置三相」[45]謂他宗應知乃經部宗。

　　唯識及中觀兩宗也認爲，有爲生住滅三相應指向生等作用，並三相同俱，這點跟經部相同。《攝事分》云：

43　德格版，論，中觀，ཤ།卷，第三品，73 正頁；對勘本版，書號 58，183 頁。漢譯大藏經內無有此譯。

44　德格版，論，量，ཅེ།卷，第二品，183 正頁；對勘本版，書號 97，685 頁。漢譯大藏經內無有此譯。

45　德格版，論，阿毘達磨，ཅུ།卷，第二品，163 背頁；對勘本版，書號 80，390 頁。漢譯大藏經內無有此譯。

「此中有為是無常性，三有為相施設可得：一生、二
滅、三住異性。如是三相依二種行，流轉安立。一、依
生身展轉流轉。二、依剎那展轉流轉。依初流轉者，謂
於彼彼有情眾同分中，初生名生，終沒名滅。於二中間
嬰孩等位立住異性，乃至壽住說名為住；諸位後後轉變
差別，名住異性。依後流轉者，謂彼諸行剎那剎那新新
而生，說名為生，生剎那後不住名滅，唯生剎那住故名
住。異性有二：一、異性異性。二、轉變異性。異性異
性者，謂諸行相似相續而轉；轉變異性者，謂不相似相
續而轉，非此異性離住相外別體可得，是故二種總攝為
一，施設一相。」[46]

　　無常的定義是「剎那性」（ སྐད་ཅིག་མ ）。此定義中的「剎
那性」應該解讀為「事物於自身存在後的下一刻起不復存
在」，不應解讀為「過了一陣子後不復存在」。事物自身存
在的時間各有不同。例如一年本身的存在時間是十二個月，十
二個月過後的下一刻起，彼年就不復存在。事物本身存在的時
間，以及其下一刻不復存在的內容，如果搭配一天來計算的
話，就是二十四個時辰；搭配著短時剎那的話，就得看這剎那
頃刻有多長，而下定論。

46 德格版，論，唯識，ཧྲི 卷，第五品，179 背頁；對勘本版，書號 74，1189 頁。
　　漢譯來源：《瑜伽師地論》第六十五卷（T.30.1579.795c.21）。

　　問：在一百年未結束之前，一世紀是否會安住於其時間
內？如果不會，則與「在未結束十二個月之前，一年將會安
住」的論述相違；如果會，則與「無常僅住一剎那矣」的論述
相違。

　　這是不懂如何安立「續流」所產生的過患。如《四百論》
云：「於相續假法，惡見謂眞常。」[47]謂續流的劣惡解讀將不
懂如何安立具方分論，故謬執爲常。

　　答：以十二個月的和合體或一年爲例，因爲支分與具支
兩者性質爲一，支分初月的壞滅，足以成立具支者「年」的壞
滅，一切有爲都是如此。然而，支分「月份」的正在壞滅，只
能成立具支者「年份」的正壞滅，不能成立年份的已壞滅；雖
是「非正住」，卻非「已不住」的差別也應區分。[48]

　　一般無常可分爲續流無常及剎那無常兩者，如阿闍黎般若
洼瑪（Prajñāvarma པྲ་ཛྙཱ་བརྨ） 的《法句經釋》（ཆོས་ཀྱི་ཚིགས་སུ་བཅད་པར་འགྲེལ་བ།）
云：「無常復二，續流故無常，以及剎那故無常。」[49]前者乃

47　德格版，論，中觀，ཚ་卷，第十四品，第 22 句偈頌文，16 正頁；對勘本版，
　　書號 57，815 頁。漢譯來源：玄奘大師譯《廣百論》（T.30.1570.185c.4）。

48　譯者註：這段話是針對「如果會，則與『無常僅住一剎那矣』的論述相違」的
　　回覆。此文的「剎那」意味成事剎那，所以本世紀是無常的緣故，只能僅住一
　　剎那，也就是一百年的時間。一百年過後的下一刻起，本世紀將不再是「正安
　　住」，而是「已安住」，所以沒有矛盾。

49　德格版，論，阿毘達磨，ཐུ་卷，第十八品華句釋，25 正頁；對勘本版，書號
　　83，653 頁。漢譯大藏經內無有此譯。

粗淺無常，後者乃細微無常。譬如，牧羊人也都能以肉眼得知天施死後不復存在，這種無常極爲粗淺。第一刹那的天施於下一刹那不復存在，乃更細微。比起這個更細微的是，第一刹那的天施在第一刹那時起，就正在壞滅。因此，先得會意粗淺無常，方能證悟細微無常。

若無刹那刹那壞滅的細微無常性，則不能以續流安置無常；細微無常的刹那刹那壞滅性，絕非源於當下其他的因緣，或源於後者其他因素，純粹因爲事物自我的能生因性，使得事物生於刹那壞滅性中。

有關續流無常，如阿闍黎地親的《五蘊釋》云：

「所謂的續流，謂從五蘊生起開始，乃至未死前，無有間斷的刹那性相。滅乃間斷相似五蘊刹那的續流，後者不隨前刹那，卻生不相似其他刹那，此性稱『無常』也。」[50]

論說，九十歲的老人並非突然老去。一開始在胎裡，後出生，經歷幼時乃至老時，逐漸衰老，最終成耆老者。又如無著阿闍黎的《瑜伽師地論》言：

「云何八位？謂處胎位、出生位、嬰孩位、童子位、少

---

50 德格版，論，唯識，ཤ卷，88背頁；對勘本版，書號77，891頁。漢譯大藏經內並無此譯。

年位、中年位、老年位、耄熟位。處胎位者，謂羯羅藍
等。出生位者，謂從此後乃至耄熟。嬰孩位者，謂乃至
未能遊行嬉戲。童子位者，謂能為彼事。少年位者，謂
能受用欲塵乃至三十。中年位者，謂從此位乃至五十。
老年位者，謂從此位乃至七十，從此以上名耄熟位。」[51]

一般而言，搭配著粗淺的比喻，如燈火的最後剎那，理
解無常的話，因為可被現識所知，所知道的無常將會成為粗淺
無常；搭配著細微比喻的話，須以理由得知，將會成為細微無
常。又像「事物於自身存在後的下一刻起不復存在」的解讀，
搭配著一天的話，事物自身存在的時間將成三十須臾；搭
配著最短時間的話，事物自身存在的時間將成時邊際剎那頃
刻，所以「事物於自身存在後的下一刻起不復存在」的理解
也有粗細兩種。

生起諸有為的能生因，本在壞滅性中成立之理，以及「自
身存在後的下一刻起不復存在」之理，如《虛空色降伏忍經》
（ནམ་མཁའི་མདོག་གིས་འདུལ་བའི་བཟོད་པའི་མདོ།）：「爾等法於第一剎那生起
後，已於第一剎那頃，成壞滅性，不住第二剎那。」[52]《釋量

---

51 德格版，論，唯識，ཤི卷，第三品，24背頁；對勘本版，書號72，726頁。漢
譯來源：《瑜伽師地論》第二卷（T.30.1579.289a.19）。

52 德格版，經，經藏，ལ卷，150正頁；對勘本版，書號67，368頁。漢譯大藏
經內未獲此譯。

論》（第二卷）亦云：「無因故若滅，自體即相屬。」[53]謂所作性從生起開始，自身本體就被壞滅性隨後相屬。所作性生起於壞滅性中，這僅是源於自因的緣故，才會生於壞滅性中，除此外，無有餘因。若列出推理公式（ སྒྲུབ་ངག ）的話，則如下述：

「所作性有法，

屬『自體生起時即成壞滅中』的本性擁有者，

無須依賴其他後起因緣，依自因力，生於壞滅性中故。」

《釋量論》（第九卷）亦云：「若因生餘滅，故使彼滅者。」[54]謂此論引他宗，若敵方言道：如瓶子等「自體生起時即成壞滅中」的本性，非依自因力，卻依後起餘因，使成壞滅，故說彼成具滅性者。論說，此不應理。此論（第九卷）駁道：

「彼體性成者，於我何能益？於我非能益，

何為彼所待？無待事終於，如何非如是？」[55]

---

53 德格版，論，量，ཤེ 卷，自義品，第195 句偈誦文，102 正頁；對勘本版，書號 97，486 頁。漢譯來源：法尊法師譯《釋量論》。

54 德格版，論，量，ཤེ 卷，他義品，第282 句偈誦文，150 背頁；對勘本版，書號 97，599 頁。漢譯來源：法尊法師譯《釋量論》。

55 德格版，論，量，ཤེ 卷，他義品，第283-284 句偈誦文，150 背頁；對勘本版，書號 97，599 頁。漢譯來源：法尊法師譯《釋量論》。

　　論說，色等有爲法都是於自體生起時，即成壞滅性者。此時，敵汝雖然主張後起壞因之論述，但後起壞因如何助益或損害色等壞滅之自體？既然後起壞因不能利害色等壞滅體性，後起壞因及色等壞滅體性兩者，則不能成所待及能待。

　　成立有爲法乃刹那性，實屬佛教典籍的重要內容，尤其佛教量學更爲重視其要義，其義的極要關鍵乃「無須觀待後起因緣」。在此僅做粗略介紹，若欲細解，應主要參考上述已引用的「無因故若滅」的偈頌文，此文來自法稱阿闍黎所著的《釋量論》的自義品後端。尤其是《定量論》的這段話：「具有蘊、界、處性相的所作性、成立無常故，無有過患」[56]定論了有關「何謂所作性」、「依此成立無常」、「壞滅是否觀待後起因緣的釐清」、「此故壞滅非無因有」，以及「成立壞滅乃事物性」等廣泛論述，由此可做其要義細解。

　　阿闍黎寂護的《眞如集論》、其註釋由阿闍黎蓮花戒著作的《眞如集論釋》的第十三「觀堅事物」品、阿闍黎法上的《成刹那性》（ སྐད་ཅིག་མ་གྲུབ་པ། ），以及其註釋由阿闍黎梵志珍珠瓶（ བྲམ་ཟེ་མུ་ཏིག་བུམ་པ། ）的著作等，作爲《釋量》及《定量》二論的補充。這些教典皆以善巧細解的方式，定論出佛教推理家們如何透過深入細微的理由，結論出「所作性乃刹那性」的內容。

56　德格版，論，量，ཏྲེ 卷，自義品，179背頁；對勘本版，書號97，677頁。漢
　　譯大藏經內無有此譯。

第五品
情器世間的生滅次第

甲一、阿毘達磨等論所說情器世間的生起過程

古印度宗師對於情器世間如何形成，有多種不同的說法。

勝論派等許多外道宗師認爲，現在這個世界還未形成前，地微塵、水微塵、火微塵、風微塵等諸多各自完整未壞的微塵，安住於虛空之中。爾時，大自在天於此虛空生起造世間念，加上諸有情之善惡業的成熟力，開始令二個風微塵連結，繼令三個風微塵連結，風塵遂成爲果實質體，形成了強大風蘊。在此風蘊上連結了水塵，如前已述，形成了水蘊，而後，水蘊上形成了地壇城，地壇城上形成了火壇城，如此循序產生了情器世間。

外道數論師們則認爲：構成世間的主要基礎究竟來自「共主相」（ སྤྱི་གཙོ་བོ། ）之所幻。另有幾派主張世間造物主的外道，如：梵天、遍入天、聲梵、我常等。外道順世派則說，世界是由色質突變而形成的。

主張有造物主的論師們之推理公式如下：

「世間的器、情、受用等有法，需先經由某者的念頭，作用循序漸進而產生故[1]。如斧頭，木匠的工具。如瓷

1　譯者註：這段話的藏文直譯爲「有著有著業成故」。數論師認爲，如同一切人造事物都是有計畫地從小變中、從中變大，以此類推，一切非人造事物的成形過程中，既能從小變中、從中變大，也必須先有「造念」等計畫，方可遂成。

瓶，別形異狀故。如瓶子，具作用故。」

雖然還有其他的推理，但以上所言顯然爲諸外道論師最主要之理論。

關於上述推理，佛教論師們認爲，若僅針對「世間器、情、受用等形成之前先有念頭」之說，佛家早已定論「世間等從思業所成」，然此理並不足以說服佛家承許未說之義。若謂「先有的念頭是常念」，但「念」絕非「常」故，比喻不可成立。再者，如果只是「需先經由某者的念頭」方能存在的話，你說諸法的造物主本身也應「需先經由某者的念頭」，必須承許如是過患，[2] 這樣一來，又與其謂「常有俱生」的立場矛盾相違。更何況，爾等所立因亦無周遍。佛教論師們以多理反駁，如《釋量論》：

「住行形差別，及能作義等，
極成或無喻，複是疑惑性。」[3]

若許常有俱生的造物主，因常性不變，「果已生時」將與「果未生時」無有絲毫區別。若是如此，無有造主，果應亦

---

2 譯者註：如果造物主之前必須要有造念，則不應持有「造物主開創萬法」的立場。換句話說，到底萬法是由造物主開創？還是造念開創？

3 德格版，論，量，ཆེ卷，成量品，第10句偈頌文，108正頁；對勘本版，書號97，501頁。漢譯來源：法尊法師譯《釋量論》。

在，造主則不具因相。此外，造主乃不生性，由此所造之物不
應爲所作性。事物等由各式因緣聚合方能生起，不應僅由造主
一者所成。《釋量論》云：

> 「自性無差別，亦不可能作，
> 常則無遮故，功能亦難知。」[4]

阿闍黎清辨的《中觀心論》亦云：

> 「爾時我未生，不許由我造。」[5]

此《中觀心論》的自釋《思擇焰》云：

> 「造者絕非有，故不成無定。謂一切事物從各式因與緣
> 聚所生故，不可許單一造物主。若（他）駁：由單一造
> 物主之力故。（答：）何須思擇眾多因緣？世間事物等
> 因緣，不見由單一造物主所成故，我立之因怎成不定
> 因？」[6]

4　德格版，論，量，ཚེ卷，成量品，第24句偈頌文，108背頁；對勘本版，書號
　97，502頁。漢譯來源：法尊法師譯《釋量論》。

5　德格版，論，中觀，ཛ卷，第九品，第134句偈頌文，36背頁；對勘本版，書
　號58，85頁。漢譯大藏經內並無此譯。

6　德格版，論，中觀，ཛ卷，第三品，110背頁；對勘本版，書號58，269頁。漢譯
　大藏經內並無此譯。

　　此故佛家主張，情器世間的產生絕非來自共主相、造物主事先動搖造念，或無因驟生等，如論所言「此唯依緣性」，情器世間僅由因與緣所成。[7]

　　闡述世間形成之理的印度佛教典籍如《華嚴經》、《正法念處經》（མདོ་དྲན་པ་ཉེར་བཞག）、《立世間論》、阿毘達磨上下部、吉祥時輪續典等，但主要依據是阿毘達磨論典以及時輪續典。此等典籍共同說到情器世間如何生滅、情世間的壽命長短、器時間的獨特形狀及大小等，內容稍有不同，但基本看法卻無分歧。

　　佛教論師們說，我等所處的世間及有情二者，首先形成器世間，然後形成情世間。其立場是：構成基礎的地水火風等四微塵，隨著眾生的共業，開始形成了共同所處的世界；隨著各自的不共業，產生了各自的快樂與痛苦。如上所述，佛教論師僅依近取因及俱生緣的因果輾轉之道而說。

　　關於此義，聖者無著等取名「三緣」。一、不動緣。二、無常緣。三、能力緣。《佛說稻芉經》等也明顯說到此義。《阿毘達磨集論》云：

7　在尊者的文集中說到，以佛法觀點詮釋時，「絕對要有開始」的看法會產生許多問題。以邏輯推論，主張這種獨立個體的開始來自兩種思惟，一、世間造物主。神聖造物主並非因果屬性，卻創造此世間。二、雖無有因緣，此世間卻能驟然而成。佛家否定上述兩種主張。

「何等相故？謂無作緣生故、無常緣生故、勢用緣生故。」[8]

世親阿闍黎的《說緣起初別釋》所引用的經文亦云：

「比丘們，緣起相者謂三，無動所生相、無常緣生相、能力緣生相。」[9]

此乃大扼要，謂依三緣力形成此世間，並說世間絕非由某位神聖作者所造。如《佛說大乘稻芉經》云：

「言因緣者，此有故彼有，此生故彼生。所謂無明緣行。」[10]

依經中所言順序，「此有故彼有」謂不動緣所生；「此生故彼生」謂無常緣所生；「無明緣行」謂能力緣所生。

初者，教典說內外所有事物皆從不動緣所生。其義謂：此情器世間，僅依各自因緣所生，絕非由某位造者先起造念所成。經說「此有故彼有」，謂情器世間從因果緣起所生，非由因

8　德格版，論，唯識，ཏྲི卷，第一品，65背頁；對勘本版，書號76，167頁。漢譯來源：《大乘阿毘達磨集論》（T.31.1605.670c.19）。

9　德格版，論，經釋，ཆི卷，第一品，5正頁；對勘本版，書號66，725頁。漢譯大藏經內並無此譯。

10　德格版，經，經典，ཚ卷，116正頁；對勘本版，書號62，315頁。漢譯來源：《佛說大乘稻芉經》（T.16.712.823c.6）。

緣屬性以外的其他外在能力所成,也非無因無緣、驟然而生。

第二,何謂無常緣所生?內外事物來自因緣,然而,單憑此點不夠,其因必須是無常性;由常法生無常果,極不應理;這就是第二緣的內義。常法遠離循序漸進及同時產生的功效,所以不具生果的作用;常法不具影響他法損益的基礎;他法也不具影響常法損益的基礎;如此漸次推理要義,即第二緣所顯示:凡是能夠產生內外情器之因,必定是有為性、無常性。是故經說「此生故彼生」;強調「生」性。

第三,何謂能力緣所生?產生果法的因緣雖是有為無常,但光憑此點仍有不足。因為,在因位上,必須要具足相順果性、產生個別果實的能力,這就是能力緣要表達的內容。是故經中說「無明緣行」。

總結上述三相緣起的要義,無著阿闍黎的《阿毘達磨集論》云:

「何等義故?謂無作者義、有因義、離有情義、依他起義、無作用義、無常義、有剎那義、因果相續不斷義、因果相似攝受義、因果差別義、因果決定義,是緣起義。」[11]

---

11 德格版,論,唯識,खﹶ卷,第一品,66正頁;對勘本版,書號76,169頁。漢譯來源:《大乘阿毘達磨集論》(T.31.1605.671a.20)。

佛教的立場，堅決否認無因而生、造主先動造念所成、常因生果等論述，主張同類果由同類因感得、各式果相由各式因緣聚合而成。詮釋這些內容時，唯有依據因果緣起之理，方可得出定論。

《阿毗達磨教典》中怎麼描述世間界如何產生的呢？世親阿闍黎的《阿毗達磨俱舍論自釋》有非常明細的解釋：

「謂諸有情業增上力，先於最下依止虛空有風輪生，廣無數、厚六千億踰繕那，如是風輪其體堅密。假設有一大諾健那，以金剛輪奮威懸擊，風輪無損。又諸有情業增上力，起大雲雨澍風輪上，滴如車軸積水成輪，如是水輪於未凝結位，深一百一十二萬踰繕那。如何水輪不傍流散？有餘師說，一切有情業力所持令不流散。所飲食未熟變時，終不流移墮於熟藏。有餘部說，由風所持令不流散，如篅持穀。有情業力感別風起，搏擊此水上結成金，如熟乳停上凝成膜，故水輪減唯厚八洛叉，餘轉成金，厚三十二萬。」[12]

---

12 德格版，論，阿毗達磨，夙卷，第一品，144 正頁；對勘本版，書號 79，355 頁。藏譯與漢譯稍有不同。漢譯原文：（T.29.1558.57a.15）：「謂諸有情業增上力，先於最下依止虛空有風輪生，廣無數、厚十六億踰繕那，如是風輪其體堅密。假設有一大諾健那，以金剛輪奮威懸擊，金剛有碎風輪無損。又諸有情業增上力，起大雲雨澍風輪上，滴如車軸積水成輪，如是水輪於未凝結位，深十一億二萬踰繕那。如何水輪不傍流散？有餘師說，一切有情業力所持令不流散。所飲食未熟變時，終不流移墮於熟藏。有餘部說，由風所持令不流散，如篅持穀。有情業力感別風起，搏擊此水上結成金，如熟乳停上凝成膜，故水輪減唯厚八洛叉，餘轉成金，厚三億二萬。」

　　論中說到，「最下依止」乃虛空，此上初有風輪，次有水輪，後有地輪，循序產生。器世間未成的前兆是，於多年間柔風起動、彌漫密聚，次成風輪，這是器世間的地基；此風輪又稱「柔」，其壯圓形，其色各式，其相八質體性，八質中以風為主，故稱「風輪」。

　　風輪上的虛空中，風雲密佈、長年降雨、積水成輪。受到風的吹動，此水長期搖晃，逐漸形成地輪。水地之輪上，又有大雨降淋，形成外圍大海。風力攪拌海水上等精華，形成須彌山；風力攪拌海水中等精華，形成雙持七山；風力攪拌海水下等精華，形成四大洲及其餘中小洲等。處於正中的須彌山王，其山的四正方各有四大洲，其山的四斜方有八中洲，洲與洲之間都有日月星辰等環繞。南方大洲是我們所居住的地球；大海遍滿洲與洲之間的間隔。這一切，都是依賴虛空、風輪而有。

　　四大洲、中小洲、日、月、星辰等共一千，稱為「一千小世界」。此一千小世界的一千倍，稱為「二千中世界」。二千世界的一千倍，稱為「三千大千世界」。總之，須彌、大洲，乃至梵天等百億世界，或稱三千大千世界一開始同時產生，最終也同時壞滅。如《阿毘達磨俱舍論》：

> 「四大洲日月，蘇迷盧欲天，梵世各一千，名一小千
> 界，此小千千倍，說名一中千，此千倍大千，皆同一成

壞。」[13]

此外，《聖廣大遊戲大乘經》說，四洲乃至阿迦尼吒天間的百億世界，稱三千大千世界，經云：

> 「如是四天下成一世界。百億四天下成一三千大千世界，其中百億四大海，百億須彌山，百億鐵圍山，百億四天王天，百億忉利天，百億夜摩天，百億兜率陀天，百億化樂天，百億他化自在天，百億梵身天，百億梵輔天，百億梵眾天，百億大梵天，百億少光天，百億無量光天，百億遍光天，百億少淨天，百億無量淨天，百億遍淨天，百億無雲天，百億福生天，百億廣果天，百億無想眾天，百億無煩天，百億無熱天，百億善見天，百億善現天，百億阿迦尼吒天，如是名為三千大千世界。」[14]

佛家說器世間有欲界、色界、無色界，共三界；三界有情可由種性區分。欲界種性以追求色聲等欲境為主；色界種性以追求禪樂為主；無色界有情，即使對於靜慮安樂也仍厭離，僅以追求捨受寂靜為主。

---

13 德格版，論，阿毘達磨，倶卷，第三品，第73-74句偈頌文，9背頁；對勘本版，書號79，21頁。漢譯來源：《阿毘達磨倶舍論本頌》（T.29.1560.315b.9）。

14 德格版，經，經典，岡卷，第十二品，77正頁；對勘本版，書號46，186頁。漢譯來源：《方廣大莊嚴經》（T.3.187.563c.4）。

　　從身性、感受、享用的角度詮釋三界，則欲界的性質是「身粗性、受以苦受及苦樂混受為主、食以粗食為主」；色界的性質是「身光性、受幾乎被樂受所周遍、食非粗食」；無色界的性質是「無有粗身以示有情、受離苦樂只屬捨受、不需依食；遮作意矣，緣虛空等所緣境，唯入定中」。欲界的上等有情、色界眾生、無色界眾生皆稱「天人」。

　　《阿毘達磨俱舍論》及其《自釋》中說到諸多與眼見現象相關論述，如：太陽及月亮的大小、地球與日月之間的距離、太陽環繞須彌山與晝夜間的關聯[15]、夏至冬至的日光長短等。過去印度與西藏的佛學家們，也配合吉祥時輪續典中的曆算學，明確定論有關日月星辰時間等論述，並編寫曆書。

　　《律分別》與《阿毘達磨俱舍論》提及器世間形成之後，逐漸產生情世間的過程。在此簡略引用《律分別》的經文：

　　「汝諸苾芻，此界成時一類有情福命俱盡，從光音天殁而來於此人同分中，妙色意成諸根具足，身有光耀乘空往來，以喜樂為食長壽而住。爾時此世界中，無有日月、星辰度數、晝夜、剎那、臘婆、須臾、半月、一月、半年、一年、男女之別。但相喚言薩埵薩埵。

---

15 在尊者的文集中說到，如阿毘達磨等佛教典籍，雖然針對地球的形狀、地球的大小、日月輪轉方式、須彌山為正中心、地球平坦、日月星辰圍繞著地球而轉等許多論述提出觀點，但很明顯地，這些都是依據古老印度的吠陀學而說。

> 是時眾內有一有情稟性耽嗜，忽以指端嘗彼地味，隨嘗
> 之時情生愛著，隨愛著故段食是資。爾時方名初受段
> 食，諸餘有情見此食時，即便相學食其地味時諸有情既
> 餐地味，身漸堅重光明隱沒，爾時世界皆悉黑闇。汝諸
> 苾芻，世界闇時，法爾即有日月、星辰度數、晝夜、剎
> 那、臘婆、須臾、年月等別。」[16]

經中又說，有情因多食而醜陋，少食而莊嚴；因各種食，
成各種相。次因分別「我乃莊嚴、汝甚醜陋」等現象，互相排
斥；相好者起慢心，鄙視顏劣者。因容顏起慢心矣，造孽惡
業，令福造大地失去精華。大地精華失去之後，又產生色香味
全的地餅。地餅消失之後，又產生色香味全的林藤，後因眾生
造孽作惡，令林藤消失不在。此後，又產生色香味俱全的
「不種自生無糠稉」；此糠傍晚收穫苗則隨生，至早晨時米便
成熟，雖復數取而無明顯異狀。有情享用此糠，逐漸產生體內
滓穢，便生二道，由斯遂有男女根生，而起淫行，造法非法，
遂成家室。《律分別》云：

> 「汝諸苾芻，彼諸有情，食此地味，長壽而住。若少食
> 者身有光明；若多食者身無光彩。由食多少，形有勝

---

16 德格版，經，律，᠄卷，第三品，49正頁；對勘本版，書號5，128頁。漢譯來
　　源：《根本說一切有部毘奈耶》（T.23.1442.635a.25）。

劣，由勝劣故，更互相輕。我光色勝，汝容顏劣。由相
慢故，惡法便生，由惡生故，地味便沒。」[17]

此經復云：

「汝諸苾芻，地味沒已，時諸有情由福力故，有地餅
出，色香味具，色如少女花，味如新熟蜜。食此地餅長
壽而住，若少食者身有光明，因相輕慢，如前廣說，乃
至地餅沒故。」[18]

此經又云：

「汝諸苾芻，地餅沒已，時諸有情由福力故有林藤出，
色香味具。色如雍菜花，味如新熟蜜，食此林藤長壽而
住。若少食者身有光明，因相輕慢，廣如前說，乃至林
藤沒故。」[19]

此經再廣云：

「汝諸苾芻，林藤沒已，時諸有情由福力故有妙香稻，

17　德格版，經，律，ᡖ卷，第三品，49 背頁；對勘本版，書號 5，130 頁。漢譯來
　　源：《根本說一切有部毘奈耶》（T.23.1442.635b.8）。

18　德格版，經，律，ᡖ卷，第三品，49 背頁；對勘本版，書號 5，130 頁。漢譯來
　　源：《根本說一切有部毘奈耶》（T.23.1442.635b.17）。

19　德格版，經，律，ᡖ卷，第三品，50 正頁；對勘本版，書號 5，132 頁。漢譯來
　　源：《根本說一切有部毘奈耶》（T.23.1442.635b.25）。

不種自生無糠穢，長四指，旦暮收穫苗則隨生，至暮旦
時米便成熟，雖復數取而無異狀，以此充食長壽而住。
時彼有情由段食故，滓穢在身為欲蠲除便生二道，由斯
遂有男女根生。更相染著，生染著故，遂相親近因造非
法。諸餘有情見此事時，競以糞掃瓦石而棄擲之，作如
是語：汝是可惡有情作此非法，咄汝今何故污辱有情。
始從一宿乃至七宿，不共同居擯於眾外，猶如今日初為
嫁娶。皆以香華雜物而散擲之，願言常得安樂。汝諸苾
芻，昔時非法今將為法；昔時非律今將為律；昔所嫌賤
今為美妙。由彼時人驅擯出故，樂行惡法遂共聚集，造
立房舍而作非法，此為最初，營立家宅便有家室名生。」[20]

此外，《立世間論》也做了相同的廣泛解說。

對此器情世間形成之理，佛教典籍所說與印度宗師普遍共
許的內容極為相似[21]。關於四時的主張，二者也有相同論述：
人類開始形成之時，稱為「圓滿時」；次為「三分時」；再次
為「二分時」；最後人類壽長百歲時的「爭鬥時」，又稱「五
濁惡世之時」。圓滿時人類只行善事、不做惡事；三分時人類

---

20 德格版，經，律，쥐卷，第三品，50背頁；對勘本版，書號5，133頁。漢譯來
  源：《根本說一切有部毘奈耶》（T.23.1442.635c.2）。

21 現代科學在人類如何形成的說法上持有不同觀點。人類始由猴類逐漸轉化而
  成，先是四肢著地地爬行，同動物般沒有智慧，後來懂得如何使用銅石工具，
  最終人類智慧獲得極大發展，使現代科學及科技機械臻至頂端。

僅做一件惡事，無法圓滿，而成三分；二分時人類做兩件惡事，故稱二分；最後，人類犯下所有罪孽時，稱爭鬥時。

甲二、《時輪續》所說器世間的形成過程

關於器世間如何形成，時輪教典的解說是，前世界消滅後，我們現居世界還未形成之前，歷經許久，一片空朗，唯有零星散碎的非物體極微塵，又稱空塵，遍滿虛空；而後空塵開始相互結合，形成風輪，世界由此發端。

空塵中，有兩種類別的風塵：一、未結合亦未明顯的風極微塵，雖具有輕動性，但不能移動轉至他處。二、結合後的輕動性風塵，能夠移動他處，又被稱爲「造世間風」。後者就是構成世界的基礎風輪之初因，但非風輪。

此後，零星散碎的風、火極微塵逐漸結合，形如具風電火，爲火輪之初，稱爲「造火」。此後，零星散碎的火、水極微塵逐漸全面結合，形如具風火性之雨水，爲水輪之初，稱爲「造水」。此後，零星散碎的水、地極微塵逐漸全面結合，形如天空彩虹般的大地，爲地輪之初，稱爲「造地」。

如是風火水地循序發展，形成世界地基的風輪、火輪、水輪、地輪，其相圓形。之後形成須彌山，根細頂粗，外圍存在七山、七海、七洲，並逐漸形成上空星辰。起初先有極爲透澈清晰、形如彩虹的大地；大地遂成粗地，成器世間時，味極微

塵及空界極微塵等也遍佈世界。如具胤白蓮大師（ རིགས་ལྡན་པདྨ་དཀར་པོ། ）的《時輪無垢光大疏》（ དུས་འཁོར་འགྲེལ་ཆེན་དྲི་མེད་འོད། ）云：

> 「起初於極微塵中，風極微塵相互結合；結合的輕動性
> 名風。火極微塵全面結合，具風之電名火。水極微塵全
> 面結合，具風火性之雨名水。地極微塵全面結合，似空
> 中弓名大地，遍滿味極微塵等。」[22]

以我們現居世間爲中心的四正方、四斜方、上下二方共
有十方，每一方都各有一千個如四洲般的世界，故稱「一千
世界」。小千世界之上，小千世界的兩千倍以下稱爲「兩千中
世界」。中千世界之上，中千世界的三千倍以下稱爲「三千世
界」。三千世界之上，乃至無量世界間，稱爲「大千世界」。
所謂的「無量」，並非詞義上的無量，而是從個位數開始，以
十進位，數到第六十個單位，稱爲「無量」。《時輪無垢光大
疏》云：

> 「此世界為中，上下各有一千，東南西北，東北東南，
> 西北西南各有一千，故稱一千。以此類推二千、三千，
> 以及大千無量世界。」[23]

---

22 德格版，論，續釋， སྲི 卷，第七攝界品，156 正頁；對勘本版，書號 6，367 頁。
   漢譯大藏經內並無此譯。

23 德格版，論，續釋， སྲི 卷，第三攝慧品，256 背頁；對勘本版，書號 6，1278
   頁。漢譯大藏經內並無此譯。

　　阿毘達磨及時輪續典對須彌山的形狀、顏色、大小的說法不同。阿毘達磨說，須彌山形狀為四方形，顏色為東方銀色、南方琉璃、西方紅玻璃、北方黃色，不同色光照射各方天空，造成各洲天空的顏色與須彌山各方顏色相順。須彌山的大小，在水上的有八萬踰繕那，水中的有八萬踰繕那。須彌山的周圍有七金山及七香海間雜相存，山海間並無他洲。

　　時輪續典說，須彌山狀乃圓形。須彌山的顏色：東黑、南紅、北白、西黃。須彌山的高度乃十萬踰繕那，約等同於阿毘達磨論典所說的二十萬踰繕那。須彌山被六洲、六海、六山所環繞，外圍有第七大洲、第七大海——外海或鹹海、第七大山——鐵圍山。

　　佛教經論也說到，除了我們現居的世界，另有其他無邊十方世界也都存在。《華嚴經》云：「乃至虛空世界盡，如是諸情邊際盡。」[24]《金剛手灌頂大續》（ལག་ན་རྡོ་རྗེ་དབང་བསྐུར་བའི་རྒྱུད་ཆེན་པོ།）亦云：

> 「善男子，『世界續華基藏莊嚴』此言顯示廣大世界無有定數。應知為能顯示繁多廣大世界，決定顯示廣大世界結合、決定個別顯示個個廣大世界。善男子，此說結

24　德格版，經，華嚴，ཨ卷，第二十二卷，361正頁；對勘本版，書號38，795頁。相似的漢譯經文來自《大方廣佛華嚴經》（T.10.293.848a.17）。

> 合之量：十億第四世界、十億須彌山王、十億大海、十
> 億月日所攝相隨乃三千大千世界；十億三千大千世界所
> 攝相隨，是由『華基藏莊嚴結合』所攝相隨；十億『華
> 基藏莊嚴結合』所攝相隨，是由『華基藏莊嚴續結合』
> 所攝相隨；十億『華基藏莊嚴續結合』所攝相隨，是由
> 『華基藏莊嚴中續結合』所攝相隨；十億『華基藏莊嚴
> 中續結合』所攝相隨，是由『世界續華基藏莊嚴』所攝
> 相隨。」[25]

十億個四洲上至大梵天的世界，乃三千大千世界；十億
個如是世界乃一個「華基藏莊嚴結合」；十億個如是世界乃一
個「華基藏莊嚴續」；十億個如是世界乃一個「華基藏莊嚴中
續」；十億個如是世界乃一個「世界續華基藏莊嚴」。

世界有各種模樣形狀，有些有光，有些無光，各不相同。
如《華嚴經》云：

> 「諸佛子！世界海有種種差別形相。所謂：或圓，或
> 方，或非圓方，無量差別；或如水漩形，或如山焰形，
> 或樹形，或如華形，或如宮殿形，或如眾生形，或如佛
> 形……如是等，有世界海微塵數。」[26]

---

25 德格版，論，續，ᨌ卷，第一品，3背頁；對勘本版，書號87，7頁。漢譯大藏經
  內並無此譯。

26 德格版，經，華嚴，ᨌ卷，第四品，94正頁；對勘本版，書號35，208頁。漢譯
  來源：《華嚴經》（T.10.279.36a.21）。

此經又說：

> 「有剎無光明，黑闇多恐懼，苦觸如刀劍，見者自酸毒。
> 或有諸天光，或有宮殿光，或日月光明，剎網難思議。
> 有剎自光明，或樹放淨光，未曾有苦惱，眾生福力故。
> 或有山光明，或有摩尼光，或以燈光照，悉眾生業力。
> 或有佛光明，菩薩滿其中，有是蓮華光，焰色甚嚴好。
> 有剎華光照，有以香水照，塗香燒香照，皆由淨願力。」[27]

　　一般而言，器世間無始無終，但個別世界卻有初中後三個階段，循序成滅。經論中說，器世間有四種主要時位，稱「空、成、住、壞」四劫，合為一大劫，每一劫的時間相當長久，長達二十中劫。器世間由地、水、火、風、空界五大所形成；空界令其他大種初始形成，產生作用。壞劫期間，除了地界、空界外，皆由火界、水界、風界終使世界壞滅。

甲三、情器世間的壞滅

　　佛教典籍中，對於世間如何壞滅，有不同的說法。如《父子會見經》（ཡབ་སྲས་མཇལ་བའི་མདོ།）云：

> 「大王，又時此世界居處壞時，此世界中第二日出。二

27　德格版，經，華嚴，ཀ卷，第九品，144背頁；對勘本版，書號35，323頁。漢譯來源：《華嚴經》（T.10.279.53b.1）。

日出時，小河泉源悉皆枯盡。大王，又時此世界第三日
出。第三日出時，大池江河悉皆枯竭。大王，又時此世
界第四日出。第四日出時，四大河本源亦悉枯盡。大
王，世界又時第五日出。第五日出已，一由旬大海，悉
皆枯盡。」[28]

無著阿闍黎的《瑜伽師地論》說：

「無一有情可得，所有資具亦不可得，非唯資具不可復
得。爾時天雨亦不可得，由無雨故大地所有藥草叢林皆
悉枯槁，復由無雨之所攝故，令此日輪熱勢增大。又諸
有情能感壞劫業增上力故，及依六種所燒事故，復有六
日輪漸次而現。彼諸日輪望舊日輪，所有熱勢踰前四
倍，既成七已熱遂增七，云何名為六所燒事？一、小大
溝坑，由第二日輪之所枯竭。二、小河大河，由第三日
輪之所枯竭。三、無熱大池，由第四日輪之所枯竭。四
者、大海，由第五日輪及第六一分之所枯竭。五、蘇迷
盧山及以大地體堅實故，由第六一分及第七日輪之所燒

28　德格版，經，寶積，ণ卷，第二十六品，130背頁；對勘本版，書號42，312頁。
藏譯與漢譯稍有不同，漢譯原文：《寶積經卷》（T.11.310.415c.2）：「大王，
又時此世界居處壞時，此世界中第二日出。二日出時，小河泉源悉皆枯盡。大
王，又時此世界第三日出。第三日出時，大池江河悉皆枯竭。大王，又時此世
界第四日出。第四日出時，四大河本源亦悉枯盡。大王，世界又時第五日出。
第五日出已，大海中水，一由旬、二由旬、三由旬，四五乃至十由旬，悉皆枯
盡。」

然，即此火焰為風所鼓，展轉熾盛極至梵世。又如是等
略為三事：一、水所生事，謂藥草等，由初所槁。二、
即水事，由五所涸。三、恒相續住體堅實事，由二所
燒。如是世界皆悉燒已，乃至灰墨及與餘影皆不可得，
廣說如經，從此名為器世間已壞，滿足二十中劫，如是
壞已復二十中劫住。云何水災？謂過七火災已，於第二
靜慮中有俱生水界起，壞器世間如水消鹽，此之水界與
器世間一時俱沒。如是沒已，復二十中劫住。云何風
災？謂七水災過已，復七火災，從此無間於第三靜慮中
有俱生風界起，壞器世間，如風乾支節復能消盡，此之
風界與器世間一時俱沒。所以者何？現見有一由風界
發，乃令其骨皆悉消盡從此壞，已復二十中劫住，如是
略說世間已壞。」[29]

上下阿毘達磨的教典也說，我們現居的世界，會隨著太陽
的溫度升高而壞滅。一般而言，器世間最終必被火、水、風的
其中一大消滅。七七輪火災，再七輪水災，再七輪火災，終由
風災壞滅。如《阿毘達磨大毘婆沙論》：

「有說，世界將欲壞時，即一日輪分為七日，由彼勢力
世界便壞。有說，即一日輪至劫將末，成七倍熱，焚燒

29　德格版，論，唯識，ㄐ卷，第二品，17背頁；對勘本版，書號72，709頁。漢
　　譯來源：《瑜伽師地論》第六十五卷（T.30.1579.286a.25）。

世界。」[30]

《阿毘達磨俱舍論》也說：

「要七火一水，如是七水災，復有七火災，後由風壞
滅。」[31]

《俱舍論》說，五十六次火災，加上七次水災，共六十三
次災難後，再一次風災，毀滅世界。《瑜伽師地論・本地分》
也說，火水五十七災之後，被風毀滅。

時輪續典中談及的器世間壞滅之理如下：

有如這個世界的初始由空界塵所成，壞滅時亦復如是，粗
色逐漸變細，終成空界微塵性；依循地、水、火、風之先後順
序，器世間分解壞滅。最先，器世間內已結合的地塵等相互撞
擊，分解成水，水塵分解轉成火塵，火塵分解轉成風塵，風塵
分解轉成微塵；此塵根識亦不能知，又如最早構造世界之前的
微塵，遍滿虛空。《時輪無垢光大疏》云：

「言『由地』者，意謂由地轉水等界塵，與爾等正結

---

30 中國和尚洛桑卻扎或法尊大法師的手稿。第一百三十三品，225頁。漢譯來源：《阿毘達磨大毘婆沙論》（T.27.1545.690a.18）。

31 德格版，論，阿毘達磨，∜卷，第三品，第102句偈頌文，10背頁；對勘本版，書號79，24頁。藏譯與漢譯稍有不同，漢譯原文：《阿毘達磨俱舍論》（T.29.1558.66b.2）：「要七火一水，七水火後風。」

合。世界壞滅時，地微塵聚分解後，轉成水界或水微塵聚。同上水界分解轉成火，火分解後轉成風，風分解已成個別塵，遍滿虛空。世界近攝之理以此為準，絕非地下存有『劫火』，由某天人燒毀世界，滅為灰塵。」[32]

總之，器世間數遠甚恆河沙數；斯成與斯滅，反反覆覆。有些剎土形成的同時，有些剎土正在壞滅。壞空之時，依火水風力，地水火風依循融入，最終融入於空界塵性之中。

聖天的《四百論》云：

「如見種有終，然彼非有始。」[33]

清辨論師的中論註釋──《般若燈論釋》（ཤེས་རབ་སྒྲོན་མེ།）云：

「『一切法亦然，悉無有初際。』釋曰：瓶等無初，何以故？輾轉因起故，初既不成。」[34]

如上所言，如苗瓶等一切事物，從無始以來，一因又復一

32　德格版，論，續釋，ཨི卷，第四攝慧品，275背頁；對勘本版，書號6，1324頁。漢譯大藏經內並無此譯。

33　德格版，論，中觀，ཚ卷，第八品，第25句偈頌文，10正頁；對勘本版，書號57，802頁。漢譯來源：法尊法師譯《四百論》。

34　德格版，論，中觀，ཚ卷，第十一品，139背頁；對勘本版，書號57，1145頁。漢譯來源：《般若燈論釋》（T.30.1566.87a.27）。

因，輾轉而來，世間初始無人能知。唯依因果緣起之輪轉，不僅世間成滅未曾間斷，斯成滅性亦將持續，無能止盡。就以器世間的整體生滅過程而言，佛教學者們無法認同「從此始、從此終」的論述。

甲四、時輪所說虛空微塵與星曜輪轉

時輪教典中提到，過去的世界壞滅之後，只剩虛空；零星散落的虛空微塵，不僅不能被根識所知，也不能與其他塵結合成聚塵。空塵分五：地微塵、水微塵、火微塵、風微塵、虛空微塵。所謂「空塵」是六各界的究竟微性，經論又說為六塵：地塵、水塵、火塵、風塵、虛空塵、識空塵等，名為六塵。將法性取名為「識空塵」，只是設取「塵」之名，而它絕非是真極微塵。這樣取名的用意為何？因五大塵性皆無自性，方可產生世間成滅等一切作用；倘若自性存在，一切成滅作用皆不能成，為能得知此義，而取其名。白蓮具胤的《時輪無垢光大疏》云：

> 「此故言『成者乃形成力從空中……』，謂空等依世間名言，非根等所行境，住極微塵性……遍佈一切的六德法性乃空等。」[35]

根據時輪宗的說法，虛空微塵是其他極細微塵的所依，而且虛空塵與天空塵沒有差別。虛空塵的虛空，並非毫無存在的空朗，而是五種法處所攝色中的極迴色，係遠離觸分、僅存意識所見、形似天空的白灰影像。由意識力分解其色而至最小細微，僅存意識所見之色，取名爲「虛空塵」，其異名又稱「味微塵」。形成此世界的所依即是虛空界，以及地、水、火、風等四界，共五界。由虛空界成辦餘界極其作用，爲四大成滅之所依。

這個世界的四時分別爲：一、初成之時。二、安住之時。三、壞滅之時。四、下個世界還未形成之前的「空滅之時」。空時的虛空微塵不只是形成下個新生世界所有物體的基礎，也同時遍佈所有地、水、火、風塵之所在處。《時輪無垢光大疏》云：

「味微塵遍佈一切。」[36]

如上所言，上個世界壞空後，凝聚空界中的零散空塵，遂成風輪、遂增地水火風，又遂成圓形地基的風火水地之輪，以及山洲。在地球的天空上，又形成了由風力抬起的宮曜所行軌

---

36 德格版，論，續釋，ঙ卷，第七攝界品，156正頁；對勘本版，書號6，367頁。漢譯大藏經內並無此譯。

道（བགྲོད་བྱ་ཁྱིམ་གྱི་གོ་ལ།），中高邊低，有如傘狀。此上有二十八宿
（རྒྱུ་སྐར་ཉེར་བརྒྱད།）以左旋環繞。此後形成了「能行」的七曜（གཟའ་
བདུན།）、羅睺（སྒྲ་གཅན།）、劫火（དུས་མེ།）、長尾（དུ་བ་མཇུག་རིང་།），共有
十曜。

二十八宿又可歸爲十二宮，其中牛宿（གྲོ་བཞིན།）與女宿（བྱི་
བཞིན།）共享同一宮，可視爲同一宮宿，故曰共計二十七宿。每
一宿弧長（སྐར་ཚིགས།）的四分之一取名爲「宿步」（རྐང་པ།）。每九
宿步，或每二宿加上一宿的四分之一，皆稱爲「一宮」。十二
宮謂：一、白羊宮（ལུག་གི་ཁྱིམ།）。二、金牛宮（གླང་གི་ཁྱིམ།）。三、
雙子宮（འཁྲིག་གི་ཁྱིམ།）。四、巨蟹宮（ཀར་ཀ་ཊའི་ཁྱིམ།）。五、獅子宮（སེང་
གེའི་ཁྱིམ།）。六、處女宮（བུ་མོའི་ཁྱིམ།）。七、天平宮（སྲང་གི་ཁྱིམ།）。八、
天蠍宮（སྡིག་ཁྱིམ།）。九、射手宮（གཞུའི་ཁྱིམ།）。十、摩羯宮（ཆུ་སྲིན་
ཁྱིམ།）。十一、水瓶宮（བུམ་པའི་ཁྱིམ།）。十二、雙魚宮（ཉའི་ཁྱིམ།）。

十二宮與二十七宿（或二十八宿）的關聯如下：

白羊宮：婁宿（ཐ་སྐར་རྒྱུ་སྐར།）及胃宿（བྲ་ཉེ་རྒྱུ་སྐར།）兩者，加上
昴宿（སྨིན་དྲུག་རྒྱུ་སྐར།）的一宿步。

金牛宮：昴宿的三宿步、畢宿（སྣར་མ་རྒྱུ་སྐར།）、觜宿（མགོ་རྒྱུ་
སྐར།）的二宿步。

雙子宮：觜宿的後二宿步、參宿（ལག་རྒྱུ་སྐར།）、井宿（ནབས་སོ་
རྒྱུ་སྐར།）的三宿步。

巨蟹宮：井宿的後一宿步、鬼宿（རྒྱལ་རྒྱུ་སྐར།）、柳宿（སྐག་རྒྱུ

སྐར）。

獅子宮：星宿（མཆུ་རྒྱ་སྐར）、張宿（བྲེ་རྒྱ་སྐར）、翼宿（དབོ་རྒྱ་སྐར）的一宿步。

處女宮：翼宿的後三宿步、軫宿（མེ་རྒྱ་སྐར）、角宿（ནག་པ་རྒྱ་སྐར）的前二宿步。

天平宮：角宿的後二宿步、亢宿（ས་རི་རྒྱ་སྐར）、氐宿（ས་གའི་རྒྱ་སྐར）的三宿步。

天蠍宮：氐宿的後一宿步、房宿（ལྷ་མཚམས་རྒྱ་སྐར）、心宿（སྙོན་རྒྱ་སྐར）。

射手宮：尾宿（སྣྲུབས་རྒྱ་སྐར）、箕宿（ཆུ་སྟོད་རྒྱ་སྐར）、鬥宿（ཆུ་སྨད་རྒྱ་སྐར）的一宿步。

摩羯宮：鬥宿的三宿步、牛宿（གྲོ་བཞིན་རྒྱ་སྐར）女宿（བྱི་བཞིན་རྒྱ་སྐར）合算一宿、虛宿（མོན་གྲེ་རྒྱ་སྐར）的前二宿步。

水瓶宮：虛宿的後二宿步、危宿（མོན་གྲུ་རྒྱ་སྐར）、室宿（ཁྲུམས་སྟོད་རྒྱ་སྐར）的三宿步 。

雙魚宮：室宿的後一宿步、壁宿（ཁྲུམས་སྨད་རྒྱ་སྐར）、奎宿（ནམ་གྲུ་རྒྱ་སྐར）。

如《時輪無垢光大疏》云：

「婁宿、胃宿、昴宿一宿步乃白羊宮。如此以九宿步得

知羊等各別十二宮。」[37]

從本身運行的角度而言，除了羅睺、劫火二曜以外，所有其他宮、宿都屬左旋；於十二地位（ས་དུམ་བུ་བཅུ་གཉིས།）之上的宮曜，軌道的運行方向皆是右旋；住宮之太陽等一切星辰皆由軌道風力，右旋運行於十二地位之上，一天一輪轉，這種運行又稱「風行」（རླུང་འགྲོས།）。除了羅睺外，曜本身的運行也是以左旋的方式相應星宿。

時輪典籍也說到應如何無誤解讀星球及星曜的運行、月圓月缺、日蝕月蝕，以及彗星長尾如何產生等論述。又說，星曜的南行（ལྷོ་འགྲོས།）與北行（བྱང་འགྲོས།）應加以區分；星宮、星宿無有南行、北行、本身運行，唯在自己相應的大地上，依循軌道，順風而行。如《時輪無垢光大疏》云：

「此故，輪轉乃因宮力，而非由住宮之太陽力。此說，宮輪運行皆以右旋運行；星曜等非以右旋運行。如同宮輪的運行，羅睺也向須彌南方右旋運轉。東方星曜以非右旋圍繞須彌及宮輪。」[38]

太陽是計算曆法的主要依據。根據太陽的運行法，於十二

---

37 德格版，論，續釋，ཆ卷，第七攝界品，180 正頁；對勘本版，書號 6，425 頁。漢譯大藏經內並無此譯。

38 德格版，論，續釋，ཆ卷，第七攝界品，195 正頁；對勘本版，書號 6，460 頁。漢譯大藏經內並無此譯。

地位上，太陽位居某星宮後，進而形成了南北行及晝夜長短的不同。如《時輪無垢光大疏》云：

> 「於十二地位上，太陽入住白羊等任何一宮，而作六時、十二月、二十四節（ཕྱོགས་ཉི་ཤུ་རྩ་བཞི）等，此皆由宮輪運行之力。」[39]

本書《佛法科學總集》下冊的末端附有「時輪宗的星曜輪轉圖」，望能有助理解。

甲五、曆算天文論──《阿耶波多雅》所說星曜輪轉

關於星曜的輪轉，五世紀那爛陀的曆算天文專家阿耶波多[40]的看法與阿毘達磨或時輪續典中的論述，大不相同。阿耶波

---

39 德格版，論，續釋，ཀ卷，第七攝界品，193 正頁；對勘本版，書號 6，456 頁。漢譯大藏經內並無此譯。

40 這位阿闍黎是外道還是內道？有不同的說法，但此學者曾在那爛陀學習過，這點沒有爭議。英文詞典（Britannica Learning Library 頁數 27）說，這是位佛教的學者。七世紀印度論師梵天隱（ཚངས་པ་སྦས་པ）著作的《明梵天義》（ཚངས་པའི་དོན་གསལ་བ）中，反駁了阿耶波多。另外，十二世紀的印度論師兼曆算天文專家，名為「第二太陽」（ཉིན་བྱེད་གཉིས་པ），他著作了一本曆算論，書名為《宗義頂髻寶》（གྲུབ་མཐའ་གཙུག་གི་ནོར་བུ），此書星球品的第 7 句及第 9 句偈頌文，記載了對阿耶波多的反駁。第 7 句：「目睹星聚常圍繞，持地所依應皆空。不見重物住空中，從天應降佛家說。」此文也說到阿耶波多是佛教學者。第 9 句又說：「重物拋於天空矣，雖見此物降於地；佛家劣慧如何說，從天降下此地球？」此書駁斥佛家阿耶波多的謬見，如地球圓形並能自轉等論述。

多認為：在圓形星聚與星辰軌道環繞的虛空之中，存在著四大種所成的地球，其狀為圓形。如其所著《阿耶波多雅》云：

「圓狀星辰聚之中，輪道環繞虛空中，
地水火風之體性，地球全面皆圓狀。」[41]

他又說，如同船往前行駛時，船上的人卻見巍峨的山崖朝後方移動一般，由於地球向東自轉的緣故，人們雖見恆星等從虛空中線由東朝西移動，但事實上恆星列曜卻無移動。此書云：

「坐船向前行駛中，雖見巨山朝後行，
見堅星曜從中線，向西移動亦如此。」[42]

設問：若星曜並無移動，為何會看到星曜的起落？此書答覆：

「目睹起落之理由，依所乘騎風力故，
星曜以及此地球，於中線上起輪轉。」[43]

意思是說，看到星曜的起落，是因為地球及星曜以南北頂

41　《阿耶波多雅》，星球品，第6句偈頌文。漢譯大藏經內並無此譯。

42　《阿耶波多雅》，星球品，第9句偈頌文。漢譯大藏經內並無此譯。

43　《阿耶波多雅》，星球品，第10句偈頌文。漢譯大藏經內並無此譯。

線的正中——又稱「梵線」或「愣伽梵線」——爲軸，順著風力自轉的緣故。

又問，日月蝕是怎麼產生的呢？此書答覆：

「由月亮故遮太陽，
地球陰故月亦是。」[44]

意思是說：日蝕是因爲月亮擋住了太陽，月蝕是因爲地球的陰影遮住了月亮的緣故。

總之，此論說明了有關星曜運行、晝夜長短、日月蝕等曆算天文學的眾多要義，這些內容也與現代星象學所說極爲相似。

甲六、標準與數量的論述
乙一、總說

阿毘達磨與時輪續典等，對器世間的大小、情器世間的成住壞空時間有多長等加以定論的時候，曾廣泛談及色量與時量兩者。如前所言，世親阿闍黎在《阿毘達磨俱舍論》及其《自釋》說到，最小色法乃極微塵，累積此塵可大至俱盧舍及踰繕那；最短之名爲文，連結此文可廣大增長，長至偈頌文、

44　《阿耶波多雅》，星球品，第 37 句偈頌文。漢譯大藏經內並無此譯。

章節、論典；最短時間乃時邊際剎那，集聚此時可廣大增長，久至日、月、年、劫等。

乙二、色法之量

七極微塵的長度結合後才能成為一微塵的長度，七微塵成一金塵，七金塵成一水塵，七水塵成一兔毛塵，七兔毛塵成一羊毛塵，七羊毛塵成一牛毛塵，七牛毛塵成一光塵，七光塵成一蟣，七蟣成一蝨，七蝨成一麥，七麥成一指節，十二指節成一搩手，二十四指節成一肘，四肘成一弓，五百弓成一俱盧舍，八俱盧舍成一踰繕那。《阿毘達磨俱舍論自釋》云：

> 「應知後後皆七倍增，謂七極微為一微量，積微至七為一金塵，積七金塵為水塵量，水塵積至七為一兔毛塵，積七兔毛塵為羊毛塵量，積羊毛塵七為一牛毛塵，積七牛毛塵為隙遊塵量，隙塵七為蟣，七蟣為一蝨，七蝨為穬麥，七麥為指節，三節為一指，世所極成，是故於頌中不別分別。二十四指橫布為肘，豎積四肘為弓，謂尋。豎積五百弓為一俱盧舍，一俱盧舍許是從村至阿練若中間道量，說八俱盧舍為一踰繕那。如是已說踰繕那等。」[45]

---

45 德格版，論，阿毘達磨，㢆卷，第三品，155 正頁；對勘本版，書號 79，381 頁。
　　漢譯來源：《阿毘達磨俱舍論》（T.29.1558.62b.1）。

以上內容，在《聖廣大遊戲大乘經》、《律分別》、《立世間論》等典籍中的相關解說，已於「如何由極微塵累積成粗色」章節做了簡略說明。《時論略續》（དུས་འཁོར་བསྡུས་རྒྱུད།）則云：

> 「八極微塵成一微塵，八微塵成單一毛髮頂尖矣，此等又成腰帶蝨麥，八麥[46]成一指節，十二指節[47]後，爾之雙量成肘，四肘為弓，兩千弓量成一俱盧舍，四俱盧舍乃一踰繕那量，由此衡量人天及虛空。」[48]

此段文的內容與阿毘達磨的說法有所不同。

乙三、時間之量

時間之量可分年量及劫量兩者。最短時間為「時邊際刹那」，一百二十個時邊際刹那總長稱為一怛刹那，六十怛刹那稱一臘縛，三十臘縛稱一須臾，三十須臾稱一晝夜，三十晝夜為一月，十二月為一年。《阿毘達磨大毘婆沙論》云：

> 「劫是何義？答：分別時分，故名為劫。謂分別刹那、臘縛、牟呼栗多時分，以成晝夜。分別晝夜時分，以成

46　譯者註：直譯為「肚行」，代表數字八。

47　譯者註：直譯為「太陽」，代表數字十二。

48　德格版，經，續，ཀ卷，第一品，第13句偈頌文，23背頁；對勘本版，書號77，60頁。漢譯大藏經內並無此譯。

半月、月、時、年。分別半月等時分，以成於劫。以劫
是分別時分中極，故得總名。」[49]

《阿毘達磨俱舍論》所說義與此類似：

「百二十剎那，為怛剎那量，臘縛此六十，此三十須
臾，此三十晝夜，三十晝夜月，十二月為年。」[50]

若粗略計算，《律分別》及《阿毘達磨》所說的一年是由
兩種、各六個的月份所組成：六個減一夜的未滿三十晝夜的月
份，六個圓滿三十晝夜的月份。減夜的原因，是由於晝夜長短
不同所致。在這些月份裡，夜比晝短，由於一夜比一晝更短，
將減去「半須臾」。五十九個晝剛好相當於六十個夜，所以每
兩個月必須減夜一次。如《阿毘達磨俱舍論自釋》云：

「於一年中分為三際，謂寒熱雨各有四月。十二月中六
月減夜，以一年內，夜總減六。云何如是，故有頌言：
寒熱雨際中，一月半已度，於所餘半月，智者知夜減。」[51]

---

49 中國和尚洛桑卻扎或法尊大法師的手稿。第一百三十五品，340頁。漢譯來
源：《阿毘達磨大毘婆沙論》（T.27.1545.700c.4）。

50 德格版，論，阿毘達磨，ㄍ卷，第三品，第88-89句偈頌文，10正頁；對勘本
版，書號79，22頁。漢譯來源：《阿毘達磨俱舍論》（T.29.1558.62b.13）。

51 德格版，論，阿毘達磨，ㄍ卷，第三品，155背頁；對勘本版，書號79，382頁。
漢譯來源：《阿毘達磨俱舍論》（T.29.1558.62b.21）。

時輪的算法：太陽本身左旋環繞宮曜軌道一圈時間的三百六十分之一，也就是太陽經行一宮所需時間的三十分之一，又稱「宮日」（ཁྱིམ་ཞག）。當太陽順著風力、順著宮曜軌道，以右旋環繞地球時，從當地早晨可見手紋起，至隔天可見手紋前稱「一晝」（ཉིན་ཞག）；月亮本身左旋環繞地球一圈時，有十五上玄月時以及十五下玄月時，共三十時位，每單一的時位稱「一夜」（ཚེས་ཞག）。

將普通健康壯年人向外吐氣及向內吸氣一次的時間，稱為「一息」，六息為一漏分（ཆུ་སྲང་），六十漏分為一漏刻（ཆུ་ཚོད་），六十漏刻為一晝，三十晝為一月，十二月為一年。按照這種算法，一天內應有兩萬一千六百次「息」。

此外又有三百六十夜的「夜年」、三百六十晝的「晝年」、三百六十宮日的「宮年」等說法，乃分別以「宮日」、晝、夜滿十二月為依據，所估算出來的「一年」。三種算法中，最短的是「夜年」，「晝年」比「夜年」多六日，「宮年」比「晝年」多五日。若粗略計算，三百七十一夜、三百六十五晝、三百六十宮日，三者的時間長短，都是相等的。[52]

接著說明「劫量」。於前解說情器世間如何形成的時候，

---

52 譯者註：隨著晝夜的時間長短不同，晝年和夜年的時間長短也不一樣，這也是為什麼三百七十一夜跟三百六十五晝是一樣的久。

曾簡略談及滅、空、成、住四劫；經典及阿毘達磨論典也都說到此四劫共合的大劫。

何謂滅劫？自從無間地獄不再有新生命起，乃至器世間未滅之前，皆為滅劫。其間，情世間滅時為十九中劫，器世間滅時為一中劫，共二十中劫。

何謂空劫？上個器世間滅空後，直至下個器世間還未開始形成之前，皆為空劫，其間有二十中劫之久。

何謂成劫？從所依地基風輪開始形成起，乃至地獄產生第一個有情之前，皆為成劫。其間有形成器世間一中劫，以及形成情世間十九中劫。

何謂住劫？人類壽量「從上至下」歷經一中劫；「從下至上」也是一中劫；期間「中劫十八返」，每一返一中劫；共二十中劫。「從上至下」是指人壽從無量壽減至十歲所歷經的時間。此後，人壽從十歲增至八萬歲，再從八萬歲減至十歲的一次過程，稱為「中劫一返」。如是往返十八次，最終人壽又從十歲增至八萬歲，是為「從下至上」。住劫中，不論初際、後際、中劫一返，每一中劫的時間長度都是一樣的。換句話說：初、後二際徐緩，中劫十八返則疾促而行。

滅劫、空劫、成劫、住劫等四劫都是二十中劫，四劫的時間都一樣長。八十中劫合為一大劫。

《阿毘達磨俱舍論》云：

「壞從獄不生，至外器都盡，

成劫從風起，至地獄劫生，

中劫從無量，減至壽唯十，

次增減十八，後增至八萬，

如是成已住，名中二十劫。

成壞壞已空，時皆等住劫，

八十中大劫」[53]

《俱舍滿增注》云：

「後劫二際徐緩而行，中劫十八急促而行，故一切時將

成同時。」[54]

一中劫又等於人壽的多少年呢？論中說：一中劫同等人壽

的三大頻跋羅（ དགུགས་ཆེན་པོ ）、[55] 三頻跋羅、九大矜羯羅、七矜羯

53　德格版，論，阿毘達磨， ས 卷，第三品，第 90-93 句偈頌文，10 正頁；對勘本
　　版，書號 79，23 頁。漢譯來源：《阿毘達磨俱舍論》（T.29.1558.62b.29）。

54　德格版，論，阿毘達磨， ཅུ 卷，第三品，339 正頁；對勘本版，書號 81，840
　　頁。漢譯大藏經內並無此譯。

55　譯者註：在于闐國三藏實叉難陀大師所譯的《大方廣佛華嚴經》卷第四十
　　五中，我們可以看到相關數字的詳細資料，但是實叉難陀大師翻譯的《華嚴
　　經》與玄奘大師翻譯的《俱舍論》存在著極大的差別，而這段文的藏譯主要
　　以《俱舍論》為主。如梵語的 Ayuta，此詞實叉難陀大師譯為阿庾多，藏譯
　　為 ཐེར་འབུམ །，雖是同個梵文詞彙的翻譯，但要表達的數目相隔太遠。前者阿
　　庾多等於千萬乘千萬，共百兆，如《華嚴經》說：「俱胝俱胝為一阿庾多」
　　（T.10.279.237b.16），但藏譯的 ཐེར་འབུམ །是十億的意思，而且玄奘大師翻譯

的《俱舍論》也說，「十末陀為阿庾多」（T.29.1558.63b.17）。同樣地，實叉難陀大師所譯的「那由他」的數目是百兆乘百兆，如《華嚴經》說：「阿庾多阿庾多為一那由他」（T.10.279.237b.16）；藏譯的 ཐེར་འབུམ་ཆེན་པོ 卻是「ཐེར་འབུམ」乘十，共百億。玄奘大師翻譯的《俱舍論》也說，「十阿庾多為大阿庾多」（T.29.1558.63b.18）。在數字編排上，比起玄奘大師翻譯的《俱舍論》十進制，實叉難陀大師所譯的《大方廣佛華嚴經》的倍進制說不定更受漢地佛學者們的喜愛，但考慮到玄奘大師翻譯的《俱舍論》與此段文的藏譯完全吻合，此譯則以玄奘大師的譯詞為主。根據《阿毘達磨俱舍論》，數字共有六十單位，細表如下：

1、一。2、十。3、百。4、千。5、萬。6、洛叉（十萬 འབུམ）。7、度洛叉（百萬 ས་ཡ）。8、俱胝（千萬 བྱེ་བ）。9、末陀（億 དུང་ཕྱུར）。10、阿庾多（十億 ཐེར་འབུམ）。11、大阿庾多（百億 ཐེར་འབུམ་ཆེན་པོ）。12、那庾多（千億 ཁྲག་ཁྲིག）。13、大那庾多（兆 ཁྲག་ཁྲིག་ཆེན་པོ）。14、鉢羅庾多（十兆 རབ་བཀྲམ）。15、大鉢羅庾多（百兆 རབ་བཀྲམས་ཆེན་པོ）。16、矜羯羅（千兆 གཏམས）。17、大矜羯羅（京 གཏམས་ཆེན་པོ）。18、頻跋羅（十京 དཀྲིགས）。19、大頻跋羅（百京 དཀྲིགས་ཆེན་པོ）。20、阿芻婆（千京 སི་འབུལ）。21、大阿芻婆（垓 སི་འབུལ་ཆེན་པོ）。22、毘婆訶（十垓 འབད་ཕྲ）。23、大毘婆訶（百垓 འབད་ཕྲ་ཆེན་པོ）。24、嗢蹭伽（千垓 པད་སྟོང）。25、大嗢蹭伽（秭 པད་སྟོང་ཆེན་པོ）。26、婆喝那（十秭 དེད་འཇེན）。27、大婆喝那（百秭 དེད་འཇེན་ཆེན་པོ）。28、地致婆（千秭 མཐའ་སྲུང）。29、大地致婆（穰 མཐའ་སྲུང་ཆེན་པོ）。30、醯都（十穰 རྒུ་རིག）。31、大醯都（百穰 རྒུ་རིག་ཆེན་པོ）。32、羯臘婆（千穰 ཟིན་མཐས）。33、大羯臘婆（溝 ཟིན་མཐས་ཆེན་པོ）。34、印達羅（十溝 དབང་ཤེན）。35、大印達羅（百溝 དབང་ཆེན་ཆེན་པོ）。36、三磨鉢耽（千溝 ལེགས་ཕྱིན）。37、大三磨鉢耽（澗 ལེགས་ཕྱིན་ཆེན་པོ）。38、揭底（十澗 རྟོགས་འཇེན）。39、大揭底（百澗 རྟོགས་འཇེན་ཆེན་པོ）。40、拈筏羅闍（千澗 འཕྱི་དཔུང）。41、大拈筏羅闍（正 འཕྱི་དཔུང་ཆེན་པོ）。42、姥達羅（十正 རྒུ་དགས）。43、大姥達羅（百正 རྒུ་དགས་ཆེན་པོ）。44、跋藍（千正 སྤོབས་འཕོར）。45、大跋藍（載 སྤོབས་འཕོར་ཆེན་པོ）。46、珊若（十載 བད་ཤེས）。47、大珊若（百載 བད་ཤེས་ཆེན་པོ）。48、毘步多（千載 རྣམ་འབྱུང）。49、大毘步多（རྣམ་འབྱུང་ཆེན་པོ）。50、跋邏攙（སྤོབས་མིག）。51、大跋邏攙（སྤོབས་མིག་ཆེན་པོ）。52、（　）。53、（　）。54、（　）。55、（　）。56、（　）。57、（　）。58、（　）。59、（　）。60、無量（གྲངས་མེད）。五十二到五十九的名稱並未記載，世親論師很誠實地說道，我忘了。如論云：「於此數中，忘失餘八」（T.29.1558.63c.12），世親論師的誠懇態度令人欽佩，打從心底覺得論師真的很可愛。但藏譯卻是「並無尋獲」，沒有忘記的意思。

羅、三大鉢羅庾多、八鉢羅庾多、六大那庾多、二那庾多、四大阿庾多。以阿拉伯數字寫下則爲3,397,386,240,000,000,000,是一個十九位的數字。

一大劫同等人壽的兩大阿翑婆、七阿翑婆、一大頻跋羅、七頻跋羅、九大矜羯羅、八大鉢羅庾多、九鉢羅庾多、九大那庾多、二那庾多。以阿拉伯數字寫下爲271,790,899,200,000,000,000,是一個二十一位的數字。

另有一說是：一中劫等於人壽的九頻跋羅（九十京或九百個千兆），一大劫等於人壽的七阿翑婆（七千京或七萬個千兆）及兩大頻跋羅（兩百京或兩千個千兆）；二者說法不同。

十力吉祥親友（ སྟོབས་བཅུ་དཔལ་བཤེས་གཉེན། ）班智達說，有如寬高各一俱盧舍的四方鐵籠中，裝滿芝麻或芥子，每隔一百年取一粒出來，直到取完爲止，所需時間爲一中劫，中劫的八十倍爲一大劫。此論師所著作的《決定有爲無爲論》（ འདུས་བྱས་དང་འདུས་མ་བྱས་རྣམ་པར་ངེས་པ། ）云：

「劫有四相，謂中劫、滅劫、成劫、大劫。中劫者，謂寬高各有一俱盧舍的四方鐵籠中，裝滿芝麻或芥子，每隔一百年才取一粒出來，直到取完為止。八十中劫乃一大劫；滅劫乃二十中劫。」[56]

56　德格版，論，中觀，ཧྲ卷，第八品，122背頁；對勘本版，書號63，327頁。漢譯大藏經內並無此譯。

　　吉祥時輪典籍中說到小劫、中劫、勝劫、大劫等名詞。長寬高深各一踰繕那的四方洞穴中，裝滿圓壯髮尖，每隔百年取出一根頭髮，直到取完為止，所需的時間長度為小劫的一日；這樣的三百六十日為一年；以這種方式計算一百年為一小劫。每隔「小劫的百年」取出一根頭髮，直到取完為止，所需時間為中劫的一日；這樣的三百六十日為一年；以這種方式計算的百年稱為一中劫；每隔「中劫的百年」取出一根頭髮，直到取完為止，這是勝劫的一日，以這種方式計算的百年稱為一勝劫。如《時輪無垢光大疏》云：

> **「小劫之量：寬深各長一踰繕那的巨洞中，裝滿極細髮尖，每隔百年取出一根至取完為止，此乃小劫一日。此日三十乃月；此月十二乃年，此年一百謂小劫。以此理推算中劫，已中劫理推算勝劫。」**[57]

　　以此類推，每隔「勝劫的百年」取出一根頭髮直到取完為止，這是大劫的一日，以這種方式計算的百年稱為大劫。

乙四、數字算法

　　佛家採用哪些單位來記數呢？論述「年」與「劫」等時間

---

[57] 德格版，論，續釋，ཐ卷，第八攝界品，169正頁；對勘本版，書號6，399頁。漢譯大藏經內並無此譯。

之量時，應以數字表達較易理解，然而經論中提到的數字單位各有不同，最爲人熟知的爲世親阿闍黎引自《律雜事》的六十單位，如《阿毘達磨俱舍論自釋》：

「解脫經說六十數中，阿僧企耶是其一數。云何六十？如彼經言，有一無餘數始爲一，一十爲十，十十爲百，十百爲千，十千爲萬，十萬爲洛叉，十洛叉爲度洛叉，十度洛叉爲俱胝，十俱胝爲末陀，十末陀爲阿庾多，十阿庾多爲大阿庾多，十大阿庾多爲那庾多，十那庾多爲大那庾多，十大那庾多爲鉢羅庾多，十鉢羅庾多爲大鉢羅庾多，十大鉢羅庾多爲矜羯羅，十矜羯羅爲大矜羯羅，十大矜羯羅爲頻跋羅，十頻跋羅爲大頻跋羅，十大頻跋羅爲阿芻婆，十阿芻婆爲大阿芻婆，十大阿芻婆爲毘婆訶，十毘婆訶爲大毘婆訶，十大毘婆訶爲嗢蹭伽，十嗢蹭伽爲大嗢蹭伽，十大嗢蹭伽爲婆喝那，十婆喝那爲大婆喝那，十大婆喝那爲地致婆，十地致婆爲大地致婆，十大地致婆爲醯都，十醯都爲大醯都，十大醯都爲羯臘婆，十羯臘婆爲大羯臘婆，十大羯臘婆爲印達羅，十印達羅爲大印達羅，十大印達羅爲三磨鉢耽，十三磨鉢耽爲大三磨鉢耽，十大三磨鉢耽爲揭底，十揭底爲大揭底，十大揭底爲拈筏羅闍，十拈筏羅闍爲大拈筏羅闍，十大拈筏羅闍爲姥達羅，十姥達羅爲大姥達羅，十大姥達羅爲跋藍，十跋藍爲大跋藍，十大跋藍爲珊若，十珊若爲大珊若，十大珊若爲毘步多，十毘步多爲大毘

步多，十大毘步多為跋邏攙，十跋邏攙為大跋邏攙，十
大跋邏攙為阿僧企耶，於此數中忘失餘八，若數大劫至
此數中阿僧企耶，名劫無數。此劫無數復積至三。經中
說為三劫無數，非諸算計不能數知，故得說為三劫無
數。」[58]

從個位數的「一」開始，以十進制計算，一到十、十到
百、百到千……每乘以十就是下一單位。第六十位數的單位
「無量」（或無數）之正確解讀並非「無法測量」，而是計算
到第五十九位數之後，再乘以十所得的單位。其中從一到末
陀（或億）的九個單位稱為「單數」（གྲངས་པའི་གྲངས་ཀ），從阿庾
多（或十億）起到「無數」前、冠以「大」字的單位，都稱
為「疊數」（བརྒྱགས་པའི་གྲངས་ཀ）。

學者們對於中間遺失的八個單位，以慈悲喜捨等四無量
或地水火風等四大名之，即：十大跋邏攙為慈，十慈為大慈，
十大慈為悲，十悲為大悲，十大悲為喜，十喜為大喜，十大喜
為捨，十捨為大捨，十大捨為無量；或：十大跋邏攙為地，十
地為大地，十大地為水，十水為大水，十大水為火，十火為大
火，十大火為風，十風為大風，十大風為無量。

---

58 德格版，論，阿毘達磨，ㄍㄨ卷，第三品，157背頁；對勘本版，書號79，388頁。
漢譯來源：《阿毘達磨俱舍論》（T.29.1558.63b.13）。

另有一種算法，在「無量」之後，依序還有：無測、無盡、無言、無計、無量、無法測量、不可思議等單位。仍以十進制進位。

還有其他算法，從「俱胝」（《遊戲經》譯作「拘致」）至微塵數之前，共有三十二個單位，如《聖廣大遊戲大乘經》：

> 「其百拘致，名阿由多，百阿由多，名那由他……其入微塵數算之計。」[59]

或是，從「百」至「不可說轉轉」之間，共有一百二十個單位，如《華嚴經》云：

> 「百千百名一拘梨……不可說轉不可說轉名一不可說轉轉。」[60]

由上可知，經典中對於數目的計算單位，有數種不同的說法。

透過上述內容，可清楚認知佛家對於世界的根源、本質與

---

59 德格版，經，經典，回卷，第十二品，76正頁；對勘本版，書號46，183頁。在《方廣大莊嚴經》未找到相似內容，但《佛本行集經》（T.3.190.709c.4）卻有一模一樣的經文。

60 德格版，經，華嚴，回卷，第三十六品，385正頁；對勘本版，書號36，808頁。藏譯與漢譯稍有不同，漢譯原文：《華嚴經》（T.9.278.586a.14）：「百千百千名一拘梨……不可說轉不可說轉名一不可說轉轉。」

形成過程等之詮釋。綜合來說，從續流的角度而言，這個世界曰「無邊」；從因緣的角度而言，這個世界曰「成滅」；從本質的角度曰「觀待」；從種類的角度曰「三界」；從數量的角度曰「無盡」。

然而，佛家對於世界的成滅過程、一切大種所依的虛空塵等，僅做簡略介紹，並未對於此塵的性質及作用等做詳細廣泛的研究，這是因爲佛家更重視苦樂的取捨之道，進行各種觀察時，以其義爲根本要義，從而去追尋眞相。比起內部情世間及心識論述的闡示，解說外部器世間的成滅等，堪稱是附帶論述。

器世間始成、中住、後滅、終空；空時的天空塵，又令新的世界從空始成、中住、終滅；如此成住滅輪，續轉不斷。

時輪典籍中，空時的虛空塵被取名爲「空塵」。空塵是一切色法的起因，本質僅屬能量，並非像是阿毗達磨典籍所說的「明顯聚色」。在虛空塵的影響下，細微四大逐漸轉爲粗分，其後粗分又轉爲細分，分解成爲虛空塵。故說虛空極微塵是一切世界成滅過程的根本因。

或問：虛空塵何時開始轉型、成爲器世間的造因呢？根據時輪宗，器世間還未形成之前，無絲毫色法形成，係因將要投生此世界的眾生業力成熟，導致空塵轉爲器世間的造因，始開始聚合風塵，遂成世界。

天空界即是世界成滅的所依處。器世間依循地水火風等四大，於天空界而滅；也隨風火水地，從天空界中而成。器世間的形狀、星曜及星宿、人畜等身體的最終色因，追溯到底，源頭都是來自天空塵。至於天空塵爲因的四大種怎麼讓器世間的形狀產生變化，其過程還須觀察。

佛教的觀點是：形成世界的不可或缺因緣，即是「識」與「業」兩者。

如果對於「業」的理解錯誤，可能會以爲自己及世界都是由業「計畫」而成。其實，業的詞義是「作」，業是與有情動機有關的某種行動。動作或業，皆從身語意三者發起；無論輕業或是重業，多少都會影響某眾生的心識。由動機造身語業，身語業再次影響心識，相互牽制。這種業與果的關聯，不僅針對個體，對團體或對社會都有相同作用。

第六品
身體在胚胎的形成過程
及氣、脈、明點的論述

甲一、總說

佛教典籍清楚解釋了當新生命結生於胎藏後，人體在胎裡形成的過程。佛教認為：此生是從前世輾轉而生，而並非無因突有；此觀點與古印度的主流宗義所說相同，故論「四有」：一、「生有」。二、前後世之間的「中有」[1]。三、從生的第二剎那起，至未死之前的「本有」。四、最終的「死有」。在前後生的觀點上，方能建立四有的論述。

以下首先依據佛教經續及醫學典籍，說明人體在胎裡如何形成的過程。

甲二、投生之處

經論中說到，投生方式有四：一、卵生。二、胎生。三、濕生。四、化生。卵生者如鵝、鶴等；胎生者如象、馬、牛等；濕生如蚊蟲、蝴蝶等；化生如天人、地獄、中陰等。對此，聖者目犍連（ མོངྒལ་བུ ）所著作的《施設因》（ རྒྱུ་གདགས་པ ）做了廣泛的解說，此論云：

1　《阿毗達磨俱舍論》在「成立中有之理」時說：「如穀等相續，處無間續生」。從此也可得知確有一兩派佛教論師——如上座部——否定「中有」存在的論述。藏譯資料來源：德格版，論，阿毗達磨，ཀུ 卷，第三品，第10句偈頌文，7正頁；對勘本版，書號79，16頁。漢譯來源：《阿毗達磨俱舍論》（T.29.1560.314a.1）。

「生有四種，謂卵生、胎生、濕生、化生。云何卵生？謂諸有情由卵生，或住卵中、或卵殼所覆、或壞卵而正出生、將出生、已出生者，如鵝雁孔雀、鸚鵡舍利迦、俱枳羅命命鳥等，及一類龍，一類妙翅，一類人趣。諸有情由卵生，或住卵中、或卵殼所覆、或壞卵而正出生、將出生、已出生者，是名卵生。

云何胎生？謂諸有情由胎膜生，住於胎中、破壞胎膜而正出生、將出生、已出生者，如象馬駝驢牛水牛鹿及豬等，及一類龍，一類妙翅，一類餓鬼，一類人趣。諸有情由胎膜生，住於胎中、破壞胎膜而正出生、將出生、已出生者，是名胎生。

云何濕生？謂諸有情由相暖相火相塵相害相擠而正出生、將出生、已出生者，如蚊蚋蟻蠓、百足蚰蜒蚊行蜂等，及一類龍，一類妙翅，一類人趣。諸有情由相暖相火相塵相害相擠生，或依草木諸葉窟聚，或依腐肉食糞穢等，或依陂池河海展轉相潤等而正出生、將出生、已出生者，是名濕生。

云何化生？謂諸有情生無所託，諸根無缺，支體圓具，依處頓生，頓起頓出而正出生、將出生、已出生者，如諸地獄天趣，一切中有，及一類龍，一類妙翅，一類餓鬼，一類人趣。諸有情生無所託，諸根無缺，支體圓具，依處頓生，頓起頓出而正出生、將出生、已出生

者，是名化生。」[2]

投生時意識如何趨入胎中的呢？

經說中陰身入胎的因緣有：父母相互貪愛敦倫、母親月經調順、中陰身處鄰近、父母精血不壞、父母與中陰身三者的宿世業緣等；這些因緣都具足的話，中陰身便得以進入母親的胎裡，如《佛爲阿難說處胎經》（མདལ་དུ་འཇུག་པའི་མདོ།）云：

> 「父母起愛染心、月期調順、中陰現前，無有如上眾多
> 過患，業緣具足便得入胎。」[3]

2　德格版，論，阿毘達磨，ཁ卷，第十五品，159背頁；對勘本版，書號78，1030頁。漢譯大藏經內雖無此譯，可是與此引文極為相似的內容卻可參考玄奘大師所翻譯的《阿毘達磨大毘婆沙論》（T.27.1545.626b.2）：「生有四種，謂卵生、胎生、濕生、化生。云何卵生？謂諸有情由卵生，當住卵、已住、今住卵盛裹，破壞卵生等，生起、現起出、已出，謂鵝雁孔雀，鸚鵡舍利迦，俱枳羅命命鳥等，及一類龍，一類妙翅，一類人趣，復有所餘由卵生，廣說如上，是名卵生。云何胎生？謂諸有情由胎膜生，當住胎膜、已住、今住胎膜，盛裹破壞胎膜生等，生起、現起出、已出，謂象馬牛羊駝驢鹿等，及一類龍，一類妙翅，一類鬼，一類人趣，復有所餘由胎膜生，廣說如上，是名胎生。云何濕生？謂諸有情由濕氣生，或依草木諸葉窟聚，或依腐肉食糞穢等，或依陂池河海展轉相潤相逼相依生等，生起、現起出、已出，謂蚊蚋蟻蠓、百足蚰蜒蚑行蜂等，及一類龍，一類妙翅，一類人趣。復有所餘由濕氣生，廣說如上，是名濕生。云何化生？謂諸有情生無所託，諸根無缺，支體圓具，依處頓生，頓起頓出，謂諸地獄天趣，一切中有，及一類龍，一類妙翅，一類鬼，一類人趣，復有所餘諸有情類生無所託，廣說如上，是名化生。」

3　德格版，經，寶積，ཅ卷，第一卷，238正頁；對勘本版，書號41，740頁。漢譯來源：《大寶積經》卷第五十五，佛為阿難說處胎（T.11.310.322b.15）。

　　另有一說，認爲入胎不一定需要父母房事。曾經有一個典故，女子北瑪（ཞུད་མ།）因生貪念，將前夫恰嘎（འཆར་ཀ།）沾染在衣服上的精液置入胎中，導致懷胎生子，如《律分別》：

> 「北瑪起念時，以遍貪愛心取精置入胎門，眾生業力不可思議故，胎中住有有情。」[4]

　　或說，取出已在某婦女胎中的精血混體，置入另一婦女的胎宮，亦可懷胎生子。如《阿毘達磨俱舍論自釋》：

> 「設有女人羯剌藍墮，餘女收取置產門中生子，殺何成害母逆？因彼血者身生本故。」[5]

　　論中說到，若從某婦女的胎中取出羯剌藍（ནུར་ནུར་པོ།），置入另一婦女的胎宮，如此所出生的孩子如果殺害前面那位婦女的話，此人將會犯下弒母無間罪。

　　中陰身如何進入胎宮呢？

　　中陰身會看到將要投生的同類眾生，並因爲想多看看他們、與他們一起玩耍，且對精血起了顛倒想，進而發起前往進

4　德格版，經，律，ཆ卷，第二十八品，83背頁；對勘本版，書號6，195頁。漢譯大藏經內並無此譯。

5　德格版，論，阿毘達磨，ཀུ卷，第四品，212正頁；對勘本版，書號41，651頁。漢譯來源：《阿毘達磨俱舍論》（T.29.1558.94a.5）。

入投生處的欲望。教典說，此時父母雖未行房，中陰身卻見父母行房，如見幻化，而起貪念；若生爲男性，將愛母憎父；若生爲女性，將愛父憎母。後不見憎境，只見愛境父或愛境母，起擁抱之念，向前結合；此時又不見貪境男女之身，只見貪境之生殖器官，發起瞋心。依此因緣，中陰身壽終死去，瞬間結合父母的白精紅血，進入胎宮正中。如《入胎藏經》（དགའ་བོ་མངལ་ན་གནས་པའི་མདོ།）：

> 「又彼中有欲入胎時，心即顛倒。若是男者，於母生愛於父生憎；若是女者，於父生愛於母生憎，於過去生所造諸業，而起妄想作邪解心。」[6]

又如《瑜伽師地論》：

> 「於中有處自見與己同類有情爲嬉戲等，於所生處起希趣欲，彼於爾時，見其父母共行邪行所出精血，而起顛倒。起顛倒者，謂見父母爲邪行時，不謂父母行此邪行，乃起倒覺見己自行。」[7]

中陰身進入母胎後的身體姿態爲何呢？

6　德格版，經，寶積，ཀ卷，第一卷，212正頁；對勘本版，書號41，651頁。漢譯來源：《大寶積經》卷第五十六，佛說入胎藏（T.11.310.328b.18）。

7　德格版，論，唯識，ཚི卷，意地品，11背頁；對勘本版，書號72，695頁。漢譯來源：《瑜伽師地論》（T.30.1579.282c.14）。

　　如果胎中懷的是男嬰，於母胎右邊以蹲姿面朝母親的脊椎；如果懷的是女嬰，於母胎左邊以蹲姿面朝母親的脊椎；若是陰陽中性者，則依愛父欲或愛母欲何者較強烈而定姿態。如《說處胎經》云：

> 「阿難，如是之身，若是男者，蹲居母腹右脅而坐，兩手掩面向脊而住；若是女者，蹲居左脅，兩手掩面背脊而住。」[8]

《阿毘達磨俱舍論自釋》也說：

> 「若非男女住母胎時，隨所起貪如應而住。」[9]

經論說，中陰身入胎可由三門而入。

一、由頂而入。中陰身因為看到父母兩者的器官結合，生起欲望，棄捨自己現有中陰身軀。原始微識坐騎微風馬，經由父親的大日頂部，進入母胎。龍覺（ སྒྲུབ་ཤིང་ངུ་ཅུག ）的《安立次第論》（ རྣམ་གཞག་རིམ་པ ）云：

> 「見二根結合故，為近取欲，斷中陰身，如騎乘馬，識

8　德格版，經，寶積，ཀ 卷，第一卷，243 正頁；對勘本版，書號 41，753 頁。漢譯來源：《大寶積經》卷第五十五，佛為阿難說處胎（T.11.310.324b.24）。

9　德格版，論，阿毘達磨，ཁ 卷，第三品，121 正頁；對勘本版，書號 79，299 頁。漢譯來源：《阿毘達磨俱舍論》（T.29.1558.46c.19）。

王意金剛正乘坐騎風，以極速力，於一臘縛或於一須臾
頃，如智尊般，入住大日門。」¹⁰

二、由口而入。如前所說，中陰身的原始微識及坐騎微
風，經由父親口道，進入母胎。《吉祥勝樂生大續經》又簡稱
《續略經》（དཔལ་བདེ་མཆོག་འབྱུང་བ་ཞེས་བྱ་བའི་རྒྱུད་ཀྱི་རྒྱལ་པོ་ཆེན་པོའམ་རྒྱུད་སྡོམ་བྱུང་།）
云：

「父母之遍合，貪慾者見已，
心識如騎馬，騎上坐騎風，
臘縛或臾頃，極速力前往，
同俱極喜力，從口道而入。」¹¹

《金剛鬘續》（རྒྱུད་རྩེར་ཕྲེང་།）云：

「入父口之風，將轉成種子，由此成有情。」¹²

此經顯示，中陰身死後，原始微識與坐騎風進入父親口
道，再由父親密道而出，進入母親胎裡。由此得知，前段所引

---

10 德格版，論，續釋，ཏི卷，第一次第，123背頁；對勘本版，書號18，343頁。
　　漢譯大藏經內並無此譯。

11 德格版，經，續，ཏི卷，第二次第，第14-15句偈頌文，266正頁；對勘本版，
　　書號78，777頁。漢譯大藏經內並無此譯。

12 德格版，經，續，ཤི卷，第十七品，230正頁；對勘本版，書號81，805頁。
　　漢譯大藏經內並無此譯。

《安立次第論》所說的大日門意指父親的頂門。

　三、由母胎入。如《俱舍滿增注》云：

「依持業腹之力，從生處之門而入矣。」[13]

　謂中陰身進出山石岩牆無有障礙，所以生處之門不需洞孔。如同雖無細縫或洞孔，但敲開岩石時，的確可以見到石內的蜘蛛或青蛙。

　入胎後，又是如何轉成男、女、中性等性別的呢？

　佛教醫典對此的說法不一。根據阿闍黎從父（ཕ་འཚོལ）的《醫觀八支心要》，父母敦倫時，父白精母紅血的究竟混體中，精液成分較多者將成男性，血液成分較多者將成女性，精血相同者將成中性。或者，以風力區分父白精母紅血時，精液成分較多者將成男性，血液成分較多者將成女性，精血相同者將成男雙胞胎或女雙胞胎。此論云：

「精液繁多故，可能成男性，
月期多生女，爾二等中性。
精血風力分，如是成孿生。」[14]

13　德格版，論，阿毘達磨，ཏུ卷，第三品，279 正頁；對勘本版，書號 81，698頁。漢譯大藏經內並無此譯。

14　德格版，論，醫明，ཏུ卷，身處第一品，第 5-6 句偈頌文，106 背頁；對勘本版，書號 111，294 頁。漢譯大藏經內並無此譯。

「可能」謂隨著其他因緣轉成他性的可能，所以沒有決定性。

另有一些咒典說到，父親的究竟白色精液進入胎時，結合了母親的紅色血液，如果此時風可從這個混合體的右側流動，將成男性；此時風從混合體的左側流動，將成女性；風從混合體的中部流動，將成中性。《續略經》云：

> 「智說種子入，邊際剎那頃，
> 右側風流轉，皆成男子性；
> 左側風流轉，定成女子性；
> 風轉爾二中，常生陰陽性。」[15]

綜合以上所說，入胎後之性別，隨著其他因緣，也有可能轉成其他性別，並無決定性。

甲三、經說身體在胚胎的形成過程

此章解說從入胎到出生期間，身體如何形成的過程。將依據三種典籍所載內容來分析：一、經典如何說。二、時輪續典如何說。三、醫典如何說。

---

15 德格版，經，續，回卷，第二次第，第27-28句偈頌文，266背頁；對勘本版，書號78，778頁。漢譯大藏經內並無此譯。

一、經典如何說：

《入胎藏經》中非常清楚說明了胎中人體每週的成長進度，而且所說與現代醫學證實的情況極為相似，故詳細解釋如下。

經說，父精母血結合於胎後，胎體從小變大初期分為五個階段：一、頞部曇（ མེར་མེར་པོ ）。[16] 二、羯羅藍（ ནུར་ནུར་པོ ）。三、閉尸（ ལྟར་ལྟར་པོ ）。四、鍵南（ མཁྲང་འགྱུར ）。五、鉢羅奢佉（ རྐང་ལག་འགྱུས་པ ）。

中陰身進入胎後的第一週稱為「頞部曇」，其形狀如粥汁或奶膜[17]。初七日內，煎煮於白精紅血之中，為使頞部曇的身根聚齊，才開始浮現地界的堅性、水界的濕性、火界的煖性，以及風界的動性。如《入胎藏經》云：

> 「初七日時胎居母腹，如搣如癰臥在糞穢；如處鍋中，
> 身根及識同居一處，壯熱煎熬，極受辛苦，名頞部曇，

---

16 譯者註：ནུར་ནུར་པོ 的梵音為 Kalala，音譯應為羯剌藍或羯羅藍；མེར་མེར་པོ 的梵音為 Arbudam，音譯應為頞部曇。雖然大多漢譯經論說到胎中五位的第一位稱「羯剌藍」或「羯羅藍」，但是依據這段藏文及下述引用的藏譯經典，「頞部曇」（ མེར་མེར་པོ ）應被譯為胎中五位的第一位，並非羯羅藍（ ནུར་ནུར་པོ ）。還有，漢譯《阿毘達磨大毘婆沙論》卷第一百一十八也說到，胎位初者應為頞部曇，而非羯邏藍。《阿毘達磨大毘婆沙論》說：「乃至意識為緣生於意法，從頞部曇生羯邏藍」（T.27.1545.613c.7）。

17 譯者註：「奶膜」謂熱牛奶冷卻後漂浮在牛奶最上面的那一層膜。

狀如粥汁，或如酪膜。於七日中，內熱煎煮；地界堅
性、水界濕性、火界煖性、風界動性，方始現前。」[18]

第二週稱為「羯羅藍」。如何形成呢？第二週時，母胎
中起「遍觸風」，此風觸碰胎後，將之前的頞部疊稠化如同稠
酪，稱「羯羅藍」。羯羅藍的形狀有如稠酪或如凝酥，於七日
內煎煮於白精紅血之中；如前段所言，為能令爾身根聚齊，四
大界滋長增上。如《入胎藏經》云：

> 「難陀，第二七日，胎居母腹臥在糞穢。如處鍋中，身
> 根及識同居一處，壯熱煎熬，極受辛苦。於母腹中，有
> 風自起名為遍觸，從先業生，觸彼胎時名羯羅藍，狀如
> 稠酪，或如凝酥，於七日中內熱煎煮，四界現前。」[19]

第三週形成「閉尸」。第三週時，母胎中起「刀鞘口

---

18 德格版，經，寶積，ㄟ卷，第一卷，214正頁；對勘本版，書號41，659頁。漢
   譯與藏譯稍有不同，漢譯原文：《大寶積經》卷第五十六，佛說入胎藏
   （T.11.310.329a.18）：「初七日時胎居母腹，如搦如癰臥在糞穢；如處鍋中，身
   根及識同居一，壯熱煎熬，極受辛苦，名羯羅藍，狀如粥汁，或如酪漿。於七
   日中，內熱煎煮；地界堅性、水界濕性、火界煖性、風界動性，方始現前。」

19 德格版，經，寶積，ㄟ卷，第一卷，214背頁；對勘本版，書號41，659頁。漢
   譯與藏譯稍有不同，漢譯原文：《大寶積經》卷第五十六，佛說入胎藏
   （T.11.310.329a.23）：「難陀，第二七日，胎居母腹臥在糞穢。如處鍋中，身
   根及識同居一處，壯熱煎熬極受辛苦。於母腹中，有風自起名為遍觸，從先業
   生，觸彼胎時名頞部陀，狀如稠酪，或如凝酥，於七日中內熱煎煮，四界現
   前。」

風」，此風觸碰胎後，將之前的羯羅藍轉成長橢形，故稱「閉尸」（漢譯：長橢）。閉尸的形狀有如鐵匙或如蚯蚓，於七日內煎煮於白精紅血之中；如前所言，為能令爾身根聚齊，四大界滋長增上。如《入胎藏經》云：

> 「難陀，第三七日廣說如前。於母腹中，有風名刀鞘口，從先業生，觸彼胎時名曰閉尸，狀如鐵箸，或如蚯蚓。於七日中四界現前。」[20]

　　第四週形成「鍵南」。第四週時，母胎中起「內門風」，此風觸碰胎後，極度疼痛，並將之前的閉尸令其堅硬，故稱「鍵南」（漢譯：堅硬）。鍵南的形狀有如泥塊或如磨石。如《入胎藏經》云：

> 「難陀，第四七日廣說如前。於母腹中，有風名為內門，從先業生，吹擊胎箭，極為疼痛，名為健南，狀如泥團或如溫石。」[21]

20　德格版，經，寶積，ㄇ卷，第一卷，214背頁；對勘本版，書號41，660頁。漢譯來源：《大寶積經》卷第五十六，佛說入胎藏（T.11.310.329a.27）。

21　德格版，經，寶積，ㄇ卷，第一卷，214背頁；對勘本版，書號41，660頁。漢譯與藏譯稍有不同，漢譯原文：《大寶積經》卷第五十六，佛說入胎藏（T.11.310.329b.1）：「難陀，第四七日廣說如前。於母腹中，有風名為內門，從先業生，吹擊胎箭，名為健南，狀如鞾楥或如溫石，於七日中四界現前。」

　　第五週形成「缽羅奢佉」。第五週時，母胎中起「攝持風」，此風觸碰胎後，將之前的鍵南令其凸顯二肩、二腿骨、頭等五相；有如天降夏雨的緣故，森林樹木等枝葉方能初開茂盛。如《入胎藏經》云：

> 「難陀，第五七日廣說如前。於母腹中，有風名曰攝持，此風觸胎，有五相現：所謂兩臂兩髀及頭。譬如夏時天降甘雨，樹林鬱茂增長枝條，此亦如是五相顯現。」[22]

　　第六週時，母胎中起「廣大風」，此風觸碰胎後，兩肩起兩肘，兩腿起兩膝，又如雨季時草樹生枝。如《入胎藏經》云：

> 「難陀，第六七日於母腹中，有風名曰廣大，此風觸胎，有四相現：謂兩肘、兩膝，如夏降雨莄草生枝，此亦如是四相顯現。」[23]

22　德格版，經，寶積，ㄎ卷，第一卷，214背頁；對勘本版，書號41，660頁。漢譯與藏譯稍有不同，漢譯原文：《大寶積經》卷第五十六，佛說入胎藏（T.11.310.329b.4）：「難陀，第五七日廣說如前。於母腹中，有風名曰攝持，此風觸胎，有五相現：所謂兩臂兩髀及頭。譬如春時天降甘雨，樹林鬱茂增長枝條，此亦如是五相顯現。」

23　德格版，經，寶積，ㄎ卷，第一卷，215正頁；對勘本版，書號41，660頁。漢譯與藏譯稍有不同，漢譯原文：《大寶積經》卷第五十六，佛說入胎藏（T.11.310.329b.8）：「難陀第六七日，於母腹中，有風名曰廣大，此風觸胎，有四相現：謂兩肘、兩膝，如春降雨莄草生枝，此亦如是四相顯現。」

第七週時，母胎中起「旋轉風」，此風觸碰胎後，兩肘起肘肉，兩膝起腿肉，猶如聚沫或如水苔。如《入胎藏經》云：

> 「難陀，第七七日於母腹中，有風名為旋轉，此風觸胎，有四相現：謂兩手兩腳，猶如聚沫或如水苔，有此四相。」[24]

第八週時，母胎中起「翻轉風」，此風觸碰胎後，初生手十指、足十指，共有二十相，猶如雨季樹根始生。如《入胎藏經》云：

> 「難陀，第八七日於母腹中，有風名曰翻轉，此風觸胎，有二十相現：謂手足十指，從此初出，猶如新雨樹根始生。」[25]

第九週時，母胎中起「分散風」，此風觸碰胎後，生起二眼穴、二耳穴、二鼻穴、口穴、下二穴，共有九穴。如《入胎藏經》云：

> 「難陀，第九七日於母腹中，有風名曰分散，此風觸胎，

24　德格版，經，寶積，ཁ卷，第一卷，215 正頁；對勘本版，書號 41，661 頁。漢譯來源：《大寶積經》卷第五十六，佛說入胎藏（T.11.310.329b.10）。

25　德格版，經，寶積，ཁ卷，第一卷，215 正頁；對勘本版，書號 41，661 頁。漢譯來源：《大寶積經》卷第五十六，佛說入胎藏（T.11.310.329b.13）。

有九種相現：謂二眼、二耳、二鼻并口及下二穴。」[26]

第十週時，母胎中起「堅鞕風」，此風令胎體堅硬，又起「普生風」，此風令胎體膨脹，猶如吹氣脹囊。如《入胎藏經》云：

「難陀，第十七日於母腹中，有風名曰堅鞕，令胎堅實，即此七日於母胎中，有風名曰普門，此風吹脹胎藏，猶如浮囊，以氣吹滿。」[27]

第十一週時，母胎中起「疏通風」，此風觸碰胎後，令胎體空心，通徹兩眼等九穴，如吹橐扇上下通氣，風所作事通諸孔竅。如《入胎藏經》云：

「難陀，第十一七日於母胎中，有風名曰疏通，此風觸胎令胎通徹，有九孔現。若母行立坐臥作事業時，彼風旋轉虛通，漸令孔大。若風向上上孔便開；若向下時即通下穴，譬如鍛師及彼弟子以橐扇時上下通氣，風作事已即便隱滅。」[28]

26　德格版，經，寶積，吋卷，第一卷，215 正頁；對勘本版，書號 41，661 頁。漢譯來源：《大寶積經》卷第五十六，佛說入胎藏（T.11.310.329b.15）。

27　德格版，經，寶積，吋卷，第一卷，215 正頁；對勘本版，書號 41，661 頁。漢譯來源：《大寶積經》卷第五十六，佛說入胎藏（T.11.310.329b.17）。

28　德格版，經，寶積，吋卷，第一卷，215 背頁；對勘本版，書號 41，662 頁。漢譯來源：《大寶積經》卷第五十六，佛說入胎藏（T.11.310.329b.20）。

第十二週時，母胎中起「曲口風」，此風令胎體長出大小腸，猶如藕根，交絡於腹中。又生「穿髮風」，此風令胎體長出一百三十骨節、一百零一個要處，無有增減。如《入胎藏經》云：

> 「難陀，第十二七日於母腹中，有風名曰曲口，此風吹胎，於左右邊作大小腸猶如藕絲，如是依身交絡而住。即此七日，復有風名曰穿髮，於彼胎內作一百三十節，無有增減，復由風力作百一禁處。」[29]

第十三週時，母胎中仍起之前的「曲口風」及「穿髮風」，二風令胎體覺知飢渴，母親飲食時所有營養從臍而入，藉以資身。如《入胎藏經》云：

> 「難陀，第十三七日於母腹中，以前風力知有飢渴，母飲食時所有滋味，從臍而入藉以資身。」[30]

第十四週時，母胎中起「線口風」，此風令胎體長一千筋：身前有二百五十、身後有二百五十、右邊二百五十、左邊二百五十。如《入胎藏經》云：

---

29 德格版，經，寶積，ཅ卷，第一卷，215背頁；對勘本版，書號41，662頁。漢譯來源：《大寶積經》卷第五十六，佛說入胎藏（T.11.310.329b.26）。

30 德格版，經，寶積，ཅ卷，第一卷，215背頁；對勘本版，書號41，662頁。漢譯來源：《大寶積經》卷第五十六，佛說入胎藏（T.11.310.329c.1）。

「難陀，第十四七日於母腹中，有風名曰線口，其風令
胎生一千筋，身前有二百五十，身後有二百五十，右邊
二百五十，左邊二百五十」[31]

第十五週時，母胎中起「蓮花風」，此風令胎體長二十
脈吸取食味：身前、身後、右邊、左邊各有五脈，稱為「伴
脈」、「力脈」、「堅脈」及「勢脈」。其後，胎中前風又令胎
體產生八萬道脈吸取食味：身前、身後、右邊、左邊各有二萬
脈，共八萬脈。此八萬脈復有眾多孔穴，或一孔二孔……乃至
七孔，一一各與毛孔相連，猶如多孔藕根。如《入胎藏經》
云：

「難陀，第十五七日於母腹中，有風名曰蓮花，能與胎
子，作二十種脈，吸諸滋味，身前有五，身後有五，右
邊有五，左邊有五，其脈有種種名及種種色，或名伴，
或名力，或名堅，或名勢。色有青黃赤白豆蘇油酪等
色，更有多色共相和雜。難陀，其二十脈，別各有四十
脈，以為眷屬，合有八百吸氣之脈，於身前後左右，各
有二百。難陀，此八百脈，各有一百道脈眷屬相連合有
八萬。前有二萬，後有二萬，右有二萬，左有二萬。難
陀，此八萬脈，復有眾多孔穴，或一孔二孔，乃至七

---

31 德格版，經，寶積，ཇ卷，第一卷，215背頁；對勘本版，書號41，663頁。漢
　譯來源：《大寶積經》卷第五十六，佛說入胎藏（T.11.310.329c.3）。

孔，一一各與毛孔相連，猶如藕根有多孔隙。」[32]

　　第十六週時，母胎中起「甘露行風」，此風令胎體長出兩隻眼睛、兩隻耳朵、兩鼻側、嘴巴、喉道、胸腔、吸入飲食之貯處等，並使內外風通行無阻。譬如陶師及其弟子將泥團放在轉動的輪盤上，隨己所欲而造出各式泥塑作品。如《入胎藏經》云：

> 「難陀，第十六七日於母腹中，有風名曰甘露行，此風能為方便，安置胎子二眼處所，如是兩耳兩鼻口咽胸臆，令食入得停貯之處，能令通過出入氣息，譬如陶師及彼弟子，取好泥團安在輪上，隨其器物形勢安布令無差舛，此由業風能作如是，於眼等處隨勢安布，乃至能令通過出入氣息，亦無爽失。」[33]

---

32 德格版，經，寶積，ㄢ卷，第一卷，216 正頁；對勘本版，書號 41，663 頁。藏譯與漢譯稍有不同，漢譯原文：《大寶積經》卷第五十六，佛說入胎藏（T.11.310.329c.6）：「難陀，第十五七日於母腹中，有風名曰蓮花，能與胎子，作二十種脈，吸諸滋味，身前有五，身後有五，右邊有五，左邊有五，其脈有種種名及種種色，或名伴，或名力，或名勢。色有青黃赤白豆蘇油酪等色，更有多色共相和雜。難陀，其二十脈，別各有四十脈，以為眷屬，合有八百吸氣之脈，於身前後左右，各有二百。難陀，此八百脈，各有一百道脈眷屬相連合有八萬。前有二萬，後有二萬，右有二萬，左有二萬。難陀，此八萬脈，復有眾多孔穴，或一孔二孔，乃至七孔，一一各與毛孔相連，猶如藕根有多孔隙。」

33 德格版，經，寶積，ㄢ卷，第一卷，216 正頁；對勘本版，書號 41，664 頁。漢譯來源：《大寶積經》卷第五十六，佛說入胎藏（T.11.310.329c.17）。

第十七週時，母胎中起「毛拂口風」，此風滑澤眼睛、耳朵、鼻側、嘴巴、喉道、胸腔壁、飲食貯處，並清淨內外氣流之通道。如以菜油擦拭塵翳污鏡，光滑鏡面。如《入胎藏經》云：

「難陀，第十七七日於母腹中，有風名曰毛拂口，此風能於胎子眼耳鼻口咽喉胸臆食入之處，令其滑澤，通出入氣息，安置處所。譬如巧匠若彼男女，取塵翳鏡以油及灰，或以細土揩拭令淨，此由業風能作如是，安布處所無有障礙。」[34]

第十八週時，母胎中起「無垢風」，此風清淨胎體六處，如日月輪大雲覆蔽，猛風吹起雲霧四散，清淨顯現本有光澤。如《入胎藏經》云：

「難陀，第十八七日於母腹中，有風名曰無垢，能令胎子六處清淨，如日月輪大雲覆蔽，猛風忽起吹雲四散，光輪清淨。難陀，此業風力，令其胎子六根清淨亦復如是。」[35]

34 德格版，經，寶積，ཀ卷，第一卷，216背頁；對勘本版，書號41，664頁。漢譯來源：《大寶積經》卷第五十六，佛說入胎藏（T.11.310.329c.24）。

35 德格版，經，寶積，ཀ卷，第一卷，216背頁；對勘本版，書號41，665頁。漢譯來源：《大寶積經》卷第五十六，佛說入胎藏（T.11.310.330a.1）。

　　第十九週：初入母胎的時候，先得身根、命根、意根等三根，後成眼根、耳根、鼻根、舌根等四根。如《入胎藏經》云：

　　「難陀，第十九七日於母腹內，令其胎子成就四根眼耳鼻舌，入母腹時，先得三根，謂身命意。」[36]

　　第二十週時，母胎中起「堅固風」，此風令胎體產生左腳指節二十骨、右腳指節二十骨、足跟四骨、髖有二骨、膝有二骨、髀有二骨、腰髖有三骨、三踝骨、脊有十八骨、脅有二十四骨。復依左手生指節二十骨，復依右手亦生二十，腕有四骨、臂有兩骨、胸有七骨、肩有七骨、項有四骨、頷有二骨、齒有三十二骨、髑髏四骨。此時除了小骨外，大骨數有二百，皆已形成。譬如塑師或彼弟子，先用硬木作天人狀，後加泥土塑造其形。如《入胎藏經》云：

　　「難陀，第二十七日於母腹中，有風名曰堅固……難陀，譬如塑師或彼弟子先用鞭木作其相狀。次以繩纏，後安諸泥，以成形像。此業風力安布諸骨亦復如是，此中大骨數有二百，除餘小骨。」[37]

36　德格版，經，寶積，司卷，第一卷，216背頁；對勘本版，書號41，665頁。漢譯來源：《大寶積經》卷第五十六，佛說入胎藏（T.11.310.330a.4）。

37　德格版，經，寶積，司卷，第一卷，217正頁；對勘本版，書號41，665頁。漢譯來源：《大寶積經》卷第五十六，佛說入胎藏（T.11.310.330a.6）。

第二十一週時，母胎中起「生起風」，此風住胎，令胎體長肉，猶如泥師善巧調泥於牆。如《入胎藏經》云：

> 「難陀，第二十一七日於母腹中，有風名曰生起，能令胎子身上生肉，譬如泥師先好調泥泥於牆壁，此風生肉亦復如是。」[38]

第二十二週時，母胎中起「浮流風」，[39]此風住胎，令胎體生血。如《入胎藏經》云：

> 「難陀，第二十二七日於母腹中，有風名曰浮流，此風能令胎子生血。」[40]

第二十三週時，母胎中起「淨持風」，此風住胎，令胎體生皮。如《入胎藏經》云：

> 「難陀，第二十三七日於母腹內，有風名曰淨持，此風能令胎子生皮。」[41]

---

38 德格版，經，寶積，ㄇ卷，第一卷，217 正頁；對勘本版，書號 41，666 頁。漢譯來源：《大寶積經》卷第五十六，佛說入胎藏（T.11.310.330a.18）。

39 譯者註：藏文直譯為「咸勝風」。

40 德格版，經，寶積，ㄇ卷，第一卷，217 背頁；對勘本版，書號 41，666 頁。漢譯來源：《大寶積經》卷第五十六，佛說入胎藏（T.11.310.330a.20）。

41 德格版，經，寶積，ㄇ卷，第一卷，217 背頁；對勘本版，書號 41，667 頁。漢譯來源：《大寶積經》卷第五十六，佛說入胎藏（T.11.310.330a.22）。

第二十四週時，母胎中起「滋漫風」，此風住胎，令胎體皮膚光悅。如《入胎藏經》云：

> 「難陀，第二十四七日於母腹中，有風名曰滋漫，此風能令胎子皮膚光悅。」[42]

第二十五週時，母胎中起「持城風」，此風住胎，令胎體血肉滋潤。如《入胎藏經》云：

> 「難陀，第二十五七日於母腹中，有風名曰持城，此風能令胎子血肉滋潤。」[43]

第二十六週時，母胎中起「生成風」，此風住胎，令胎體生毛髮、長指甲，這些都與經脈互相連結。如《入胎藏經》云：

> 「難陀，第二十六七日於母腹中，有風名曰生成，能令胎子身生髮毛爪甲，此皆一一共脈相連。」[44]

第二十七週時，母胎中起「曲藥風」，此風住胎，令胎體

42 德格版，經，寶積，ཤ卷，第一卷，217背頁；對勘本版，書號41，667頁。漢譯來源：《大寶積經》卷第五十六，佛說入胎藏（T.11.310.330a.24）。

43 德格版，經，寶積，ཤ卷，第一卷，217背頁；對勘本版，書號41，667頁。漢譯來源：《大寶積經》卷第五十六，佛說入胎藏（T.11.310.330a.25）。

44 德格版，經，寶積，ཤ卷，第一卷，217背頁；對勘本版，書號41，667頁。漢譯來源：《大寶積經》卷第五十六，佛說入胎藏（T.11.310.330a.27）。

的毛髮指甲完整成形。如《入胎藏經》云：

> 「難陀，第二十七七日於母腹中，有風名曰曲藥，此風
> 能令胎子髮毛爪甲悉皆成就。」[45]

第二十八週時，於母胎中起屋想、乘想、園想等八顛倒
想。如《入胎藏經》云：

> 「難陀，第二十八七日於母腹中，胎子便生八種顛倒之
> 想。云何為八？所謂屋想、乘想、園想、樓閣想、樹林
> 想、床座想、河想、池想，實無此境妄生分別。」[46]

第二十九週時，母胎中起「花條風」，此風住胎，令胎體
膚色光澤鮮豔。如《入胎藏經》云：

> 「難陀，第二十九七日於母腹中，有風名曰花條，此風
> 能吹胎子，令其形色鮮白淨潔，或由業力令色黧黑，或
> 復青色，更有種種雜類顏色，或令乾燥無有滋潤，白光
> 黑光隨色而出。」[47]

---

45 德格版，經，寶積，ཁ卷，第一卷，217背頁；對勘本版，書號41，667頁。漢
　譯來源：《大寶積經》卷第五十六，佛說入胎藏（T.11.310.330a.29）。

46 德格版，經，寶積，ཁ卷，第一卷，219正頁；對勘本版，書號41，670頁。漢
　譯來源：《大寶積經》卷第五十六，佛說入胎藏（T.11.310.330c.6）。

47 德格版，經，寶積，ཁ卷，第一卷，219正頁；對勘本版，書號41，671頁。漢
　譯來源：《大寶積經》卷第五十六，佛說入胎藏（T.11.310.330c.9）。

第三十週時，母胎中起「鐵口風」，此風住胎，令胎體的毛髮指甲增長廣大；隨過去業力，毛髮指甲轉為白黑等顏色。如《入胎藏經》云：

> 「難陀，第三十七日於母腹中，有風名曰鐵口，此風能吹胎子髮毛爪甲令得生長，白黑諸光皆隨業現，如上所說。」[48]

第三十一週至三十四週時，母親胎中的胎體逐漸長大。如《入胎藏經》云：

> 「難陀，第三十一七日，於母腹中，胎子漸大。如是三十二七、三十三七、三十四七日已來，增長廣大。」[49]

第三十五週時，胎兒於母腹中圓滿具足主次支體。如《入胎藏經》云：

> 「難陀，第三十五七日，子於母腹支體具足。」[50]

---

48 德格版，經，寶積，ㅋ卷，第一卷，219正頁；對勘本版，書號41，671頁。漢譯來源：《大寶積經》卷第五十六，佛說入胎藏（T.11.310.330c.13）。

49 德格版，經，寶積，ㅋ卷，第一卷，219背頁；對勘本版，書號41，671頁。漢譯來源：《大寶積經》卷第五十六，佛說入胎藏（T.11.310.330c.16）。

50 德格版，經，寶積，ㅋ卷，第一卷，219背頁；對勘本版，書號41，671頁。漢譯來源：《大寶積經》卷第五十六，佛說入胎藏（T.11.310.330c.18）。

第三十六週時，胎兒不想住在母腹中。如《入胎藏經》云：

「難陀，第三十六七日，其子不樂住母腹中。」[51]

第三十七週時，胎兒於母腹起不淨念等不顛倒想。如《入胎藏經》云：

「難陀，第三十七七日於母腹中，胎子便生三種不顛倒想：所謂不淨想、臭穢想、黑暗想，依一分說。」[52]

第三十八週時，母胎中起「攝支風」，此風住胎，令胎體轉身向下，縮捲兩臂朝向產門。又生「趣下風」，令胎兒頭向下、雙腳向上，將出產門。如《入胎藏經》云：

「難陀，第三十八七日於母腹中，有風名曰攝支，此風能令胎子轉身向下，縮捲兩臂趣向產門。次復有風名曰趣下，由業力故，風吹胎子，令頭向下雙腳向上，將出產門。」

《入胎藏經》中明顯清楚描述了住胎時胎體如何從細至粗

51　德格版，經，寶積，ཕ卷，第一卷，219背頁；對勘本版，書號41，672頁。漢譯來源：《大寶積經》卷第五十六，佛說入胎藏（T.11.310.330c.19）。

52　德格版，經，寶積，ཕ卷，第一卷，219背頁；對勘本版，書號41，672頁。漢譯來源：《大寶積經》卷第五十六，佛說入胎藏（T.11.310.330c.20）。

⁵³ 的完整過程，以及身體的支根如何形成等詳細內容。

甲四、《時輪續》所說

有關入胎期間身體如何形成的過程，時輪續典又是如何解說的呢？

續說，父母敦倫時，中陰身極細意識入住白精紅血的中央；由於精血識三者於胎中結合的緣故，產生粗分肉體。精血識三者的混體（或稱「種子」）入住母胎或「蓮花」中時，五大種的地界持種子、水界攝種子、火界熟種子、風界增種子、胎內空間或稱「空界」賜予胎體成長的機會。如《時輪略續》云：

> 「種子入住蓮花，被大地所持、被水所攝、被火所熟，以及因風力取各食味，增上種子；虛空賜予增上機緣。」⁵⁴

從父母敦倫時，中陰身意識入住母胎內的白精紅血中央起，直至出生之前，共有四階段，又名「魚」、「龜」、「豕」、

---

53 德格版，經，寶積，㝹卷，第一卷，219背頁；對勘本版，書號41，672頁。藏譯與漢譯稍有不同，漢譯原文：《大寶積經》卷第五十六，佛說入胎藏（T.11.310.330c.22）：「難陀，第三十八七日於母腹中，有風名曰藍光，此風能令胎子轉身向下，長舒兩臂趣向產門。次復有風名曰趣下，由業力故，風吹胎子，令頭向下雙腳向上，將出產門。」

54 德格版，經，續，㝹卷，第一品，第4句偈頌文，40背頁；對勘本版，書號77，99頁。漢譯大藏經內並無此譯。

「獅」等四時。如具胤白蓮的《時輪無垢光大疏》云：

> 「過了初魚時日，轉為龜時，凸現臉手足等處……五月
> 時，豕體生肉、血、筋，以及『空味焦食骨』謂三百六
> 十骨……圓滿九月，或某些十月，或十一月，或十二
> 月，豕體終受極苦，生時受生處擠壓之苦；言『從胎出
> 生人之獅形體』者，謂決定從胎生出。」[55]

　　初月時，胎體僅屬精血識三者的混體，當時仍未有脈。二
月時，於將要形成心臟的地方，產生如同髮尖般的十條極細心
脈，也就是即將成為「持命」等十風的所依；於臍部之處，產
生十二條朝上的極細脈，也就是即將成為臍輪主脈八八六十四
條脈的所依；在形成臉部及手足二處，所依微脈亦分散展開。
如《時輪略續》云：

> 「胎中初月，血與種子轉成甘露味，令體疾生。此後，
> 種子苗住自胸中，十脈相皆是甚細；臍亦住有八八，爾
> 乃他者，朝上伸至面手足處。」[56]

---

55 德格版，論，續釋，ཐ卷，第一內品，225 正頁；對勘本版，書號 6，530
　　頁。漢譯大藏經內並無此譯。

56 德格版，經，續，ཀ卷，第一內品，第 9 句偈頌文，41正頁；對勘本版，書號
　　77，100 頁。漢譯大藏經內並無此譯。譯者註：此篇文中，《時輪略續》偈頌
　　文的每一行，都是由 21 個藏字所組成的詩句。為令讀者更能容易理解，我以
　　白話文的方式呈現漢譯。

　　入胎的前兩個月之所以稱爲「魚時」，是因爲精血本質的二月胎體長橢形、紅色，有如偌西達魚（ཉ་ཚེ་ཅི་དང་）形長橢、色赤紅的緣故。

　　二月結束，三月初時的胎體同時稍微露出足、手、頸等部位。三月結束、四月初時，同時明顯露出足、手、頸等部位。從四月初至四月底，足手頸逐漸成形的同時，於手足的六大節處，產生「俱生微脈」；於首頸處產生「受用微脈」。《時論略續》云：

> **「圓滿二月時，胎子的手足面稍微凸出。圓滿三月時，手足頸之初體同時顯露。諸微脈於四月時，在足手面頸之處……」**[57]

　　入胎的第三、第四個月之所以稱爲「龜時」，是因爲這兩個月的胎體已經凸出頭部、手足四肢等共五部位，有如烏龜凸出二手、二足、首部等五肢般的緣故。五月時，因爲要長肉的緣故，開始產生「空味焦食骨」（རྣམ་པ་མཁའ་རོ་བསྲེག་ཟ།）或三百六十骨，以及與此同數的細微骨節。六月時，肉與骨個別分開，並起苦樂感受。眉毛、毛髮、孔穴、眼耳等處，皆從五月起開始成形，於七月結束時方得完整。

57　德格版，經，續，ཀ卷，第一內品，第 9-10 句偈頌文，41 正頁；對勘本版，書號 77，100 頁。漢譯大藏經內並無此譯。

　　入胎的初月或稱「胎月」時，並不會產生任何脈；從「胎月」末或二月初至第十二月間，每日產生「零零眼數」[58] 之脈或兩百條脈，總生七萬兩千脈。八月時，產生三百六十骨骼要處及骨髓；因爲之前成長眼等處，使得「持味」或舌根可知食味，並排尿糞。《時輪略續》云：

> 「五月亦生肉、血、空味焦食骨、節等。六月亦（續）
> 生血肉，並具樂苦之受，圓滿眉、毛、髮、穴等。從
> （初）月之後起，所剩諸脈皆由每日力生零零眼數，亦
> 生要處、骨髓、持味、尿糞等八相。」[59]

　　從入胎的第五月起，至出生前間稱爲「豕時」。如同豕可於糞穢處中生存般，此時期間的胎兒，依賴著母親飲食精華剩餘的不淨物而生存，胎形彎曲，猶如豕狀，故稱「豕時」。有些胎兒九月底從「穴」出生，有些十月，有些十一月，也有十二月從胎裡出生。出生時遭受無法忍受之苦，猶如被勾朝下拉扯，同時又被骨盤及髖關節擠壓下出生。如《時論略續》云：

> 「言『穴』者，謂生時被生處所擠故，其苦極烈。」[60]

58　譯者註：此數量正是《時輪略續》所謂的「零零眼數」。眼象徵二，加上前者的零零，共兩百。

59　德格版，經，續，⊓卷，第一內品，第 10-11 句偈頌文，41 背頁；對勘本版，書號 77，100 頁。漢譯大藏經內並無此譯。

60　德格版，經，續，⊓卷，第一內品，第 11 句偈頌文，41 正頁；對勘本版，書號 77，101 頁。漢譯大藏經內並無此譯。

胎兒於九月末等出生時稱爲「獅時」。如同下身爲人、上身爲獅的遍入天化身，以爪力撕破阿修羅王「護生金者」的肚子般，胎兒於九月末等時，依雙手打開生處，故稱「人之獅時」。

總之，時輪續典明顯說明入胎期間每月的胎中變化，以及胎中精血結合的種子逐漸成長的同時，氣脈等如何形成、體肢如何形成、五根如何凸顯等過程。又將此過程分爲四個階段：一、初月至二月末。二、三月至四月末。三、五月至出生前。四、最終出生的時位。此四時依序稱爲：魚時、龜時、豕時、人之獅時。[61]

甲五、佛教醫典所說胎中成身次第

印度佛教學者所著的醫典，也對入胎期間身體成長的過程做了解說，例如阿闍黎從父的《醫觀八支心要》[62]云：

「種子性大種，隨後細微心，

---

61 在此，《時輪略續》談及魚、龜、豕、人之獅等用詞，這是根據外道經論的遍入天十種示現的詞彙而使用。與此相關的解說，具足成就的賢財大海學者以淺顯易懂的方式撰寫於《無垢光莊嚴》。請參考《西藏文獻精藏文集》的136頁。

62 譯者註：《醫觀八支心要》（ཨན་དཔྱད་ཡན་ལག་བརྒྱད་པའི་སྙིང་པོ）以及《醫觀八支心要攝論》（ཡན་ལག་བརྒྱད་པའི་སྙིང་པོ་བསྡུས་པ）是同一本論，其作者從父阿闍黎又稱勇士阿闍黎或從母阿闍黎。這裡的藏文直譯雖是《醫觀八支心要攝論》，但為了避免讀者誤會，在此僅譯《醫觀八支心要》。

從母食精髓，胎中相增長。」[63]

依賴著眾多因素，如父母交結所生的種子或白精紅血、虛空等大種、母食的營養，以及不能被根識所行之境，由近取前識所生心識的細微因緣等，令胎體逐漸成長，轉爲羯剌藍等階段。

第一階段爲羯剌藍，如《醫觀八支心要》云：

「初月七隱日，轉成羯剌藍。」[64]

胎兒初月的前七天或初週時，住於胎中的胎體雖未能明顯成爲羯剌藍狀[65]，但初週後，於一個月的期間內，胎體乾濕混合，轉爲凝酪狀。

第二階段爲鍵南（གར་གར་པོ）等，如《醫觀八支心要》云：

「羯剌藍次月，鍵南頒部長，
男女中性生。」[66]

---

63 德格版，論，醫明，引卷，身處第一品，第2句偈頌文，106背頁；對勘本版，書號111，294頁。漢譯大藏經內並無此譯。

64 德格版，論，醫明，引卷，身處第一品，第37句偈頌文，108正頁；對勘本版，書號111，298頁。漢譯大藏經內並無此譯。

65 譯者註：凝酪狀。

66 德格版，論，醫明，引卷，身處第一品，第48句偈頌文，108背頁；對勘本版，書號111，299頁。漢譯大藏經內並無此譯。

羯剌藍在第二個月時轉爲鍵南狀[67]、或頗部曇狀[68]、或長橢等狀。轉爲鍵南狀生男；轉爲頗部曇狀生女；轉爲長橢狀生中性。

第三階段露出肢體，如《醫觀八支心要》云：

> 「三月時生首，二髀及二肩，
> 五肢皆明顯；細肢皆亦生
> 頭等生同時，知樂及知苦。」[69]

住胎後的第三個月中，胎體明顯露出頭肢、二髀肢、二肩肢等五肢；其他細肢並逐漸產生。頭等五肢產生的同時，也產生了苦樂的感知。如《醫觀八支心要》云：

> 「胎臍與母之，心脈相連故，
> 胎體方可長，與田圳相同。」[70]

謂胎兒的臍部與母親的心脈，兩者相連的緣故，透過經脈引入母親飲食精華，令胎體成長，有如田圳引水，成長農物。

67　譯者註：硬肉團狀。

68　譯者註：粥汁狀。

69　德格版，論，醫明，引卷，身處第一品，第 53-54 句偈頌文，108 背頁；對勘本版，書號 111，299 頁。漢譯大藏經內並無此譯。

70　德格版，論，醫明，引卷，身處第一品，第 54 句偈頌文，108 背頁；對勘本版，書號 111，299 頁。漢譯大藏經內並無此譯。

第四階段明顯露出一切肢體：如《醫觀八支心要》云：

「四謂顯肢體。」[71]

謂住胎後的第四個月中，之前仍未明顯的所有肢體皆轉明顯。

第五階段心極明顯：如《醫觀八支心要》云：

「五謂心轉明。」[72]

謂住胎後的第五個月中，胎體內之前仍未明顯的所有心識皆極明顯。

第六階段生起並增上支分肢體，如《醫觀八支心要》云：

「六生韌帶脈，毛指皮色力。」[73]

謂住胎後的第六個月中，胎體生出韌帶、脈、毛、指甲、皮膚、膚色、力量等。

第七階段增上肢體令其完整，如《醫觀八支心要》云：

---

71 德格版，論，醫明，引卷，身處第一品，第55句偈頌文，109正頁；對勘本版，書號111，299頁。漢譯大藏經內並無此譯。

72 德格版，論，醫明，引卷，身處第一品，第55句偈頌文，109正頁；對勘本版，書號111，299頁。漢譯大藏經內並無此譯。

73 德格版，論，醫明，引卷，身處第一品，第56句偈頌文，109正頁；對勘本版，書號111，299頁。漢譯大藏經內並無此譯。

「七月諸胎體，完整諸肢體。」[74]

謂住胎後的第七個月中，胎兒的主要及次要肢體的形狀都已成長完善。

第八階段一切體內精元相互移動，如《醫觀八支心要》云：

「八時母與子，輪轉光澤移。
令二喜或衰；母無子元氣，
生時子不活，移母疑不定。」[75]

謂住胎後的第八個月中，母親與胎兒的所有精元相互轉移。精元轉至胎兒時，胎兒歡喜、容光煥發，卻令母體衰落；精元轉至母親時，母親歡喜、容光煥發，卻令胎兒衰落。精元轉至母親時生下孩子的話，孩子無法活下；精元轉至孩子時，孩子被生下的話，母親活與不活的可能性都有。

第九階段胎兒出生，如《醫觀八支心要》云：

「九月初期起，於吉祥瑞處，

---

74 德格版，論，醫明，引卷，身處第一品，第 56 句偈頌文，109 正頁；對勘本版，書號 111，299 頁。漢譯大藏經內並無此譯。

75 德格版，論，醫明，引卷，身處第一品，第 61-62 句偈頌文，109 正頁；對勘本版，書號 111，300 頁。漢譯大藏經內並無此譯。

瑞時聚瑞物，進入出生宅。」[76]

住胎後的第九個月起，在瑞曜匯集的晝時或夜時，孕婦應赴吉祥之處，並聚齊所需資物，入住胎房。

綜上所述可知，古印度佛教典籍對於胎況的解說極爲廣泛。以上說法引用的典籍分爲三類：一、《入胎藏經》與其延伸的阿毘達磨教典等。二、無上咒乘的典籍，尤其是時輪金剛教典。三、勇士阿闍黎的《醫觀八支心要》醫典等。

這些典籍中，對胎體的時位分法稍有不同。例如，《入胎藏經》以每週爲一時位的計算單位，依此解說胎體的變化。時輪教典雖亦說到每月的變化，但主要還是以前兩個月、第三四月、第五月至出生前、出生等四個時位，或稱魚時、龜時、豕時、人之獅時等四時而做解說。醫典則主要以每一個月作爲單一時位，解釋各個時位中的胎體變化。

雖然時位的分法稍有不同，但在「最初來自父精母血，其後逐漸生起身肢、露出根肢等」的論述上，三者卻無絲毫差異。

甲六、別說細微氣、脈、明點的論述

印度佛教的無上密咒教典及醫典，不僅描述了現有的粗糙

---

76 德格版，論，醫明，引卷，身處第一品，第 71-72 句偈頌文，109 背頁；對勘本版，書號 111，301 頁。漢譯大藏經內並無此譯。

血肉之軀的形成過程，也對細微的身體做了解說。微身對粗身的影響，主要依安住之脈[77]、動搖之氣、置之明點[78] 三者的作用而成；以下分別介紹爾等三要。

乙一、無上密續對於氣脈的論述

無上咒典是如何解說微身、氣、脈的呢？

一般佛教經論會將身體分成三種粗細層次：粗身、微身、極微身。血肉之軀乃粗身；氣脈明點、夢身、中陰身等皆是微身；四空時識的坐騎之氣，尤其是第四空光明的坐騎之氣乃極微身。同樣地，以下將要解釋的心識，也分為三種粗細層次，五根識皆是粗識；根本煩惱、近煩惱、八十分別心以及與其相應的心等皆是微識；四空本質的心識皆是極微識。如是粗分身心的和合體稱「身心共有的粗況」；極微氣與極微心兩者無二安住的現象又稱「身心共有的細況」。如吉祥那洛巴的《五次第明攝論》（རིམ་ལྔ་བསྡུས་པ་གསལ་བ།）云：

「實況有兩種，依身心住法，
粗微極細微，稱共及無二。」[79]

---

77 譯者註：一切氣及明點皆安住於脈中，故稱安住之脈。

78 譯者註：明點安置於全身各處或紅白明點安置於胸中，故稱置之明點。

79 德格版，論，續釋，ཏ卷，第2句偈頌文，276背頁；對勘本版，書號26，1747頁。漢譯大藏經內並無此譯。

　　首先簡略介紹無上密咒續典中關於微身氣脈明點之「脈」的論述。

　　言「脈」者，謂身體的某一部分，不僅是氣與精元等之所居、所移之處，也是心識所依；具瓣相內呈空心狀，相互交絡。

　　脈字詞義，指體內的氣流及未損血液經大小管道而流動的基礎；初有肉體且肉體增長、中能續命、後會終亡，皆由此根本所形成，故稱「脈」[80]。如《爲阿難說胎胞經》（དགའ་བོ་མངལ་འཇུག་གི་མདོ།）云：

> 「十四七日處母胎時，復感業風名為線口，由此風力生九百筋，於身前後及以左右而交絡之。十五七日處母胎時，復感業風名為蓮花，由此風力生二十脈，飲食滋味流入此脈潤益其身。何者二十？於身前後及以左右各有五脈，此一一脈皆有四十枝派小脈，如是等脈各各復有一百枝派。身前二萬名曰商佉（此云贏），身後二萬名之為力，身左二萬名為安定，身右二萬名為具勢，如是八萬大小支脈生於此身。其脈復有種種之色，所謂青黃赤白酥酪油色，是八萬脈一脈一根，於其根上生於一孔，或復二孔乃至七孔，一一皆與毛孔相連，猶如藕根

80　譯者註：脈的藏文為རྩ།。藏文རྩ།的詞義為「根本」；中文「脈」的詞義為「連貫而成系統者」。所以這段內容主要以藏文詞義而做解釋。

生諸孔穴。」[81]

此經說，身體的左右前後各有兩萬條脈，所以體內共有八萬條脈。一般無上密咒的觀點則認為體內共有七萬兩千條脈。

體內初成的胸部[82] 三脈是：右脈或稱惹薩那、左脈或稱拉拉那、中脈或稱阿哇獨帝。如《續略經》云：

「諸脈中最勝，拉拉那等脈。」[83]

《授續金剛鬘》（འདད་རྒྱུད་རྡོ་རྗེ་ཕྲེང་བ）亦云：

「名阿哇獨帝，惹薩及拉拉。」[84]

又說胸部初成五脈，謂前述三脈加上胸部東邊的「三環母」（སུམ་སྐོར་མ）及南邊的「欲母」（འདོད་མ）二者共五；此五脈皆同時形成。後又同時產生胸部西邊的「宅母」（ཁྱིམ་མོ）、北邊的「裹母」（གཏུམ་མོ），以及不離中脈的「離魔母」（བདུད་བྲལ་མ）。

81　德格版，經，寶積，ཀ卷，第一卷，241正頁；對勘本版，書號41，741頁。漢譯來源：《大寶積經》卷第五十五（T.11.310.323c.5）。

82　譯者註：密續的胸部指向兩胸的正中處。

83　德格版，經，續，ཎ卷，第七次第，第20句偈頌文，273正頁；對勘本版，書號78，793頁。漢譯大藏經內並無此譯。

84　德格版，經，續，ཥ卷，第三十品，第9句偈頌文，242正頁；對勘本版，書號81，833頁。漢譯大藏經內並無此譯。

前五脈及後三脈共八脈，稱爲「胸部初成八脈」（སྙིང་གར་ཐོག་མར་ཆགས་པའི་རྩ་བརྒྱད།），如《授續金剛鬘》云：

「彼等廣增故，由各成八八。」[85]

在東邊三環母、南邊欲母、西邊宅母、北邊裹母之上，由三環母分枝出東南脈；由欲母分枝出西南脈；由宅母分枝出西北脈；由裹母分枝出東北脈，稱爲「胸部八瓣脈」（སྙིང་གའི་རྩ་འདབ་བརྒྱད།）。「胸部八瓣脈」與「胸部初成八脈」並非同義。

胸部八瓣脈又可個個分枝出身語意三脈，共二十四脈，稱爲「二十四處脈」（གནས་ཉེར་བཞིའི་རྩ།）。《正加行續經》（ཡང་དག་པར་སྦྱོར་བ།）云：

「五脈住身胸，由身語意分，
二十四之脈，近稱爲處脈。」[86]

「二十四處脈」加上「胸部初成八脈」合稱「降霖菩提心三十二脈」（བྱང་སེམས་འབབ་པའི་རྩ་སོ་གཉིས།）。

二十四處脈又可個別分枝出三條脈，共七十二條脈；七十

85　德格版，經，續，ཤི卷，第三十品，第10句偈頌文，242正頁；對勘本版，書號81，833頁。漢譯大藏經內並無此譯。

86　德格版，經，續，ག卷，觀六第二品，第14-15句偈頌文，112背頁；對勘本版，書號79，305頁。漢譯大藏經內並無此譯。

二條脈又可個別分枝出一千條枝脈，共七萬兩千條脈，但最終都被右左中三脈所攝。《喜金剛續經》（ གྱི་ དབང་ གི་ རྒྱུད། ）云：

> 「世尊言，脈有三十二；菩提心依三十二降霖，降至大樂處。」[87]

《吉祥密集的授續金剛鬘》云：

> 「遂成七二數」[88]

此經又說：

> 「歡喜結合故，個個亦分千，
> 恆長之數為，七萬兩千矣。」[89]

七十二條脈的個個分枝脈又可分成三種不同類別：一、順降精液的兩萬四千條脈。二、順降血液的兩萬四千條脈。三、順降氣流的兩萬四千條脈。如《授續金剛鬘》云：

> 「二萬四千脈，永恆真稀有，

---

87 德格版，經，續，ཁ卷，第一品，2背頁；對勘本版，書號80，4頁。漢譯大藏經內並無此譯。

88 德格版，經，續，ཅ卷，第三十品，第11句偈頌文，242正頁；對勘本版，書號81，834頁。漢譯大藏經內並無此譯。

89 德格版，經，續，ཅ卷，第三十品，第11-12句偈頌文，242正頁；對勘本版，書號81，834頁。漢譯大藏經內並無此譯。

知降菩提心，增上一切樂。
永恆真稀有，二萬四千脈，
應知降血液，具移太陽性。
永恆真稀有，二萬四千脈，
應知氣流轉……」[90]

諸脈中，以順降白菩提心[91]爲主之脈爲身脈；以順降紅菩
提心[92]爲主之脈爲語脈；以順降氣流爲主之脈爲意脈。其他脈
等皆被此三脈所攝。

主脈爲何呢？如《吉祥勝樂的續略經》云：

「遍佈人體脈，七萬兩千條，
脈等及近脈，依爾等處故，
一百二十脈，稱之爲主脈。」[93]

《吉祥空行海續經》（དཔལ་མཁའ་འགྲོ་རྒྱ་མཚོ།）亦云：

「四輪之蓮花，脈有一百二。」[94]

---

90 德格版，經，續，ཧ卷，第三十品，第 2-4 句偈頌文，242 正頁；對勘本版，
書號 81，833 頁。漢譯大藏經內並無此譯。

91 譯者註：白色精液。

92 譯者註：紅色血液。

93 德格版，經，續，ཀ卷，第七次第，第 1-2 句偈頌文，272 正頁；對勘本版，
書號 78，792 頁。漢譯大藏經內並無此譯。

94 德格版，經，續，ཀ卷，第五品，第 2 句偈頌文，153 背頁；對勘本版，書號 78，
443頁。漢譯大藏經內並無此譯。

此說頂、喉、胸、臍的瓣脈。頂部大樂輪具三十二瓣脈、喉部受用輪具十六瓣脈、胸部法輪具八瓣脈、臍部化輪具六十四瓣脈，共一百二十。因為乃氣流與心識的所依，故稱「主脈」。

探討歸納此一百二十條主脈之精要，其中三十二脈為牙指等精華所依，故較為重要；三十二條脈中，又以二十四脈更為重要；二十四脈中，因左右二脈之氣入中脈、住中脈、融中脈，方能現起俱生大樂光明的緣故，故右、左、中三脈最為重要。三脈中，又以中脈最為重要。中脈裡，位於胸部的中脈更為重要，因為彼處係基時心識的入、住、移處，也是現起圓滿光明之處。

接著解說脈輪：

頂部大樂脈輪位於腦膜及頭骨的中部；中脈被左右二脈所盤繞，從盤繞處散開四瓣脈，再散開八瓣脈，再散開十六瓣脈，最終散開三十二瓣脈。脈色各式，粗細有如最粗茅草。頂部大樂脈輪的正中乃三角形；脈輪如開傘狀。以「大樂」二字稱之，是因為白菩提心──生樂之所依，或稱「袞達」（ཀུནྡ）──安住此輪，故名。

喉部受用脈輪位於喉部的喉結之處；中脈被左右二脈所綁，呈打結狀，從打結處散開四瓣脈，再散開八瓣脈，最終散開十六瓣脈，脈色紅色。輪中圓狀；脈輪如同上下顛倒的傘

狀。之所以稱「受用輪」，乃是因爲此脈輪受用六味的緣故。

胸部法脈輪位於二乳之中間處；中脈被左右二脈所纏裹，從纏裹處散開四瓣脈，從此再散開八瓣脈，脈色白赤。輪中圓狀；脈輪如開傘狀。之所以稱「法輪」，是因爲「不壞明點」──法之根本，亦是心氣所依──住於此輪，故名。

臍部變化脈輪位於肚臍處；中脈被左右二脈所纏裹，從纏裹處散開四瓣脈，再開八，再十六，再三十二，最終散開六十四瓣脈。脈色各式。輪中三角狀；脈輪如同上下顛倒的傘狀。之所以稱「化輪」，乃是因爲大樂變化的基礎主要來自拙火，拙火住於此輪的緣故。

密部護樂脈輪位於黑白陰毛之處；中脈被左右二脈所綁，呈打結狀，從此結處散開四瓣脈，再開四正方、四斜方的八脈；已開四正方的瓣脈再各開五脈，共有二十脈。再加上原始的四瓣脈以及從彼散開之四正四斜的八脈，共三十二脈。脈色紅色，輪中三角狀；脈輪如開傘狀。之所以稱「護樂輪」，是因爲順降逆流的俱生樂主要由此輪持護所成的緣故。

什麼是五大脈輪與三小脈輪呢？

除上述頂部脈輪等五大脈輪之外，尚有兩眉中間的六瓣脈風輪、喉胸中間的三瓣脈火輪，以及寶莖中部的八瓣脈之脈輪等三小脈輪，共八。一切脈根都植入中脈，左右脈旁的所有脈根也邃然穿梭左右二脈，植入中脈。

氣流及菩提心如何經由脈而順降呢？右脈中有火之風流動，令使血液順降；左脈中有風之風流動，令使精液順降；經左右二脈順降地之風與水之風。在基的階段，[95] 唯有在死亡時，隨業力打開胸結令風流動於中脈裡，除此之外，未經修煉無法打開胸脈。在胸部的中脈，被右脈以順時鐘方向從右裏繞三圈，又被左脈以逆時鐘的方向從左裏繞三圈；這是胸結極難解開的原因。同樣地，在私密處、臍部、喉部、頂部等亦各有一結。如《授續金剛鬘》云：

> 「復此三脈纏，胸結極難解。」[96]

左右二脈的上下兩端雖同樣地各有一穴，但左脈之穴朝下，右脈之穴朝上，這是與精血的放、持作用有關的緣故。

二十四脈中，以順降白菩提心為主之脈等稱「身脈」或「心力脈」；以順降紅菩提心為主之脈等稱「語脈」或「塵脈」；以順降氣流為主之脈等稱「意脈」或「闇脈」。

胸部八瓣脈中，從四正方的四瓣脈流動四大種之氣，而四斜方的四瓣脈中下降色聲香味觸等，故彼四瓣脈被稱為「供脈」或「順降五欲之脈」。續典又說，因爾等八瓣脈，方能順

95　譯者註：咒乘的「基」謂未有修證的階段。

96　德格版，經，續，ᨤ卷，第六品，第10句偈頌文，216背頁；對勘本版，書號81，772頁。漢譯大藏經內並無此譯。

降糞、尿、精液、血液、涎液[97]等五甘露。

胸部初成八脈的離魔母脈又稱「遮脈」或「時脈」，此是因爲除死時外，此脈中不會順降氣流及菩提心。不僅如此，此脈也會阻礙氣流及菩提心順降於其他脈等。因會造成障礙，故稱「遮脈」；因唯有死時才會於此脈中順降氣流及菩提心，故稱「時脈」。

脈形成的先後順序如下：

從心識進入父母的白精紅血中心的同時，就已形成奶膜狀。之後依下述順序生起：先俱時生起胸部的右、左、中三脈、胸部八瓣脈中的三環母、欲母等五脈；次生胸部八瓣脈中的宅母、裏母、離魔母等另三脈；復生起胸部脈輪的四正方瓣脈；胸部的個個八瓣脈再生三枝脈，共二十四脈，於此時也生其他脈輪。後從二十四脈生出七十二脈；最終從七十二脈生出七萬兩千脈。

根據時輪續，臍部上的左右中三脈裡，右脈又稱「太陽脈」、「紅黃脈」、「惹薩那」、「太陽道」；左脈又稱「月亮脈」、「一噶薩」、「拉拉那」、「月亮道」；中脈又稱「羅喉脈」、「勝之脈」。

97　譯者註：根據《藏漢大辭典》，此詞相當於中醫所說六氣中的寒濕二氣。

臍部下的左右中三筋[98]裡，右筋稱「尿筋」，左筋稱「糞筋」、中筋稱「螺女」、「劫火脈」、「降精脈」、「勝之脈」。被左右二脈所裹繞的阿哇獨帝脈中具有主要六脈輪：三十二瓣脈的密處脈輪、六十四瓣脈的臍部脈輪、八瓣脈的胸部脈輪、三十二瓣脈的喉部脈輪、十六瓣脈的額部脈輪、四瓣脈的頂部脈輪。具胤白蓮的《時輪無垢光大疏》云：

> 「頂髻分未修四位，故作四名……密處三十二瓣脈。」[99]

接著解說「氣」：

廣泛解說脈中流動之氣[100]的論述，主要來自無上密咒吉祥密集的續經及續釋。氣可分十：持命、下遣、上行、周遍、平

---

98 譯者註：根據編輯者格西們的說法，藏文的 ཙ་རྒྱུད། 與 ཙ་རྒྱུད། 同義。ཙ་རྒྱུད། 此詞出現在藏譯的《胎胞經》（德格版，經，寶積，ག 卷，第一卷，241正頁；對勘本版，書號41，741頁），對照大唐三藏菩提流支的漢譯（《大寶積經》卷第五十五，T.11.310.323c.5），此詞被譯為「筋」，故做此譯。

99 德格版，論，續釋，ག 卷，第二內攝品，239正頁；對勘本版，書號6，565頁。漢譯大藏經內並無此譯。

100 譯者註：藏文的 རླུང། 字可翻成「氣」或「風」。因為搭配著這篇的主題「氣、脈、明點」，在此以「氣」詞為主。此外，體內之風與體內之氣雖然相同，但為能保持主題的一貫性，盡量使用「氣」的譯詞。

住等五主氣，以及行、遍行、正行、極行、定行等五支氣[101]。

《密集講續顯示意趣》（གསང་བ་འདུས་པའི་བཤད་རྒྱུད་དགོངས་པ་ལུང་སྟོན།）云：

「命下遣上行，平住及周遍，
龍龜及蜥蜴，天授與勝弓。」[102]

龍樹的《五次第》亦云：

「此乃識坐騎，
五性具十名。」[103]

謂「識之坐騎」係名「氣」。

《授續金剛鬘》亦云：

「晝夜恆長間，示百零八亦……」[104]

---

101 譯者註：雖然印順法師文集中使用「行、偏行、正行、善行、決定行」等用詞，但鑑於貼近西藏原文，在此稍做修改。五支氣或五支風又稱：「龍、龜、蜥蜴、天授、勝弓」等氣。「遍行」或「偏行」的藏文為རྣམ་པར་རྒྱུ་བ།，但藏文中的རྣམ་པར།二字並無特別涵義，如རྣམ་པར་དག་པ།及དག་པ།都是清淨的意思；རྣམ་པར་ཐར་པ།及ཐར་པ། 都是解脫的意思。為能別於རྒྱུ་བ།及རྣམ་པར་རྒྱུ་བ།，在此引用梵文ཝི字作為漢譯依據，而梵文ཝི字具有「周遍」的意思。

102 德格版，經，續，ཅ།卷，第一品，第27-28句偈頌文，158背頁；對勘本版，書號81，614頁。漢譯大藏經內並無此譯。

103 德格版，論，續釋，ཅི།卷，第一次第，第12句偈頌文，45正頁；對勘本版，書號18，129頁。漢譯大藏經內並無此譯。

104 德格版，經，續，ཅ།卷，第三品，第8句偈頌文，213背頁；對勘本版，書號81，765頁。漢譯大藏經內並無此譯。

　　謂所持五十四氣及能持五十四氣，共說一百零八氣，爾等皆被五主氣及五支氣等十氣所涵蓋。

　　一開始，結生入胎的同時，就自然產生極細微持命氣。之後，初月時，極細微持命氣轉成粗分持命氣。二月時，從粗分的持命氣生起下遣氣。三月時，從粗分下遣氣生起平住氣。四月時，從粗分平住氣生起上行氣。五月時，從粗分上行氣生起周遍氣。六月時，從周遍氣生起行氣。七月時，從行氣生起遍行氣。八月時，從遍行氣生起正行氣。九月時，從正行氣生起極行氣。十月時，從極行氣生起定行氣。胎中時雖已生起氣流，但氣流不能進出，出生後才會從鼻孔等穴而進出。

　　這些氣的所在處及作用又是什麼呢？持命位於胸，下遣位於密，上行位於喉，平住位於臍，周遍位於全身。持命使其他風從根門進出，持續壽命；下遣令排尿、排風、排便、排精等從下門進出；上行令風至上半身，方能飲食言語；平住分離雜渣飲食後，攝取營養至體內；周遍令身體移動行走。聖天的《攝行炬論》（ སྤྱོད་པ་བསྡུས་པའི་སྒྲོན་མ། ）：

　　「命等五氣依靠五蘊而作蘊行。」[105]

　　五支氣的置處特徵：支氣多數附屬持命之下，因此，爾等起沒主要來自胸部；先經胸部瓣脈後，「行」經眼，「遍行」經耳，「正行」經鼻，「極行」經舌，「定行」遍身而知色等五境。行令眼識看色，遍行令耳識聽聲，正行令鼻識嗅香，極行令舌識嚐味，定行令身識感觸。《攝行炬論》詳細說道：

「移動之行等五氣，住五根後，行外在事。」[106]

　　十氣如何流動呢？一日可分十二時位，或二十四個半時位。除了「周遍」以外的其他氣流，以每次進與出計爲「一輪」流動的話，每半個時位中共有九百輪流動。依此計算，一天之內，除了「周遍」以外的其餘九主氣及支氣，每一個的流動量爲兩萬一千六百輪。

　　在每半個時位中，五主氣中的「持命氣」從左右二脈至左右兩鼻孔，以左右二邊相等的力量並無有間斷地緩流九百次；「下遣氣」從左右二脈至左右兩鼻孔，無有間斷地促流九百次；「上行氣」從右脈至右鼻孔，無有間斷地促流九百次；「平住氣」從左脈至左鼻孔，無有間斷地緩流九百次；凡夫除了死時外，不會從鼻孔流動周遍。但是，依時輪續的說法，周

---

106 德格版，論，續釋，ᠱ1卷，第二品，64背頁；對勘本版，書號18，180頁。漢譯大藏經內並無此譯。

遍卻像其他氣般，從鼻孔流動。

五支氣如何流動的呢？行流動至眼門，遍行流動至耳門，正行流動至鼻門，極行流動至舌，定行流動至體內諸脈、一切毛孔。

以下解說關於「明點」的論述。

心及氣兩者，以及精液與血液兩者的精華等四者和合所成的聚體，約粗白芥子的大小，稱爲「明點」[107]。位於胸部八瓣脈的法輪中央的空管內，有著父母白紅菩提心所結合的「不壞明點」；在此不壞明點的中間，住有極細微俱生識及其坐騎氣。只要不壞明點仍在，此心氣就會一直存在。

從胸部的白明點產生增分的白明點，前往且主要安住於頂部大樂脈輪的正中，由此增分白明點再次成長，前往額部及中脈末端寶莖[108]的中部等處。從胸部的紅明點產生增分的紅明點，前往且主要安住於臍部化輪的正中，由此增分紅明點再次成長，前往喉部及密部等其他身處。

明點分爲白紅明點兩類，或可分四類：一、熟睡時生起的明點。二、夢時生起的明點。三、醒時生起的明點。四、四時

---

107 譯者註：藏詞 ཐིག་ལེ། 也可譯爲「精液」，但此時的精液與一般認知的精液不同；此時精液與明點同義，乃精、血、氣三者的聚體。

108 譯者註：藏詞 ནོར་བུ། 直譯爲「寶」，但其內義指向男性生殖器。男性器官在密續中，有許多名稱，如寶、金剛、金剛寶、寶莖等。

生起的明點。這些明點皆是精、血、氣三者的聚體。一開始，白精紅血形成於胸，由此增長明點；從父所獲的白明點主要安住於頂，從母所獲的紅明點主要安住於臍。

一、熟睡時生起的明點安住於胸部及寶莖的中部；上半身之氣集聚於胸，下半身之氣集聚於寶莖的中部，方可熟睡。

二、夢時生起的明點安住於喉部及密部；上半身之氣集聚於喉，下半身氣集聚於密部，方可起夢。

三、醒時生起的明點安住於頂部及臍部；上半身氣集聚於頂，下半身氣集聚於臍，方可起醒。

四、四時生起的明點安住於頂部及密部，父母結交之際生起安樂。[109]

乙二、佛教醫典對於氣脈的論述

此篇介紹佛教醫典如何詳細解說氣脈的論述。

根據佛教醫典，人類身體從開始入胎後，在幾個星期內會長出什麼脈輪呢？《四續》[110]中的《釋續》云：

---

109 譯者註：有關無上密咒續典中的氣脈明點之詳細解說，主要來自吉祥密集金剛的《本續》以及其論釋、勝樂金剛的《續略》、喜金剛的《續經》，以及時輪續釋等。

110 譯者註：《醫明四續》或簡稱《四續》，是西藏醫典的主要依據。其經在藏醫中的地位如同《黃帝內經》在中醫的地位般重要。四續是，本續、釋續、口訣續、後續。《醫明四續》又被稱為《四部醫典》。

「二月於第五週時，胎子身體初成臍，

六週依臍成命脈，七週凸顯眼色根，

八週依此成頭形。」[111]

　　入胎後的第二個月中，於第五週時，胎子一開始於臍部生起化輪，呈四瓣脈狀。第六週時，於臍部瓣脈的中間，生起了「命脈」，也就是密咒教典的「中脈」。命脈朝上延伸，其上端形成了胸部法輪，呈四瓣脈狀。雖然《釋續》並未明說，但第七週時，命脈再從胸部向上延伸，形成喉部受用輪，此時，命脈也同時從臍部往下延伸，形成密部護樂輪之瓣脈。此後，命脈再從喉部向上延伸，形成頂部大樂輪，凸顯眼睛。第八週快結束時，依靠具有眼根的脈輪，形成了頭形。

　　有關脈之論述，如《釋續》云：

「何謂屬脈之真相？係成有屬壽四脈。」[112]

　　脈論可由四脈解釋，謂：諸脈的起端「結成脈」（ཆགས་པའི་རྩ།）、「住有脈」（སྲིད་པའི་རྩ།）、「相屬脈」（འབྲེལ་བའི་རྩ།）、「住壽

---

[111] 〈釋續第二品〉，第23-24句偈頌文，載於：《醫明四續》（民族出版社，2007），27頁。漢譯大藏經內並無此譯。西元八世紀時，到底是玉託元丹貢布將《醫明四續》從梵文譯成藏文，亦或是玉託元丹貢布自撰《醫明四續》的緣故，應將《醫明四續》視為西藏本土的醫典呢？對此，西藏醫學者們各持不同立場。

[112] 〈釋續第四品〉，第8句偈頌文，載於：《醫明四續》（民族出版社，2007），31頁。

脈」（ㄘ་གནས་པའི་རྩ།）。諸脈可概略歸爲風脈、血脈、水脈三者。雖然在《醫明四續》等醫典中並未明顯使用左右中三脈的詞彙，但若對照密咒用詞，風脈皆從中脈分枝而來，血脈皆從右脈分枝而來，水脈皆從左脈分枝而來。

何謂四脈中的結成脈？

身體在母胎內形成的過程中，所有的脈裡最早形成的就是結成脈，又稱「臍脈」。結成脈有不同的三端，從彼三端分出的枝脈中，以流動水界爲主的脈延伸至頂，形成人腦；與此相關的內容將在以下「腦部論述」章節再做說明。以流動血液或火界爲主的脈延伸至肝，插入位於肝臟的攝取元氣之脈；此元氣之脈的二枝脈延伸至第十三骨節，由此形成「黑命脈」以及其分支。因爲黑命脈的存在，加上血液的助緣，產生瞋心。此時血液轉爲膽疾[113]（མཁྲིས་པ།）的近取因。瞋心有助生起膽疾，這是爲什麼某人突然發怒時，會看到他抱腹打滾的現象。如《釋續》云：

---

113 譯者註：根據藏醫，所有的疾病都可歸類於四大不調所產生的後果，此後果有三類，又成「三疾」、「三邪」，或「三病」；藏文爲：རླུང་། མཁྲིས་པ། བད་ཀན། 因無相對應的漢文，故有人音譯爲隆、赤巴、培根。經由多方討論相關譯詞的結果，因爲這三種疾病又被普譯爲風疾、膽疾，以及涎疾，所以在此保留普譯。「風疾」乃由體內風大不調所成；「膽疾」並非只與膽器官有關，更是由體內火大不調所成；「涎疾」是由體內的地大及水大不調所成。

「中插一脈成命脈，依血命脈瞋心住，
故生膽疾於腹中。」[114]

三端分出的枝脈中，有一枝朝下的枝脈，由此形成流動樂
界的密處。精液是風疾的近取因，貪心是風疾的俱生緣，因此
可見貪住父母密部，由貪生風疾。如《釋續》云：

「下插一脈成密部，貪住父母之密部，
此生風疾住下身。」[115]

以上有關結成脈的《釋續》引文中，「一脈朝上成腦部」
係指左脈；「中插一脈成命脈」係指右脈；「下插一脈成密
部」係指位於臍部下方的中脈。

何謂住有脈？

住有脈是能讓身體持續或安住的脈，主要共有四者：一、
腦中有一脈稱為「匯集」，由此脈生起五根。二、胸部有一
脈稱為「悅意母」，由此脈除了明顯念根及意根，也生起六識
聚。三、臍部有一脈護持精元、令其增上，稱為「依賴」，此
脈使身強體壯。四、密部有一脈為體樂之所依，稱為「性相

---

114 〈釋續第四品〉，第 9 句偈頌文，載於：《醫明四續》（民族出版社，2007），
　　32 頁。漢譯大藏經內並無此譯。

115 〈釋續第四品〉，第 10 句偈頌文，載於：《醫明四續》（民族出版社，2007），
　　32 頁。漢譯大藏經內並無此譯。

者」，其作用乃傳宗接代。個個住有脈都有五百枝脈環繞，呈網絡狀，遍滿體內的上中下處，令壽命持續長久。如《釋續》云：

「住有脈具四類相，五百脈圍腦中脈，
係令顯根境之脈；五百脈圍胸中脈，
係令念根明顯脈；五百脈圍臍中脈，
係令形成身蘊脈；五百脈圍密中脈，
係令傳宗接代脈；遍上中下諸身處。」[116]

何謂相屬脈？《釋續》云：

「相屬脈有白黑二。」[117]

相屬脈分二：依流動於左右二脈及其相關脈中的白紅明點區分爲白命脈與黑命脈兩大脈。

黑白二脈中，相屬右脈的黑命脈有如樹根，係一切血管之根本，由此分枝出增長血肉的二十四枝脈，即：與五臟六腑有關的內隱八大脈，以及與支分及外相有關的明顯十六脈，共有二十四脈。從二十四脈再分枝出可被醫生放血的七十七條脈，

116 〈釋續第四品〉，第11-13句偈頌文，載於：《醫明四續》（民族出版社，2007），32頁。漢譯大藏經內並無此譯。

117 〈釋續第四品〉，第13句偈頌文，載於：《醫明四續》（民族出版社，2007），32頁。漢譯大藏經內並無此譯。

以及不能被放血的一百一十二條險要脈，共有一百八十九條微脈。由此再分枝出與外有皮膚相關的一百二十條脈、與內有五臟六腑相關的一百二十條脈、與中有骨髓相關的一百二十條脈，共有三百六十條微脈。由彼等脈再向身體的內外中三處分枝出七百條微脈。再分枝出的脈網讓身蘊轉成為大脈蘊。如《釋續》云：

> 「命脈實屬脈之根，朝上分枝出枝脈，
> 二四大脈增血肉，五臟六腑八隱脈，
> 不離支外顯十六，由彼七七可放血，
> 險要一百一十二，合有一百八十九，
> 故外內中一百二，再分三百六十條，
> 復分七百條微脈，身中復分細脈網。」[118]

何謂相屬左脈的白命脈？

從左脈上端所形成的腦，有如大海般，是一切白脈的根基，從此伸出一根朝下的脈——又稱「脊髓」——就是白命脈。由此延伸分枝其他細脈。與此相關內容與下篇的「腦論述」較為密切，是時再做解說。

何謂住壽脈？

---

118 〈釋續第四品〉，第13-16句偈頌文，載於：《醫明四續》（民族出版社，2007），32頁。漢譯大藏經內並無此譯。

　　住壽脈不是眞脈，以其既能移動於人體內某些部位，又是壽命的緣故，故得「脈」名[119]。住壽脈有三類：初者會在月圓或月缺時遍滿頭部及全身，且會輪流移至「字狀界」[120]。中者與氣息併行，經由鼻門外出至十六根手指寬度的距離後，再返回體內。後者如世俗所謂的「走驚」，平時行走於手的筋脈當中而向外飄散。三者皆與壽命係屬，故名稱中有「壽」字。如《釋續》云：

> 「人類壽之脈有三：　一者住遍頭及身、
> 一者與氣併流動、一者飄散如『走驚』。」[121]

　　對住壽脈的另一種認知是，其爲令壽命延長持續的主脈，共有三：一、與肝有著密切關聯，由肝所延伸出的血脈粗幹，此脈的微枝脈遍佈全身。二、從胸部延伸出血氣二合之脈幹，此脈的微枝脈等會隨著呼氣、吸氣而膨脹。三、從腦脈大海延伸出的水脈，或稱「白脈」，此脈的微枝脈漫遊全身，如同世

---

119 譯者註：住壽脈的認定方式有兩種，前者認為雖非真脈，卻有「脈」名；後者認為是真脈。

120 譯者註：藏文 ཁམས། 漢譯為「界」，有精華、種子、地界等義。在此的「界」字謂「明點」；明點會隨著不同所在的區別，呈現不同字狀，如頂部明點像似「哈嘛」字，故說「字狀界」。

121 〈釋續第四品〉，第 18 句偈頌文，載於：《醫明四續》（民族出版社，2007），32 頁。漢譯大藏經內並無此譯。

間所謂的「魂魄」。此三脈皆爲住壽脈。

此外，《後續》又云：

「凡庸筋脈作三觀」

未罹病凡夫之脈性，可由觸碰、觀察得知。脈性可被三類所攝：父脈、母脈、菩薩心脈，共三脈。父脈粗動，母脈微細而速動，菩薩心脈的跳動柔軟細膩、持續長久。此係根據醫典的廣泛脈論，取其要義，做此簡介。

何謂脈的性質？如《釋續》云：

**「內外諸穴流氣血，令使身體增上住，
壽命根本故稱『脈』。」**[122]

在遍佈內外全身的粗細脈管中，流動著所有的氣、血、精元、餘渣等，也正因爲如此令身體持續成長，令壽命安住，有如根本，故稱爲「脈」。

爲了能夠簡略解說於此等脈中流動的氣，引用下述二文詮釋氣之性質。如《醫觀八支心要釋詞義月光》（སྨན་དཔྱད་ཡན་ལག་བརྒྱད་པའི་སྙིང་པོའི་རྣམ་པར་འགྲེལ་པའི་ཚིག་གི་དོན་གི་ཟླ་ཟེར།）云：

---

122 〈釋續第四品〉，第19句偈頌文，載於：《醫明四續》（民族出版社，2007），
　　32頁。漢譯大藏經內並無此譯。

「正謂『氣亦粗亦輕，冷薄亦微動』，此時『謂』字係
決定義。氣屬粗、輕、冷、薄、微、入進微脈管時亦
動、移動性、不住一處。」[123]

《月王藥珍》亦云：

「氣性乃輕也。」[124]

氣又分益性氣及害性氣兩種；益性氣又分：一、持命。
二、周遍。三、火輪消融（ མེ་མཉམ་འདུ་བྱེད ）[125]。四、下遣。五、上
行。持命住於臍部，令氣留住體內；周遍令肢體屈伸、明顯五
根、充滿全身；火輪消化食物，區別精渣；上行與五大併行，
出息左右鼻孔；下行持泄糞便，入住肺與大腸。《月王藥珍》
亦云：

「風分為二相，利益及損害，

---

123 德格版，論，醫明， ཀ 卷，第一品釋，7背頁；對勘本版，書號113，16頁。漢
　　譯大藏經內並無此譯。

124 《月王藥珍》，第5句偈頌文，86頁。漢譯大藏經內並無此譯。這本醫典極為
　　冗長，並無編排於丹珠爾之內。過去學者們對這部醫典是否由聖者龍樹所著，
　　一直持有不同說法，如《五部箴言》中的《大臣箴》說，這部醫典由龍樹所著
　　作。總言之，這部醫典的確是最早的醫典之一，這點毫無疑惑；根據這部醫典
　　的後跋，此書是由大譯師貝羅扎那譯為藏文，又被十二世紀的玉托器瑪的《四
　　續釋》第十八品所引用。

125 譯者註： མེ་འདུ 一詞與 ཚད་ཀ 同義。

益生力害衰。於五等根性，
持命及周遍，火消及上行，
下遣共有五。持命住臍部，
持氣於體內；周遍滿全身，
伸屈明五根；似火食消融，
別食之精渣，上行故五根，
合氣左右出；下遣排糞便，
住肺及大腸，成長體及力。」[126]

害性氣有單、暑、寒氣三種。單氣與燥氣合故生疾；單氣
與寒氣合故增疾。如《月王藥珍》亦云：

「害性氣三相：單氣與暑氣，
寒及結合彼。」

《醫明四續》也說到氣之類別、氣之所在、氣之作用。如
《釋續》云：

「氣分持命與上行，　周遍火消下遣五。」[127]

此典又說：

---

126 《月王藥珍》，第15-18句偈頌文，27頁。漢譯大藏經內並無此譯。

127 〈釋續第五品〉，第18句偈頌文，載於：《醫明四續》（民族出版社，2007），
　　36頁。漢譯大藏經內並無此譯。

「持命氣住於頂部，流喉胸故咽飲食，
吸氣棄痰出嚏嗝，明顯識根令心持。
上行氣住胸膛中，流入鼻舌令詞語，
明念光澤生力勤。周遍氣住於胸部，
流入全身令行走，屈伸開閉依此成。
與火相等住胃中，流動胃內食消融，
區別精渣熟所害。下行氣住肛門處，
流入密腿膀腸道，持泄精血及尿糞。」[128]

甲七、附帶說明佛教醫典對於腦部的論述
乙一、總說

在印度的佛教典籍中，如《佛說胎胞經》以及無上密咒的經論等，已詳細說明了胎體如何形成的過程；阿毘達磨及量學等，也廣泛闡述了識的論述、識如何趨入境、五根識依賴五根而產生等；無上密咒的經論等，在識的論述上，也廣泛說明了氣脈的內容、頂部大樂輪乃安樂之所依等。但是，這些典籍中卻未見有關腦部的明顯論述。

本篇將依據馳名的古老醫典，如《釋續》、《口訣續》、《月王藥珍》等，簡單介紹關於腦學的論述。其中《月王藥

---

128 〈釋續第五品〉，第25-28句偈頌文，載於：《醫明四續》（民族出版社，2007），
　　36頁。漢譯大藏經內並無此譯。

珍》又稱《梭瑪日咂》，普遍傳聞爲龍樹怙主所著，於西元八世紀前後，由支那和尚摩訶衍以及大譯師貝羅扎那譯成藏文。

乙二、腦部在胚胎的形成過程

醫典中說到，身體的近取因——父母的精血——雖像水乳般混合，但仍可被各各區分。由父精得到骨、腦、脊髓；由母血得到肉、血、五臟六腑。五臟爲心、肺、肝、脾、腎；六腑爲胃、小腸、大腸、膽囊、膀胱、卵巢。總之，醫典指出腦形成的主因來自父親的精液。如《釋續》云：

「父精生骨腦脊髓，母血生肉臟腑血。」[129]

《月王藥珍》亦云：

「入住母胎矣，初週業風動，
故生頞部曇。初者於初日，
起風名『諸持』。二日成頞部，
因胎趨入風。三日成鍵南，
因胎紊亂風。四日成健南，
因胎諸攝風。五日成閉尸，
因有能成風。六日長橢狀，

129〈釋續第二品〉，第 12 句偈頌文，載於：《醫明四續》（民族出版社，2007），26 頁。漢譯大藏經內並無此譯。

因有能攝風。七日長穴門，
因有無著風。」[130]

上述引文說到，入胎後的胎體如何隨著每日的不同種風，
成長轉爲頞部曇之理。此典亦云：

「二週產生輪迴風，此風入住於臍部，
依此風生令脈住，又成脈輪稱日輪。」[131]

謂第二週時，於臍部生起了所謂的「輪迴風」，從那時起
至四十三週內產生不同類別的風，令胎體成長。醫典說法與上
篇引用的經論內容稍有不同。如《釋續》所說的腦部形成之理
如下：

「臍結成脈分三枝，一枝朝上成人腦，
癡依腦並住腦故，生涎之疾住上身。」[132]

此謂一開始身體在母胎內形成時，於諸脈中最早結成的
脈是從臍部中央產生。此脈有三個不同的脈端：流動血或火界
的脈、流動水及月界的脈、流動氣界之脈，共三。三脈中，流

---

130 《月王藥珍》，第一品，第 7-11 句偈頌文，10 頁。漢譯大藏經內並無此譯。

131 《月王藥珍》，第一品，第 12 句偈頌文，10 頁。漢譯大藏經內並無此譯。

132 〈釋續第四品〉，第 8 句偈頌文，載於：《醫明四續》（民族出版社，2007），
31 頁。漢譯大藏經內並無此譯。

動月界的白脈位於身體的左邊，經由胸輪、喉輪、頂輪分枝他處，形成人腦。由腦的助緣產生癡煩惱，腦也是涎疾的近取因，由此可見，頭暈沉重等疾病也是源於腦部。

乙三、腦的分類

腦可依據濃密或稀鬆[133]而分成兩種主要類別：父腦（ཕོ་ཀླད།）及母腦（མོ་ཀླད།）；濃密者皆稱父腦，稀鬆者皆稱母腦。這種分類法與骨縫（རུས་སྦུབས།）的數目、顱形，及個性等有關。

骨縫又分零骨縫至十六骨縫。顱頂圓形且偏高者，大多具一骨縫或兩骨縫。顱形正方且偏高者，具有四骨縫。顱頂偏低者，大多具六骨縫。後腦隆起、顱囟偏低者，大多屬「蜂巢者」具八骨縫。以上皆歸入父腦。

健康、眼窩較深、眼力尖銳、少話謹言者，多數具有良好的頭腦。顱頂平坦且橢狀者，大多具十骨縫。顱囟偏高且橢狀者，大多具十二、十四，或十六骨縫。以上皆歸入母腦。《月王藥珍》亦云：

「腦有父母二，父腦皆濃密，
母腦皆稀鬆。無縫一圓狀，
二四以及五，六八以及十，

十二四十六．頂圓偏高者，
多屬一或二。偏高正方四。
頂低者多六。後腦隆起者，
八縫蜂巢者。爾腦皆父腦。
健康眼窩深，少話且謹言，
眼力甚尖銳，多數腦良好，
頂坦橢十縫，囟高且橢狀，
十二四十六，爾腦皆母腦。」[134]

此外，腦的七種類別，如《口訣續》云：

「顯示腦海之真相，肉及酥油蜂巢腦，
稀酪酸酪奶水七。」[135]

謂涎疾較爲嚴重者的腦硬度與肉相同；膽疾較爲嚴重者
的腦硬度與酥油相同；三疾合體較爲嚴重者的腦硬度與蜂巢相
同；涎疾與膽疾較爲嚴重者的腦硬度與稀酪——牛奶與酪漿混
合的酸奶——相同；風疾與涎疾較爲嚴重者的腦硬度與酸奶相
同；風疾與膽疾較爲嚴重者的腦硬度與牛奶相同；風疾較爲嚴
重者的腦硬度與水相同，共有七相。這七種分類乃是根據腦部

---

134 《月王藥珍》，第四十八品，第 26-32 句偈頌文，120 頁。漢譯大藏經內並無此
   譯。

135 〈口訣續第八十三品〉，第 3 句偈頌文，載於：《醫明四續》（民族出版社，
   2007），471頁。漢譯大藏經內並無此譯。

的軟硬度和有否脂肪而區分。

每個人自己腦之大小與自己的半掬[136] 容量相似。如《釋續》云：

「腦之大小似半掬。」[137]

乙四、腦部脈的論述

醫明典籍談及腦脈論述時，將此身軀取名為「住有大脈蘊」。此蘊中住有四種主脈[138]，每一種主脈又有二十四脈及五百微脈。主要依匯集住於腦脈的二十四脈——五支氣之所依——令眼耳鼻舌身等五根能夠顯現、受用各自之境——色身香味觸；由此匯集處分枝出微脈，微脈分枝出甚微脈，甚微脈分枝出類似編網般的五百細脈。如《釋續》云：

「依存大脈具四相，令根現境之作脈，
住腦五百微脈繞。」[139]

---

136 譯者註：一掬謂兩手掌合併。在此的半掬謂一隻手掌稍向內收的容量。

137 〈釋續第四品〉，第4句偈頌文，載於：《醫明四續》（民族出版社，2007），
31頁。漢譯大藏經內並無此譯。

138 譯者註：四種主脈是，腦脈名「匯集」、胸脈名「悅意母」、臍脈名「依賴」、
密脈名「性相者」。

139 〈釋續第四品〉，第11句偈頌文，載於：《醫明四續》（民族出版社，2007），
32頁。漢譯大藏經內並無此譯。

《月王藥珍》亦云：

「**彼乃腦之心，與五根相屬。**」[140]

謂感官神經與小腦（གུད་སེམས།）之間的相互關聯。[141]

此外，《月王藥珍》云：

「**五支分之首，五根遍腦部，**
大腦及小腦，根依種子流，
八脈謂肝眼，耳脈及腎脈，
鼻脈及肺脈，舌脈及心脈。」[142]

此醫典又續道：

「**小腦半馬蹄，眼耳鼻舌脈，**
韌帶相屬此。四跳四併脈，
四動四韌帶，相屬此腦心，
說腦膜亦是。中種精華脈，
增長體安樂，從心臟腦等，
壽盡滅體樂。」[143]

---

140 《月王藥珍》，第四十九品，第 36 句偈頌文，124 頁。漢譯大藏經內並無此譯。

141 譯者註：從藏文直譯為「謂五根之脈與『腦心』相屬之理」。

142 《月王藥珍》，第四十八品，第 6-8 句偈頌文，119 頁。漢譯大藏經內並無此譯。

143 《月王藥珍》，第三品，第 31-33 句偈頌文，19 頁。漢譯大藏經內並無此譯。

住於腦膜下的人腦可分為，位於顱骨前段的腦，以及位於顱骨後段、形狀有如半馬蹄的小腦。五根之脈與小腦連結，所以小腦是身根的主要所依。此外，肝脈等八脈、四跳脈、四併脈等也與小腦有關。腦的中間具有種子精華脈，由此脈影響人體增衰。《釋續》云：

「腦脈浩瀚大海中，有根朝下之脈幹，

十九水脈具功效。五臟六腑相連合，

十三旗繩隱蔽脈，與肢連合六現脈，

十六微脈由此散。」[144]

腦是產生白脈的根基，似如大海，從此中生起一根朝下的脊髓，也就是白色主脈，令水界恢復；總的來說，水脈有十九條。十三隱蔽脈，或稱「十三旗繩脈」，是經由腦部與喉部與五臟六腑連結。在爾脈之上，又有與肢體及外表相連、脈狀浮出的「六現脈」，共十九脈。這十九條脈的主要功效是讓身體移動，且此十九條脈也與十六微水脈、頭部、手足等相連。

乙五、腦的支分——脊髓等

脊髓是一種操持掌控身體大多部位的白命脈，有如樹根，

---

144 〈釋續第四品〉，第16-18句偈頌文，載於：《醫明四續》（民族出版社，2007），32頁。漢譯大藏經內並無此譯。

從腦部穿入頸骨與脊椎骨內，延伸至尾椎骨。《月王藥珍》云：

> 「從頭脊髓生，腰內十三位，
> 力損壞種子，則亡如物體。」[145]

說明了脊髓由何而生、經由何處、與何相屬、功用爲何、如何成疾等理。

何謂腦膜？

腦膜如外皮狀，包裹住身根大腦、小腦、脊髓等，如綾羅內外透明，且具血管，故呈紫黑色；堅韌但柔和，厚度有如鹿皮般；腦膜具保護作用，避免受到有害物及細菌感染等。《月王藥珍》云：

> 「身根所依腦，膜似擰白凌。」[146]

《口訣續》云：

> 「腦膜紫黑似鹿皮，脈網包裹而存在。」[147]

何謂「梵螺輪」（ཚངས་དུང་གི་འཁོར་ལོ）？

---

145 《月王藥珍》，第二品，第11句偈頌文，15頁。漢譯大藏經內並無此譯。

146 《月王藥珍》，第四品，第30句偈頌文，21頁。漢譯大藏經內並無此譯。

147 〈口訣續第八十三品〉，第4句偈頌文，載於：《醫明四續》（民族出版社，2007），471頁。漢譯大藏經內並無此譯。

　　發自命脈的樹幹四端，也就是與腦連結的四引線，以及從腦朝下、連結五臟六腑的水脈與根脈等，都被此輪所攝；位於腦部中央的識之坐騎氣操持所有氣、脈、明點、心等；腦中之脈又如行道，令氣與明點流動；此輪也從他處引進氣及明點，具有上述特徵的脈輪被稱為「梵螺輪」。

　　小腦及頂骨銜接之處，有個拇指大小的淋巴結。《月王藥珍》云：

> 「頂部銜結處，係有梵螺輪。
> 由此結頂處，身根所依腦，
> 膜似擰白凌。韌筋結網隙，
> 外在之引線，內在四樹根，
> 皆被頂所攝，由風持種子，
> 此乃梵螺輪，持體種子根。」[148]

《月王藥珍》又云：

> 「腦心與頂銜接處，有淋巴結拇指大。」[149]

腦脈與五臟六腑的關聯為何呢？如《月王藥珍》云：

---

148 《月王藥珍》，第四品，第30-33句偈頌文，21頁。漢譯大藏經內並無此譯。

149 《月王藥珍》，第四十九品，第33句偈頌文，123頁。漢譯大藏經內並無此譯。

「五臟六腑脈，相屬梵穴脈。」[150]

眼等五根與腦脈之間的利害關聯為何呢？如《月王藥珍》云：

「何知腦痛脈，後頸寸關尺？
腦脈近眼處，不然眼心僵。」[151]

腦與脈的關聯，以及依脈的主氣——如持命等——與諸支氣的個別不共作用為何呢？《月王藥珍》云：

「頂繞梵螺輪，胸脈黑甘露，
連矣氣運行，皆屬上流氣。
能令識明顯。」[152]

《釋續》云：

「持命氣住於頂部，流喉胸故咽飲食，
吸氣棄痰出嚏嗝，明顯識根令心持。」[153]

古早醫明典籍之所以稱腦為「身根」，是因為腦是五臟六

---

150 《月王藥珍》，第九十七品，第 29 句偈頌文，270 頁。漢譯大藏經內並無此譯。

151 《月王藥珍》，第四十九品，第 27 句偈頌文，123 頁。漢譯大藏經內並無此譯。

152 《月王藥珍》，第四品，第 40 句偈頌文，22 頁。漢譯大藏經內並無此譯。

153 〈釋續第五品〉，第 25 句偈頌文，載於：《醫明四續》（民族出版社，2007），36 頁。漢譯大藏經內並無此譯。

腑的操控者——五臟六腑被腦所操控。腦又如何操控呢？就像得先依賴腦部的命令，方能令心臟發起作用般，五臟六腑等體內器官也是透過腦脈的催動下，才會產生個別的不共作用。大腦、小腦、五臟、六腑、根脈、水脈、四大種等都是相互依賴，進而發揮自己的作用。不只這些依賴著腦，腦也依賴這些，否則，單靠腦細胞[154]並無法正常運作；此觀點係《釋續》、《口訣續》、《月王藥珍》等醫典所闡述之意趣。

甲八、觀察身心的連結

本篇根據顯教及咒乘的經論內容，簡略介紹身心如何連結。

首先要了解，不僅器世間的形成與情世間眾生之間有關聯，我們現前肉眼可見的情世間眾生的身軀也與細微層次的心氣相關。再向下探究，這種細微層次的心氣則是從最細微的無二心氣逐漸形成。以密集金剛續典的觀點而言，世間乃是法性、氣、識三體所呈現的根本狀態；這種狀態，對我們來說是一種現前分。

從心氣最細微的層次來看，心、氣是無法分開的，因此之故，我們體內的四大與外在世間的四大之間，有著一層深奧的關聯。這種深奧的關聯可由觀修咒乘氣脈的證量得知，或是某

---

154 譯者註：直譯為「腦塵」。

些與生俱來對感官覺知格外敏銳者也可得知。

佛教的顯教典籍說到，在母胎結生[155]的當下，新生今世身蘊的時候，也同時產生了今生的受、想、行、識等四蘊。

乃至壽命未盡之前，身蘊與其他四蘊又如帳篷與其支架般，相互依存。如龍樹阿闍黎的《廣釋稻芉經論》（ཤཱ་ལུའི་ལྗང་པའི་མདོའི་རྒྱ་ཆེར་བཤད་པ།）：

> 「爾等與四大結合一處後，以束蘆之式，稱『名、色』也。」[156]

無著聖者在《本地分》也說：

> 「於現在世，識緣名色，名色緣識，猶如束蘆，乃至命終，相依而轉。」[157]

凡是某人的身與心兩者不再續有所依及能依的關聯，此時此人的身體將會壞去、體溫不再、命盡死去。如《緣起經》第一卷云：

> 「云何為死？謂彼彼有情，從彼彼有情類，終盡壞沒，

---

155 譯者註：「結生」謂前世之識與今生母胎的結合投生。

156 德格版，論，經釋，ཧི卷，第三品，39正頁；對勘本版，書號65，829頁。漢譯大藏經內並無此譯。

157 德格版，論，唯識，ཤི卷，第九品，101背頁；對勘本版，書號72，914頁。漢譯來源：《瑜伽師地論》（T.30.1579.321b.8）。

**捨壽捨煖，命根謝滅，棄捨諸蘊，死時運盡，是名為
死。」**[158]

心或識分為兩類：根識心與意識心。五根識本身的存在
與否或清楚與否，都由五根的有無或明暗而決定，所以根識強
烈依賴著色根，色根也是根識的不共增上緣。意識雖會間接依
賴色根，但所有心識最終不一定都得依賴著色根或腦部變化，
例如在死亡的時候，雖已停止呼吸、血液不再流入腦部，致使
腦完全停止運作，但微識仍可留在體內持續多日，此等案例甚
多，親眼目睹。因此，身體只是自果心識的助緣，卻無法成為
改變心識的特殊能生因。然而，心識卻是能令身體改變的特殊
能生因。如《釋量論》云：

**「諸根一一損，意覺非有損，
此變則現見，彼等亦轉變。」**[159]

譬如，生起欲利他人的慈愛心會令體內血液更為清澈，
出現容光煥發、美麗動人等現象，這些身體的變化是顯而易見
的。如《正法念處經》云：

---

158 德格版，經，經典，ཆྀ卷，124 背頁；對勘本版，書號 62，340 頁。漢譯來
　　源：《緣起經》（T.2.124.548a.1）。

159 德格版，論，量，ཆེ卷，成量品，第 40 句偈頌文，109 正頁；對勘本版，書號
　　97，503 頁。漢譯來源：法尊法師譯《釋量論》。

「利益一切眾生，心則清淨。心清淨故，血則清淨。血清淨故，顏色清淨。顏色淨故，端正無比。一切眾生，愛樂瞻仰，得現果報。」[160]

相較於具礙色法的本質，無礙明觀[161]心識的本質大為不同，兩者間不可能存在互相輾轉彼性的近取因，但兩者間卻有相互助益的俱生緣。如《釋量論》云：

「彼從俱有因，生果則共住」[162]

現在心是由過去心的近取因及過去身的俱生緣所生，現在身是由過去身的近取因及過去心的俱生緣所生，以這種方式令現有的身心兩者同時存在。為何身的近取因無法成為心的近取因呢？如《釋量論》云：

「非識則非識，親因故亦成」[163]

---

160 德格版，經，經典，ཕ卷，第二十二品，73 正頁；對勘本版，書號 71，168 頁。漢譯來源：《正法念處經》（T.17.721.367c.5）。

161 譯者註：藏文的གསལ་རིག二字雖有「明知」及「明觀」等解讀，而且早期我也常翻「唯明唯知」，但考慮到「知」字不能周遍邪見等所有心識，因邪見等顛倒識不能知境卻能觀境，故譯「明觀」。「明」為識的本質；「觀」為識的作用。

162 德格版，論，量，ཅེ卷，成量品，第 63 句偈頌文，109 背頁；對勘本版，書號 97，505 頁。漢譯來源：法尊法師譯《釋量論》。

163 德格版，論，量，ཅེ卷，成量品，第 166 句偈頌文，113 背頁；對勘本版，書號 97，515 頁。漢譯來源：法尊法師譯《釋量論》。

帝釋慧的《量釋》亦云：

「唯有識能做識之近取因，非識者不能，如色等非識之
性亦不能為近取。」[164]

再者，雖然身可成為有利於識的俱生緣，但單憑此點無法
證明身是「遮斯則無識」的特殊因。如同火等雖助瓶色紅潤，
但不能據此證明火是「遮斯則無瓶」的特殊因。又如《釋量
論》云：

「有時於心續，亦容能饒益。
如瓶等火等，唯爾非必遮。」[165]

綜上所言，身並非心識的近取因，也非心識的特殊增上
緣。《釋量論》云：

「有時貪欲等，以壯等增長，
是從苦樂生。彼從調適等，
內義近而生。由此說合等，
使退失念等，由內義差別，

---

164 德格版，論，量，ᡱ卷，成量品，71背頁；對勘本版，書號98，171頁。漢譯
大藏經內並無此譯。

165 德格版，論，量，ᡱ卷，成量品，第51句偈頌文，109背頁；對勘本版，書號
97，504頁。漢譯來源：法尊法師譯《釋量論》。

生覺使變故。如有續差別，
由聞猛虎性，及見流血等，
便發昏迷等。」[166]

雖說有時身體因健壯而長貪欲，但其貪欲主要且直接來自苦樂的感受，身體並非貪等直接增上緣；苦樂感受也是因為近取所執境——謂身體的調適或不調適為內在觸受之內義——而產生，所以身體也絕非苦樂感受的增上緣。同理，因眾病聚合，產生令記憶退失等身心的變化，也僅僅是因為有否近取其所執境之內義而產生。譬如，由某些個性懦弱之差異，光是聽到「有老虎」或見到流血便失念昏迷，這些現象只與內在感受的發起有關，並非直接與身體有所關聯。

阿闍黎蓮花戒的《真如集論釋》亦云：

「如是由見聞虎血等畏境，亦使懦夫心智昏瞶，其性
僅源於心識之變化矣。僅此當知，意之識並非觀待該
境。」[167]

有些膽量較小的人，光是看到老虎或看到別人被殺流血，

---

166 德格版，論，量，ཅེ卷，成量品，第 76 句偈頌文，110 正頁；對勘本版，書號 97，507 頁。漢譯來源：法尊法師譯《釋量論》。

167 德格版，論，量，ཞི卷，第二十七品，96 正頁；對勘本版，書號 107，1222 頁。漢譯大藏經內並無此譯。

就會極度恐慌，導致昏迷。這種心識的變化現象因「緣取老虎」或「緣取血液」而產生，並非直接來自「老虎」或「血液」。進一步來說，如慈悲與智慧等心識的功德，亦無關身體的健康與否，而是完全依賴前識——彼之質體續流的前者——的串習力之大小而定其心識功德的增減，不過燈光等必須依賴色法為近取因方可存在。如《釋量論》云：

「身無所增減，由覺用差別，
慧等能增減；燈光等諸依，
則非有此事。」[168]

身心兩者之間，倘若有近取因或特殊增上緣的關係，人體的健康或衰弱將會帶來貪欲的增減，但事實並非如此。如阿闍黎蓮花戒的《真如集論釋》云：

「然而，『彼法隨後此法之變化』理應意謂此法係彼法之近取。貪等性相之變化，非由身之諸增等所決定。某些具擇慧者也非由身之諸增等而轉變。譬如，極為憔悴之人卻頻起非理作意，又如體力極為衰落之牲畜卻起極強慾念等，皆是親眼所見。」[169]

---

168 德格版，論，量，ཤེ 卷，成量品，第 74 句偈頌文，110 正頁；對勘本版，書號 97，506 頁。漢譯來源：法尊法師譯《釋量論》。

169 德格版，論，量，ཤེ 卷，第二十七品，96 正頁；對勘本版，書號 107，1222 頁。漢譯大藏經內並無此譯。

雖見有些未得擇慧者隨身體的強壯而起貪欲、隨身體的衰退而起瞋念，但那是因為苦樂感受執取了體內之觸別——調適或不調適——而引發了貪瞋；貪瞋並非直接由身體產生，身體也非貪瞋的「遮者別因」（ཕྱོགས་བྱེད་ཀྱི་རྒྱུ་ཁྱད་པར་ཅན།）。什麼是「遮者別因」呢？如《釋量論》云：

> 「常隨彼轉故，由有能饒益，
> 彼因……」[170]

在某個果實之前，僅因某個因素的存在就會助益彼果的產生；若於此前無此因，彼果自然不能生起，從而定論「彼果必常隨轉隨遮此因」，稱為「遮者別因」，如油燈即是油燈之火的「遮者別因」般。

又如饑荒之時，某人因將灰囊視為麨囊，乃至此念未滅之前壽命未絕，後知彼囊為灰囊時，絕望而終。又如大海中的母海龜若常思海岸砂內之卵，此卵不壞；母若失念，卵即敗壞等經論所說案例，亦可得知身與心之間的關聯。如《阿毘達磨俱舍論自釋》云：

> 「亦見思食安住現身，世傳有言：昔有一父，時遭飢饉，欲造他方，自既飢羸。二子嬰稚，意欲攜去力所不

任，以囊盛灰挂於壁上，慰喻二子云是麨囊，二子希望
多時延命。後有人至取囊為開，子見是灰望絕便死。」[171]

此論又引阿毘達磨七部內的《集異門足》（འགྲོ་བའི་རྣམ་གྲངས།）
云：

「集異門足說：大海中有大眾生。登岸生卵埋於砂內，
還入海中。母若常思卵便不壞；如其失念卵即敗亡。此
不應然，[172] 違食義故，豈他思食能持自身？理實應言：
卵常思母，得不爛壞，忘則命終。」[173]

　　根據無上咒乘的典籍，雖說大種所造的極粗身軀也是心識
的所依，但咒典的主要重點還是放在細微氣身與細微心識之間
的關聯，故將心識描述為「氣之坐騎者」。為什麼這麼說呢？
當氣流動前往境時，心坐氣上朝境趨入；也因為有了氣，才能
令前剎那識轉至後剎那識，令識朝境趨入。又像缺腳具眼以及
瞎子具腳兩者相互扶持，前往目標般，識朝境趨入乃坐騎氣之

---

171 德格版，論，阿毘達磨，ཅ卷，第三品，141正頁；對勘本版，書號79，347
　　頁。漢譯來源：《阿毘達磨俱舍論》（T.29.1558.55b.18）。

172 譯者註：根據編輯者格西們的解釋，結生後的卵識非常細微，故不能知母親是
　　誰。依理而言，卵識無力憶念其母。根據這種解讀，比起卵思母，母思卵更為
　　合理，故而此段落應屬他方立宗。

173 德格版，論，阿毘達磨，ཅ卷，第三品，141正頁；對勘本版，書號79，347
　　頁。漢譯來源：《阿毘達磨俱舍論》（T.29.1558.55b.25）。

作用，識能見境乃心識本身的作用，心氣兩者永不分離。身體之所以能夠擺動，也是由具識之氣所作，絕非源於離識之氣。如迦濕彌羅國學者黎咖米（ལེ་ཀ་མི）的《五次第釋——明義論》（རིམ་པ་ལྔ་པའི་འགྲེལ་པའི་དོན་གསལ་བར་བྱེད་པ།）云：

> 「言『此乃識之坐騎』，謂此氣本係六轉識之坐騎或是基礎。由識坐騎氣故，經由眼等六根，遍知色等六境。此乃源於由氣推動之識，否則氣如瞎目不能獲見。復如行者與盲者，心氣相屬，方能成事。故可依此而說，又如馬及馬夫趣入道中，圓滿其事，心氣相屬故，方具持境能力，故說六識具有此性相屬。」[174]

咒典又將極細微原始俱生的身心兩者稱為「原始身心」。如吉祥密集金剛的《授續金剛鬘》云：

> 「如火滅事物，無流動融入；
> 復現壽之風，業風有種種；
> 彼與識同俱，復住三界內；
> 由彼業生業，由彼貪等習；
> 由彼復死生，有如車輪轉。」[175]

---

174 德格版，論，續釋，ཤི卷，第一次第，199 正頁；對勘本版，書號19，530頁。漢譯大藏經內並無此譯。

175 德格版，經，續，ཅི卷，第六十八品，第 71-73 句偈頌文，276 背頁；對勘本版，書號81，915頁。漢譯大藏經內並無此譯。

　　如同火燒柴木，柴木等事物即被焚滅般，臨終時粗氣融至持命氣後死去，再從死亡光明中現起業風，在心氣同俱下投生三界。業風也會生起貪等分別妄念，由此造作善惡等業，死去復生，輪轉不斷。

　　死亡光明現起的時候，粗分心氣已融入於極細微的無二心氣，這種極細微的心氣不僅續流不斷，而且在同一個體性中永不分離；這個要義在無上咒續裡多次被談及。心氣趨入為一[176]的緣故，若能以心緣持體內脈輪的明點等，將可自在攝氣；凡是未能攝持控制如同馬般的心之坐騎氣之前，絕不能攝持控制如同騎馬者般的心。無上咒續專說身心的不共關聯，如「身直脈直，脈直氣直，氣直心直」等論述。實際上，雖可個別區分粗分身心兩者，但細微身心卻是一個體性，故而無上咒續強調說明了「身心兩者僅屬返體別異，在身心的體性上，決無此二之分」的道理。

　　此外，因為人類體內住著不同微蟲的緣故，身心也會隨之改變。如《大般若波羅蜜多經・般若二萬頌》云：

　　「須菩提，人身中有八萬戶蟲侵食人身……」[177]

---

176 譯者註：「趨入為一」謂最細微的氣前往哪兒，最細微的心就前往哪兒。

177 德格版，經，兩萬頌，图卷，第39品，356背頁。藏譯與漢譯稍有不同，漢譯原文：（T.6.220.666b.4）：「如常人身中恒為八萬戶蟲之所侵食。」

謂人類體內住有各種繁多微蟲。《正法念處經》亦云：

「是十種蟲住於頭中。」[178]

「如是之蟲，從十脈中踊身上行至咽喉中。」[179]

「能消於唾，於十脈中，流出美味，安隱受樂……復次有十種蟲，住於血中，為風所殺，一名食毛蟲……生於血中，其形短促，團圓無足，微細無眼，能作身癢……見十種蟲，住在肉中。何等為十？一名生瘡蟲……復有十蟲行於黃中，一名黑蟲……諸身分中，有十種蟲，一名舐骨蟲……復有十種蟲行於糞中，一名生蟲……復有十種蟲行脂髓中。何等為十？一名毛蟲……」[180]

此經說到各種微蟲住在人體內部何處，以及其名稱、形狀、性質、作用、是否可被凡夫肉眼所見等，又說應由聞思修之意識，得知其義。

此經甚而談及體內微蟲的增減與人類內心之間的關聯。此經云：

---

178 德格版，經，經典，刄卷，118 正頁；對勘本版，書號 71，275 頁。漢譯來源：《正法念處經》（T.17.721.381c.29）。

179 德格版，經，經典，刄卷，118 背頁；對勘本版，書號 71，276 頁。漢譯來源：《正法念處經》（T.17.721.382b.1）。

180 德格版，經，經典，刄卷，147 正頁；對勘本版，書號 71，344頁。漢譯來源：《正法念處經》（T.17.721.382a.23）。

「觀和集蟲於我身中，作何等業，或病或安。以食過故，蟲則無力，人亦無歡。」[181]

如經所言，因為體內微蟲無能增起，導致人心歡喜不起。此經云：

「見割節蟲，以食過故，蟲則瞋恚，或身身分，頭痛心痛，或於城邑聚落多人之處，謂為空廓。鼻塞心惱，以痛惱故，於好色聲香味觸中，心不愛樂。何故？具極大感受力故。」[182]

謂割節蟲的飢餓，導致人體手足等枝節萎縮、內心空虛憂惱，並厭煩色等五欲。此經云：

「見頭頭摩蟲住在骨中，行於骨中。云何此蟲？令人疾病，云何安隱？彼以聞慧或以天眼，見頭頭摩蟲以食過故，能令人身周遍生瘡，令身身分頻申、心動忪忪，或

---

181 德格版，經，經典，ཤི卷，126 正頁；對勘本版，書號 71，295 頁。藏譯與漢譯稍有不同，漢譯原文：《正法念處經》（T.17.721.384c.23）：「觀和集蟲於我身中。作何等業。或病或安。彼以聞慧。或以天眼。見和集蟲。集二種身。一者覺身。二不覺身。皮肉骨血脂髓精等。是名覺身。髮毛爪齒。名不覺身。是名和集二身。以食過故。蟲則無力。人亦無力。」

182 德格版，經，經典，ཤི卷，130 正頁；對勘本版，書號 71，304 頁。藏譯與漢譯稍有不同，漢譯原文：《正法念處經》（T.17.721.386a.14）：「見割節蟲，以食過故，蟲則瞋恚，或身身分，頭痛心痛，或於城邑聚落多人之處，謂為空廓。鼻塞心惱，以痛惱故，於好色聲香味觸中，心不愛樂。」

如失身；便秘不屎、不能睡眠。」[183]

有些體內微蟲的飢餓，也會導致身體失去感受、無法入眠等。此經云：

「彼以聞慧，或以天眼，見食皮蟲，以食過故，蟲則瞋恚，脣口及眼，皆生諸瘡，兩脅生瘡。若行筋中，或復嚙筋，能令其人咽喉乾燥，或復聾塞，耳中膿出；或髑髏上，剎剎而行，或非時頭白，咽喉嗽病，非時睡眠，或憎飲食，不樂一處，樂行空地，心或多亂，狂說是非。蟲食皮故，一切身分，攫裂破壞，塵土坌身。」[184]

有些體內微蟲的作用，令生白髮、歡喜邪食等。

本書《佛法科學總集》根據印度佛教典籍詮釋基法的真相，共分上、下二冊，以上已經圓滿結束上冊的內容。

---

183 德格版，經，經典，刜卷，131背頁；對勘本版，書號71，307頁。藏譯與漢譯稍有不同，漢譯原文：《正法念處經》（T.17.721.386b.14）：「見頭頭摩蟲住在骨中。行於骨中。云何此蟲。令人疾病。云何安隱。彼以聞慧。或以天眼。見頭頭摩蟲。以食過故。蟲則瞋恚。能令人身周遍生瘡。若蟲行時。令人頻申。心動忪忪。或如失身。或身動搖。不能睡眠。」

184 德格版，經，經典，刜卷，131背頁；對勘本版，書號71，308頁。漢譯來源：《正法念處經》（T.17.721.386b.24）。

國家圖書館出版品預行編目資料

佛法科學總集——廣說三藏經論關於色心諸法之科學論述／達賴喇嘛 監製；總集編著小組
編著；蔣揚仁欽 譯. ——初版. ——臺北市：商周出版：家庭傳媒城邦分公司發行，
2017.07　冊；　公分. ——（人與宗教；48）
譯自：Science and Philosophy in the Indian Buddhist Classics, Volume 1: The Physical World
　　ISBN 978-986-477-272-8（全套：精裝附光碟片）

　1.宗教與科學　2.佛教修持

220.163　　　　　　　　　　　　　　　　　　　　　　　　　106009999

佛法科學總集——廣說三藏經論關於色心諸法之科學論述（上冊）

監　　製　者／達賴喇嘛
編　　　　者／總集編著小組
譯　　　　者／蔣揚仁欽
責 任 編 輯／林宏濤、楊如玉

版　　　權／林心紅
行 銷 業 務／李衍逸、黃崇華
總 經 理／彭之琬
發 行 人／何飛鵬
法 律 顧 問／台英國際商務法律事務所 羅明通律師
出　　版／商周出版
　　　　　台北市中山區民生東路二段141號9樓
　　　　　電話：(02) 2500-7008 傳真：(02) 2500-7759
　　　　　E-mail:bwp.service@cite.com.tw
發　　行／英屬蓋曼群島商家庭傳媒股份有限公司城邦分公司
　　　　　台北市中山區民生東路二段141號2樓
　　　　　書虫客服服務專線：02-25007718；25007719
　　　　　服務時間：週一至週五上午09:30-12:00；下午13:30-17:00
　　　　　24小時傳真服務：02-25001990；25001991
　　　　　郵撥帳號：19863813　戶名：書虫股份有限公司
　　　　　讀者服務信箱：service@readingclub.com.tw
　　　　　城邦讀書花園：www.cite.com.tw
香港發行所／城邦（香港）出版集團有限公司
　　　　　香港灣仔駱克道193號東超商業中心1樓　Email：hkcite@biznetvigator.com
　　　　　電話：(852) 25086231　傳真：(852) 25789337
馬新發行所／城邦(馬新)出版集團 Cite (M) Sdn. Bhd. (458372 U)
　　　　　41, Jalan Radin Anum, Bandar Baru Sri Petaling,
　　　　　57000 Kuala Lumpur, Malaysia.
　　　　　Tel: (603) 90578822 Fax:(603) 90576622　email:cite@cite.com.my

尊者照片提供／Tenzin Choejor / OHHDL
版 型 設 計／鍾瑩芳
封 面 設 計／黃聖文
印　　　刷／高典印刷
經 銷 商／聯合發行股份有限公司 電話：(02) 29178022　傳真：(02) 29170053
　　　　　地址：新北市新店區寶橋路235巷6弄6號2樓

Printed in Taiwan

■2017年7月初版
■2021年7月30日初版7.5刷

定價／1200元（上下冊不分售）

城邦讀書花園
www.cite.com.tw

Original title:
Series title: nang pa'i tshan rig dang lta grub kun btus.
Volume 1: Pod rgyas pa nang pa'i tshan rig gi skor　(ISBN 978-93-83091-24-9)
Volume 2: Pod rgyas pa nang pa'i tshan rig gi skor　(ISBN 978-93-83091-25-6)
Compiled and edited by the Kuntue Committee and published under the auspices of the Office of His Holiness the Dalai Lama
© 2014, Gaden Phodrang Trust (Office of His Holiness the Dalai Lama)
(The two volumes of the American edition are titled as Science and Philosophy in the Indian Buddhist Classics, Volume 1: The
Physical World & Volume 2: The Science of the Mind.)
Jamyang Rinchen's complex Chinese translation is published by Business Weekly Publications, a division of Cité Publishing Ltd. in
2017 with courtesy of Gaden Phodrang Trust (The Office of His Holiness the Dalai Lama).
All rights reserved.

本書所有翻譯收入全數捐贈財團法人達賴喇嘛西藏宗教基金會

商周出版

廣　告　回　函
北區郵政管理登記證
台北廣字第000791號
郵資已付，免貼郵票

104台北市民生東路二段 141 號 2 樓

英屬蓋曼群島商家庭傳媒股份有限公司　城邦分公司

請沿虛線對摺，謝謝！

商周出版

書號：BR0048C	書名：佛法科學總集	編碼：

 商周出版

讀者回函卡

感謝您購買我們出版的書籍！請費心填寫此回函卡，我們將不定期寄上城邦集團最新的出版訊息。

不定期好禮相
立即加入：商
Facebook 粉絲

姓名：_____ 性別：□男 □女

生日：西元_____年_____月_____日

地址：_____

聯絡電話：_____ 傳真：_____

E-mail：

學歷：□ 1. 小學 □ 2. 國中 □ 3. 高中 □ 4. 大學 □ 5. 研究所以上

職業：□ 1. 學生 □ 2. 軍公教 □ 3. 服務 □ 4. 金融 □ 5. 製造 □ 6. 資訊

　　　□ 7. 傳播 □ 8. 自由業 □ 9. 農漁牧 □ 10. 家管 □ 11. 退休

　　　□ 12. 其他_____

您從何種方式得知本書消息？

　　　□ 1. 書店 □ 2. 網路 □ 3. 報紙 □ 4. 雜誌 □ 5. 廣播 □ 6. 電視

　　　□ 7. 親友推薦 □ 8. 其他_____

您通常以何種方式購書？

　　　□ 1. 書店 □ 2. 網路 □ 3. 傳真訂購 □ 4. 郵局劃撥 □ 5. 其他_____

您喜歡閱讀那些類別的書籍？

　　　□ 1. 財經商業 □ 2. 自然科學 □ 3. 歷史 □ 4. 法律 □ 5. 文學

　　　□ 6. 休閒旅遊 □ 7. 小說 □ 8. 人物傳記 □ 9. 生活、勵志 □ 10. 其他

對我們的建議：_____

　　　　　　　_____

　　　　　　　_____

【為提供訂購、行銷、客戶管理或其他合於營業登記項目或章程所定業務之目的，城邦出版人集團（即英屬蓋曼群島商家庭傳媒（股）公司城邦分公司、城邦文化事業（股）公司），於本集團之營運期間及地區內，將以電郵、傳真、電話、簡訊、郵寄或其他公告方式利用您提供之資料（資料類別：C001、C002、C003、C011 等）。利用對象除本集團外，亦可能包括相關服務的協力機構。如您有依個資法第三條或其他需服務之處，得致電本公司客服中心電話 02-25007718 請求協助。相關資料如為非必要項目，不提供亦不影響您的權益。】
1.C001 辨識個人者：如消費者之姓名、地址、電話、電子郵件等資訊。　　2.C002 辨識財務者：如信用卡或轉帳帳戶資訊。
3.C003 政府資料中之辨識者：如身分證字號或護照號碼（外國人）。　　4.C011 個人描述：如性別、國籍、出生年月日。
